s.com

U CLUB QUÉBEC LOISIRS INC.

n des éditions JCL inc.
ns JCL inc.
janvier 2010

iothèque et Archives nationales du Québec, 2010
-89666-010-0
nent sous ISBN 978-2-89431-425-8)

a par Friesens

www.quebecloi

UNE ÉDITION

Avec l'autorisat
© 2010, Les édi
Édition originale

Dépôt légal – Bi
ISBN Q.L. : 978
(Publié précéden

Imprimé au Cana

La Lumière
de l'ombre

SERGE GIRARD

La Lumière
de l'ombre

ESSAI

À toi, cher frère, chère sœur,
qui cherches à comprendre le
sens de l'existence d'ici-bas
pour mieux vivre dans la Lumière
au-delà de l'ombre de la mort.

Table des matières

Note au lecteur 13
Avant-propos 17
Introduction 19

CHAPITRE I :
LE DÉCÈS DE MON PÈRE 23

CHAPITRE II :
LES TROIS PREMIERS JOURS 33

CHAPITRE III :
L'ADAPTATION D'APRÈS-MORT 39

1. UN MONDE À LA MESURE DU DÉFUNT 39
2. L'ÉVEIL À SA VÉRITABLE NATURE 43

   1. Le pouvoir d'apparaître 43
   2. L'action directe sur la matière opaque .. 46
      Le premier mode 47
      Le deuxième mode 55
      Le troisième mode 62
   3. La vibration périspritale 69
   4. Le temps subjectif 74

CHAPITRE IV :
LE RETOUR AUPRÈS DES SIENS 77

CHAPITRE V :
LE DÉCÈS DE MA MÈRE 85
1. L'ARRIVÉE DE MAMAN DANS L'AU-DELÀ 86
2. SON ADAPTATION 87

CHAPITRE VI :
LE BILAN DE VIE 91
1. LES ÉLÉMENTS DE RÉFÉRENCE
UTILISÉS LORS DU BILAN 93
1. Le plan de vie 93
2. Les événements prédéterminés 101
3. Les nouveaux éléments inscrits
dans le périsprit 129
4. La mesure de son jugement 131
5. Le solde des dettes retenues 134
*Premier volet :
le pardon aux autres* 136
*Deuxième volet :
le pardon à soi-même* 137
*Troisième volet :
le pardon divin* 140
2. LE PROCESSUS APPLIQUÉ POUR LE BILAN 145
1. Le déroulement 146
2. Les activités préparatoires au
bilan de vie 151
Des pièces de théâtre adaptées 152
*Des réflexions thématiques
de groupe* 153
Des réflexions personnalisées 154
3. LES BLOCAGES *POST MORTEM* 155

CHAPITRE VII :
LA SURVIVANCE DE L'AMOUR 191

CHAPITRE VIII :
**LES RETROUVAILLES AVEC
LES MONDES VIBRATOIRES
DE L'AU-DELÀ** 207
1. LES MONDES VIBRATOIRES PERMANENTS 208
2. LES MONDES VIBRATOIRES PROVISOIRES 209

CHAPITRE IX :
**DES LIENS ÉTROITS ENTRE
LES VIVANTS ET LES MORTS** 225
1. LIENS MOTIVÉS PAR LES INTENTIONS
DU DÉFUNT 226

   1. Les liens à caractère négatif 227
   2. Les liens à caractère positif 248
      Les Anges gardiens 249
      Les Esprits protecteurs 262
      Les Esprits policiers 287
      Les Esprits guérisseurs 294

2. LIENS MOTIVÉS PAR LA NÉCESSITÉ
DE NOTRE CHEMINEMENT 306

   1. Les Esprits familiers 306
   2. Les bébés à naître 315
   3. Les défunts du monde animal 321

CHAPITRE X :
**DES LIENS TRÈS ÉTROITS ENTRE
LES ESPRITS DES VIVANTS** 325
1. UNE INTIME RELATION 325
2. MISE EN GARDE 348

11

1. Première grande règle 349
2. Deuxième grande règle 357

CHAPITRE XI:
UNE BELLE ÉQUIPE 367

CHAPITRE XII:
L'AVENIR DE L'HUMANITÉ TERRESTRE ... 379

1. L'ARRIVÉE DE LA PÉRIODE DE
   MILLE ANS DE PAIX 380
2. UNE TRANSITION TRÈS DIFFICILE 381
   1. Une présence significative 382
      La violence omniprésente 383
      Le culte de la mort 385
      La généralisation de la drogue ... 387
      Une sexualité humaine débridée .. 388
      L'utilisation négative des
      nouvelles technologies 389
   2. L'aura de la Terre 392
   3. Un contexte précurseur 395
   4. Une catastrophe mondiale 397
   5. Les trois jours de noirceur 399

Conclusion 403

Note au lecteur

Sept années se sont écoulées entre la parution de mon dernier livre et le début de la rédaction de ce présent ouvrage. Ces années m'ont permis de continuer à échanger avec nos frères de l'au-delà, bien que j'aie cessé de rencontrer ceux et celles qui faisaient appel à moi. Cette limitation dans mon accessibilité n'a cependant jamais réellement diminué ma disponibilité à servir. En fait, j'ai procédé de façon différente, bien que certains cas particuliers ne m'aient guère laissé le choix de m'impliquer directement dans le cœur du problème.

***

J'ai centré la cueillette des présentes informations sur les échanges que mon défunt père et ma défunte mère ont entretenus avec moi et certains des miens depuis leur décès. J'y ai greffé des éléments complémentaires provenant de manifestations où d'autres personnes vivantes ou décédées furent impliquées. J'ai pu ainsi recueillir d'importantes données qui ont enrichi mes connaissances spirituelles et, par le fait même, les vôtres.

***

Dans le souci de ne pas trop charger le contenu du livre, je référerai parfois à mes ouvrages antérieurs. Je tiens à souligner aux lecteurs qui ne les auraient pas lus que je livrerai suffisamment d'éléments d'information pour qu'ils puissent quand même profiter pleinement des connaissances dévoilées ici. Le néophyte pourra donc simplement n'y voir que de pertinentes références pouvant enrichir son savoir spirituel.

***

Comme dans mes autres livres, j'ai utilisé des noms fictifs dans la majorité des cas auxquels nous référerons. J'ai également modifié certains détails qui auraient pu dévoiler leur identité. J'ai procédé ainsi pour m'assurer que la vie privée des gens impliqués et celle de leurs proches soient respectées. Je peux cependant vous assurer que le cœur de chaque expérience rapportée fut scrupuleusement conservé pour que vous receviez la pleine valeur et toute la richesse de leur enseignement.

***

Je souligne encore une fois que je livre mes expériences médiumniques sans aucune prétention. Je veux simplement partager le plus honnêtement possible la richesse d'informations que mon cheminement spirituel m'a permis d'obtenir. Je ne me considère aucunement investi de la moindre mission. J'ai simplement choisi de placer les renseignements que mes expériences m'ont permis d'acquérir à la portée de celui ou celle qui, comme moi, cherche à savoir et à comprendre le sens de notre vie terrestre.

***

Je remercie l'Esprit de papa et celui de maman pour leur précieuse et généreuse implication dans mes recherches. Leurs manifestations ont tissé le fil conducteur de la réflexion spirituelle livrée dans cet ouvrage. Je tiens à remercier également mes amis de Lumière et particulièrement mon Ange gardien pour l'aide précieuse qu'ils ont apportée à la rédaction de ce sixième livre, autant par leur protection indispensable lors des manifestations où je fus impliqué que par leur assistance soutenue à la compréhension des éléments rapportés. Je tiens aussi à remercier les personnes concernées par les témoignages utilisés pour la confiance qu'ils m'ont manifestée. Enfin, un gros merci à Dieu d'avoir autorisé toute cette générosité sans laquelle ces lignes n'auraient jamais vu le jour.

***

Tout au long du récit, j'ai appliqué les règles de la composition avec le plus de rigueur possible. Je ne peux cependant entretenir de prétentions littéraires, car le souci de respecter les informations et l'enseignement spirituel qui en découlait m'a souvent obligé à m'éloigner de certaines tournures invitantes qui risquaient d'en avarier le contenu.

Avant-propos

L e titre de ce livre me fut directement inspiré le 27 septembre 2007. Je relaxais dans mon salon en compagnie de mon épouse. Nous profitions de la chaleur d'un réconfortant feu de bois qui nous rappelait que le court été était bel et bien terminé.

Après avoir annoncé mon intention de me remettre à la plume, nous échangeâmes sur la pertinence de l'écriture d'un sixième livre pour continuer à partager les connaissances spirituelles qui découlaient de mes nouvelles expériences médiumniques et de celles de personnes venues à moi pour leur propre vécu. Depuis quelques années, j'avais déjà cessé de recevoir systématiquement les gens qui faisaient appel à moi, mais j'avais quand même pu répondre à de nombreuses demandes d'aide. De plus, j'avais accumulé beaucoup de notes que je rédigeais chaque fois que l'Esprit de mes parents se manifestait depuis leur décès. Ces notes nous confirmaient toute la justesse de ce que j'avais reçu jusqu'à ce jour et justifiaient largement l'importante somme de travail qu'impliquait la rédaction d'une nouvelle publication.

Nous poursuivions cette conversation lorsque, soudainement, je reçus bien clairement le titre de l'ouvrage que vous lisez présentement. Le message me montrait bien que mes Amis d'en haut m'encourageaient à me mettre au travail, mais le titre en lui-même prenait encore plus d'importance. Il exprimait de façon imagée la conception que mes recherches m'avaient toujours confirmée de la mort corporelle, soit qu'elle n'était rien de plus qu'une porte aux allures sombres et ombrageuses ouvrant sur des mondes extraordinaires de Lumière.

J'ai donc soigneusement noté le titre qu'on me suggérait, mais j'avais encore bien du travail à faire dans le traitement de mes notes avant de me placer réellement en mode d'écriture. Ce n'est qu'une année plus tard que je fus en mesure de commencer à mettre en page les données que je vous livre maintenant.

Introduction

Comme je le disais précédemment, depuis le décès de mon père, survenu le 2 décembre 1996, et celui de ma mère six mois plus tard, soit le 27 juin 1997, j'avais accumulé de précieuses informations qu'ils avaient livrées directement de l'au-delà. Ces dernières revêtaient une grande valeur, car je n'étais pas le seul à recevoir leur visite, et tous les messages concordaient entre eux de façon claire et logique. De plus, elles étaient d'un grand intérêt, car elles confirmaient tout l'enseignement spirituel que j'avais reçu par les nombreuses expériences médiumniques que vous connaissez par mes publications antérieures.

Nous pourrons donc suivre ensemble les étapes de l'après-mort vécues par ces deux êtres qui me sont chers en recueillant à travers elles le précieux enseignement qui en découle. Dans notre parcours, nous pourrons jeter un regard sur d'autres défunts qui ont connu des sorts différents. Nous y verrons l'incidence directe de notre vie terrestre sur ce qui nous attend au-delà du grand jour.

Enrichis des connaissances déjà acquises par mes ouvrages antérieurs et même par ceux de différents auteurs, nous pourrons encore mieux comprendre ce que nous sommes, d'où nous venons et où nous allons. Nous y trouverons surtout un solide message d'espérance tant nécessaire dans les difficiles conditions d'ici-bas.

Avant de commencer notre lecture, j'aimerais vous faire part d'une belle expérience que j'ai vécue et qui m'a confirmé que l'heure était venue de publier les données qui vont suivre.

DES CORRECTIONS JUDICIEUSES

J'en étais aux premières pages de ce présent ouvrage. Comme à mon habitude, j'avais prié mon Ange gardien de m'aider avant le début de chacune de mes journées d'écriture. Comme j'étais en plein début de retraite, je me demandai intérieurement si je retenais la bonne priorité, car je négligeais certains travaux manuels dans la maison pour consacrer la grande partie de mon temps à écrire ce sixième livre. Je continuais malgré tout à m'imposer le rythme discipliné qu'exige un tel travail et poursuivais les efforts que je devais y investir.

Depuis que ce questionnement était venu à ma pensée, je n'avais reçu aucun message particulier sur l'avis de mon Ange gardien. Cependant, l'inspiration ne tarissait pas et la composition maintenait un rythme bien acceptable.

C'est deux semaines plus tard que je vécus une expérience qui effaça toutes mes réserves sur l'importance de produire le manuscrit dans des délais rapprochés.

Il était trois heures du matin. Je venais de m'éveiller. En cherchant à me rendormir, je me retrouvai, en pleine conscience, directement dans le monde de l'au-delà. J'eus la nette impression qu'il y avait eu un certain décalage entre la sortie de mon corps et l'arrivée dans l'astral, car je me vis soudainement assis à une table en train d'écrire. Je compris immédiatement que je continuais le travail que j'avais interrompu un court instant pour retourner dans mon corps et revenir avec la conscience de ce que j'y faisais.

J'écrivais mon sixième livre. En fait, selon le souvenir de ce que j'en gardai, je devançais pendant mon sommeil ce que j'écrivais pendant mes heures de veille.

Deux Esprits m'accompagnaient. L'un d'eux était mon Ange gardien. Nous semblions faire un travail d'équipe. Je composais le premier jet, et des corrections y étaient apportées. Celles-ci visaient toujours la meilleure compréhension du lecteur qui devait y trouver une source claire pouvant l'aider à son évolution spirituelle.

Je ne pus évaluer la durée exacte de cette expérience consciente, car la vitesse de production est très différente dans l'au-delà sans les limites de notre pauvre cerveau charnel.

À mon éveil, je gardai le plein souvenir de ce que j'avais vécu dans mes heures de sommeil. J'y trouvai la confirmation que je faisais réellement ce qui était attendu de moi, dans le respect des échéances imposées par le déroulement des plans de vie de tous ceux et celles qui avaient prévu bénéficier de cette publication.

CHAPITRE I

LE DÉCÈS DE MON PÈRE

Les quelques mois qui ont précédé le départ de mon père donnèrent lieu à des messages médiumniques qui démontraient bien clairement que des proches défunts se préparaient à son retour parmi eux. De mon point de vue d'incarné, ces informations m'inspiraient beaucoup de tristesse, d'autant plus que je songeais à ma mère qui verrait partir son bien-aimé de toujours avec qui elle cheminait dans l'amour depuis plus de cinquante ans.

Le premier message me fut apporté par ma sœur Denise, alors décédée depuis presque quinze ans. Je cherchais à m'endormir lorsque je perçus une belle ouverture lumineuse se formant devant moi. Je me sentis fortement invité à y entrer. Comme la belle luminosité me faisait comprendre que je n'étais pas en danger, je suivis l'appel qui se faisait de plus en plus clair.

Je me retrouvai dans un monde vibratoire tout lumineux. Il y avait des objets comme sur notre Terre, mais tout en lumière, comme s'ils étaient constitués d'une pseudo-matière d'une grande subtilité.

Denise était assise sur un muret de pierres d'un blanc argenté. Des plantes lumineuses l'entouraient. En regardant autour de moi, je vis que je me trouvais au centre d'un magnifique jardin de fleurs et d'arbustes adroitement disposés d'où se dégageait une reposante harmonie.

Je crus d'abord que Denise voulait échanger avec moi comme nous le faisions souvent pendant mes heures de sommeil, mais son air très sérieux me fit comprendre rapidement qu'elle avait un message plus ou moins désagréable à m'annoncer.

Je m'avançai plus près d'elle et m'assis à mon tour. Là, elle me révéla que l'incarnation de notre père tirait à sa fin et que je devais m'y préparer. Je lui exprimai mes craintes pour maman, mais elle me répondit de ne pas m'en faire, que tout avait été prévu pour que les choses se passent bien pour elle.

À ces mots, je sentis une force irrésistible qui m'entraînait loin du magnifique jardin où nous nous trouvions. Je savais qu'il était bien inutile de résister. Je saluai donc Denise rapidement et je me laissai transporter vers mon corps en sommeil.

Le deuxième message me parvint un peu plus tard. Un matin, en ouvrant les yeux, juste après m'être éveillé, je perçus très clairement le mot *décembre* écrit devant moi. Les lettres écrites en script avaient environ huit à dix centimètres de hauteur. Une belle lumière argentée émanait de chacune d'elles, comme si elles avaient été tracées avec une plume de haute vibration. Le mot était curieusement inversé, la tête en bas, comme s'il avait subi une rotation de cent quatre-vingts degrés vers l'arrière.

En percevant ce curieux procédé, je m'assis au bord de mon lit et tentai de toucher les lettres qui se tenaient toujours devant moi. Comme je ne pouvais les atteindre, je compris qu'il s'agissait d'une matérialisation très subtile. Le mot renversé vers l'arrière demeura bien visible pendant quelques secondes, puis disparut rapidement.

Je ne fis pas le lien immédiatement avec l'annonce que j'avais reçue de Denise. Je notai le phénomène et me dis que j'en verrais bien la signification lorsque le mois de décembre arriverait à nos portes. Je n'eus pas le réflexe de faire l'association, car les lettres étaient réellement sublimes dans leur lumière argentée. Ce n'est qu'après que je vis que son décès avait été subtilement symbolisé par la position du mot décembre couché sur le dos et que la luminosité représentait ce qui l'attendait dans son après-mort.

Le troisième message me parvint cinq jours avant le départ de papa par son défunt frère Fernand, décédé quelques années plus tôt. Je me souviens que celui-ci était venu faire un signe après ses propres obsèques. C'était en plein après-midi d'été. Papa regardait tranquillement la télévision. Toutes les fenêtres étaient ouvertes. Il avait soudainement entendu des gens qui parlaient à l'extérieur, puis des bruits de pas dans l'escalier. Convaincu que des visiteurs arrivaient, il se leva pour les accueillir. Rendu à la porte, il entendit très nettement l'Esprit de son frère Fernand qui le saluait et lui exprimait le plaisir de le visiter. Les bruits de pas montaient les marches une à une, mais mon père ne voyait personne. Seuls les sons démontraient leur présence. Lorsque ma mère, intriguée, vint rejoindre papa, tout s'arrêta et oncle Fernand ne lui fit plus aucun autre signe par la suite.

Il ne revint donc pour lui que cinq jours avant sa mort, pour me signifier que papa allait bientôt le rejoindre, lui et tous les siens partis avant lui. Le message qu'il me livra fut bref, mais très significatif. D'un air très sérieux, il me dit textuellement : «Henri est très magané!», terme couramment utilisé au Saguenay pour exprimer qu'une personne est très malade ou très affectée.

En plus de ces messages, ma mère avait été témoin d'un phénomène particulier pendant la même période. Je vous l'ai déjà décrit, mais je vous le rappelle, car il est important d'en connaître le sens pour ceux qui pourraient être témoins d'un semblable phénomène. Mes parents s'apprêtaient à se coucher. Ils étaient assis dos à dos sur le bord de leur lit. Soudain, ma mère perçut une grande lueur derrière elle. Elle se tourna rapidement et vit une lumière blanche fluorescente presque éclatante qui sortait du corps de papa. Elle prit peur et demanda nerveusement à mon père ce qui se passait. Lui ne s'était rendu compte de rien. Il avait ressenti un malaise au cœur suivi d'un étourdissement, mais il n'avait rien vu de la lumière que lui décrivait maman. Le lendemain, lorsqu'elle me fit part de ce qu'elle avait perçu, je compris que le phénomène annonçait son départ dans les quelques mois à venir. J'avais souvent reçu des témoignages semblables qui ne laissaient aucun doute sur son aboutissement. Il arrive en effet qu'un incarné suffisamment évolué vive de brèves sorties hors corps spontanées qui laissent voir la luminosité de son périsprit. Ce phénomène ne se produit que dans la période où la réserve du fluide animalisé est presque épuisée. Généralement, il annonce un délai maximal de dix à douze mois, mais, dans certains cas, il peut s'avérer beaucoup plus court.

C'est donc dans l'après-midi du 2 décembre 1996 que papa expira à six jours de son soixante-dix-neuvième anniversaire de naissance.

Nous nous apprêtions à le fêter en même temps que Guillaume, son arrière-petit-fils, né un 9 décembre. Il se faisait une joie de partager cette fête avec ce petit descendant qu'il aimait tant.

Ma mère avait été hospitalisée trois jours plus tôt. Comme son séjour risquait fort de se prolonger, nous avions convaincu mon père de venir nous trouver jusqu'à ce que maman puisse sortir de l'hôpital. Mon épouse et ma fille Nathalie ne pouvaient aller le chercher qu'après le dîner. Moi, je devais me rendre à mon travail à plus de cent cinquante kilomètres et je ne pouvais revenir qu'en fin de journée.

Rendues chez mon père, elles sonnèrent à la porte, mais ne reçurent aucune réponse. Louise se rendit donc chez la voisine qui avait la clé. En entrant, elles trouvèrent mon père inanimé assis dans son fauteuil. Les lèvres bleutées laissaient rapidement comprendre qu'il était mort. Une grande expression de calme se lisait sur son visage. Louise se dit alors qu'il était mort sans souffrance.

J'appris la triste nouvelle à mon retour. Le soir venu, voulant entrer dans l'intimité de son départ vers l'au-delà, je tentai une expérience que je ne recommencerai plus jamais, tellement elle fut éprouvante pour mon corps physique. Je compris après que j'aurais pu me rendre gravement malade. Cette expérience me permit cependant de revivre ses derniers moments d'ici-bas et de recevoir les images de ce qu'il avait vécu dans les premiers instants de sa vie d'Esprit d'après-mort.

Je m'étais assis dans le fauteuil où il venait à peine de rendre l'âme. Là, je demandai la protection divine et priai pour capter les vibrations imprégnées dans la matière du siège berçant. À peine eus-je terminé ma prière qu'une vive douleur apparut à mon épaule gauche, puis dans tout mon bras. Je sentis mon corps qui voulait s'affaisser sur la gauche, position que me confirma mon épouse qui l'avait découvert.

La sensation d'une très brève perte de conscience apparut, puis je vis qu'il était rapidement sorti de son corps. Il se retrouva immédiatement dans un monde très lumineux. Il vit d'abord sa mère, puis ma sœur Denise. Mes deux grands-mères les rejoignirent accompagnées de plusieurs défunts qu'il avait connus. Je pus reconnaître des oncles et des tantes. Tous avaient l'air réjoui. De grandes retrouvailles s'annonçaient. Mon père éprouvait un profond sentiment de bien-être et de légèreté.

Un tourbillon de Lumière l'emporta dans une courte absence. Il vit alors toute sa vie se dérouler devant lui. En quelques secondes, chaque instant de ses soixante-dix-neuf ans de vie terrestre trouvait sa place dans un bref moment, comme si le temps s'était compressé. Papa sentit ensuite un choc dans tout son corps périsprital. Sa corde d'argent venait de se rompre. Elle s'enroula autour de lui en se confondant à son apparence qui lui semblait bien intacte. Il était définitivement décédé.

Soudain, tout se mit à bouger. Sans perdre conscience, il comprit qu'il retournait auprès des siens. Tout se passa en un temps qui lui parut très bref. Cette fois, il les retrouva un peu plus loin de lui. Ils semblaient réunis sur le bord d'un rivage. Il s'aperçut tout à coup qu'il marchait sur un plan d'eau lisse comme un miroir. Il s'avança vers le bord, là où ceux qui l'avaient accueilli l'attendaient.

À ces images, le contact que j'avais pu établir fut brusquement coupé. Je ne pouvais plus recevoir la moindre information, comme s'il ne m'était pas permis d'aller plus loin.

J'ouvris donc les yeux. Un grand malaise m'envahissait. Au début de l'expérience médiumnique, j'avais réellement ressenti les dernières douleurs de son enveloppe charnelle et je vis que cela aurait pu se répercuter dans mon propre corps. Heureusement que j'avais bénéficié de la protection de Dieu qui avait compris la nature bienveillante de mes intentions.

Comme nous le voyons, l'entrée de mon père dans le monde de l'au-delà se fit rapidement et dans une grande harmonie. C'est ce que nous pouvons qualifier de mort facile. Le défunt vit alors le processus en pleine conscience sans souffrir de la rupture de la corde d'argent qui le reliait à son véhicule charnel. Ce type de mort se rencontre chez les gens ayant déjà un bon degré d'évolution spirituelle, soit chez ceux qui achèvent ou terminent le deuxième niveau d'incarnation propre à notre terre. Ils doivent cependant posséder également de bonnes connaissances de ce qui les attend après la mort, ce qui leur permet d'accueillir chacune des étapes successives sans panique ni résistance. Enfin, ils doivent quitter sans remords ni regret, conscients de la grande miséricorde divine face aux faiblesses découlant de leur ignorance.

Comme j'échangeais souvent avec mon père sur mes expériences et mes découvertes, il put acquérir facilement cette précieuse connaissance qui l'aida grandement à bien réagir à tout ce qui lui arrivait. Il comprit immédiatement ce qui se passait et ne ressentit aucune crainte face à la mort qui venait le chercher. Ses propres expériences médiumniques lui avaient d'ailleurs ouvert l'esprit à accueillir la réalité spirituelle. Ses contacts avec ses proches décédés avant lui, et même avec certains Esprits retardataires qui tentèrent de s'en prendre à lui, l'avaient habitué au monde de l'au-delà qui nous côtoie. Il n'y eut donc aucune surprise pour lui en entrant dans un monde qui lui était déjà familier.

Bien sûr, même s'il n'avait pas eu ces connaissances spirituelles ni vécu ces expériences médiumniques, il aurait quand même connu une mort sans souffrance, mais les étapes auraient pris un autre visage. Celles-ci auraient simplement tenu compte de ses croyances pour ne pas brimer les avantages que lui conférait son avancement. Nous le verrons clairement plus loin lorsque nous aborderons le décès de ma mère, Esprit très militant, mais qui s'ancrait dans des conceptions bien différentes. Nous avons d'ailleurs vu dans mes ouvrages précédents comment la mort pouvait se vivre de différentes façons en tenant intimement compte de chacun de nous avec notre vécu, nos connaissances, nos croyances et surtout notre degré d'avancement spirituel. Les nombreux exemples de cas réels nous ont ainsi démontré qu'une personne bonne, juste et honnête connaissait une arrivée fort différente de celle qui avait été méchante, malhonnête et perfide.

Pour le lecteur qui n'aurait lu aucun de mes ouvrages, nous pourrions mentionner que, concernant le début du processus de la mort, d'autres défunts ont rapporté avoir vécu leur dernière sortie du corps charnel par un endroit précis. La plupart parlaient du chakra coronal situé sur le dessus du crâne. Ils se souvenaient alors d'un véritable couloir d'énergie qui se formait, dans lequel ils s'engouffraient littéralement jusqu'à une ouverture de Lumière resplendissante. D'autres, moins nombreux, se souvenaient d'être sortis par la partie arrière du chakra du cou, tout juste en bas de la nuque. Certains ont parlé du chakra ombilical comme porte de sortie. J'ai même reçu le témoignage de défunts qui se rappelaient s'être expulsés par les pieds, là où sortent les antennes qui nous permettent de capter l'énergie tellurique de la Terre.

Il n'y a pas qu'une seule ouverture par laquelle nous

pouvons sortir définitivement de notre enveloppe avant qu'elle ne devienne qu'une simple dépouille mortelle. Il ne faut donc pas se surprendre que des témoignages diffèrent de l'un à l'autre, et ce, même pour ceux qui vivent des phénomènes de mort imminente.

Alors, ceux qui ont lu mes ouvrages savent que, contrairement à mon père, plusieurs défunts entrent dans une phase d'inconscience qui peut durer le plus souvent jusqu'à trois jours. Certains ne retrouvent même leur pleine lucidité qu'après deux à trois semaines. Nous en avons même vu qui ne parlaient aucunement d'un monde subtil qui les accueillait. Ceux-ci se retrouvaient directement dans leur monde d'incarnation parmi leurs proches à peine quelques instants après leur mort. Dans ces cas, il s'agissait souvent de défunts ayant à subir des contrecoups de graves erreurs qui les plongeaient dans de douloureux remords.

CHAPITRE II

LES TROIS PREMIERS JOURS

Les informations que j'ai pu recueillir sur les trois premiers jours vécus par mon père tout de suite après son décès me parvinrent de deux sources. D'abord, celle des expériences médiumniques vécues par ma mère pendant cette période et qu'elle me rapportait. Ensuite, celle du souvenir précis que je pouvais conserver de mes contacts de l'astral pendant mes heures de sommeil. Sans pouvoir vous donner la description des moindres instants, j'ai pu recueillir suffisamment de données pour vous décrire avec pertinence ce qui s'est réellement passé jusqu'au jour de ses funérailles.

***

Le fait de prendre rapidement conscience de sa mort aida énormément mon père à réagir de façon claire et lucide. Lorsqu'il retrouva les siens sur le rivage du lac de la mort, il put immédiatement bénéficier de la richesse de leurs propos. Il recevait très bien les prières que nous adressions pour l'aider à retrouver sa pleine lucidité. Notre chagrin et toutes nos pensées l'atteignaient directement. Comme il savait ce qui lui arrivait, il prit la peine d'écouter les conseils que ses proches lui donnaient. Son Ange gardien put se présenter à lui comme un vieil ami fier de son protégé.

De toutes les vibrations qui lui parvenaient, celles qui

l'atteignirent le plus profondément furent celles de ma mère lorsqu'elle apprit la nouvelle de sa mort. Il craignit alors pour son épouse adorée qu'il n'avait jamais cessé d'aimer comme au premier jour. Il la savait encore à l'hôpital et s'inquiétait grandement que la situation aggrave son problème de santé. Son Ange gardien lui offrit alors d'aller quelques instants près d'elle. Ils s'y rendirent par le simple fait de leur pensée. Mon père fut surpris de la connaissance intuitive qu'il avait de cette possibilité de déplacement instantané. Plus tard, il comprit qu'en fait, il n'avait jamais cessé de la pratiquer toute sa vie terrestre pendant ses heures de sommeil.

À son arrivée dans la chambre d'hôpital, il nous retrouva tous ensemble, mes trois enfants, ma femme et moi qui entourions ma mère dans le deuil douloureux. Après quelques instants, il comprit vite qu'il ne pouvait encore rien faire pour elle. Son Ange gardien, qui lut sa pensée, lui conseilla d'attendre les heures de sommeil de sa bien-aimée pour échanger directement avec elle sans le voile qui fait oublier.

Dès la nuit venue, toujours accompagné de son Ange gardien, il retrouva l'Esprit de ma mère dont le corps venait d'entrer en sommeil. Les retrouvailles furent touchantes, comme si une longue période les avait séparés.

Ma mère avait toujours craint de vivre cette épreuve, mais, en Esprit, elle voyait bien qu'il ne lui restait qu'un peu plus de six mois avant de le retrouver dans l'après-mort, information que je reçus personnellement le jour des funérailles.

Avant d'accueillir ma mère dans son sommeil, papa avait pris bien soin de reconstituer avec exactitude le logement neuf qu'ils habitaient. Tous les détails reproduisaient fidèlement les lieux. Il avait même pris la peine de refaire les ustensiles de cuisine avec la pseudo-matière malléable qu'il maîtrisait à merveille comme il le faisait si bien de son vivant dans ses périodes de rêve.

Ma mère avait donc la nette impression de se retrouver dans leur milieu coutumier. Ils pouvaient y vaquer à leurs occupations tout en parlant de la situation nouvelle qu'elle devait surmonter. À son réveil, elle en garda le souvenir d'un rêve où elle avait eu le bonheur de retrouver pendant quelques instants son époux que la vie lui avait enlevé.

Il en fut ainsi pendant trois nuits consécutives. Chaque fois, ma mère me décrivait les souvenirs sélectifs qu'elle en avait gardés. Ces rencontres prirent fin la dernière nuit, où elle se rendit compte qu'il ne s'agissait pas d'un rêve, mais qu'elle échangeait directement avec un Esprit. Sa peur des morts lui fit alors penser qu'il pouvait s'agir d'un défunt ayant pris son apparence. Mon père dut donc interrompre le scénario pour ne pas la faire souffrir davantage.

Pendant le jour, dès que ma mère revenait dans son corps de chair, papa retournait auprès de ceux qui l'avaient précédé. Il suivait scrupuleusement les conseils de son Ange gardien qui l'accompagnait dans tous les instants. Son caractère docile et affable l'aidait beaucoup à profiter de toute l'aide qui lui était offerte.

Nous avons vu dans mes livres antérieurs comment certains défunts souffraient dans les premiers jours qui suivaient leur décès du simple fait de leur mauvais caractère. Ils réagissaient promptement et sans réfléchir, repoussant ceux-là mêmes qui pouvaient vraiment les aider à comprendre et à savoir comment faire face à la situation qui s'imposait. Comme nous le voyons d'une façon positive avec le vécu *post mortem* de mon père, nous avons tout avantage à bonifier notre personnalité non seulement pour le temps que durent nos incarnations, mais aussi pour les périodes d'*erraticité* qui les séparent.

À la troisième journée, le corps de mon père fut exposé au salon funéraire jusqu'à l'heure de ses funérailles. Il en fut ainsi pour respecter la volonté qu'il avait exprimée lors d'un échange que nous avions eu sur le sujet. Il disait que cela nous permettrait de mieux vivre les premiers instants du deuil en famille avec ceux qui l'avaient vraiment connu et aimé. L'idée se révéla très pertinente, car nous pûmes prier à notre convenance et partager ce que nous vivions sans nous faire bousculer. Nous reprîmes d'ailleurs la même formule lorsque ma mère décéda quelques mois plus tard.

Mon père fut présent près de nous dès l'ouverture du salon. Il lui faisait curieux de voir son enveloppe figée étendue dans le cercueil. Il ressentait le même malaise que lorsqu'il voyait des parents et des amis décédés avant lui et exposés à leur tour.

Toujours accompagné de son Ange gardien, il lisait toutes les pensées des gens comme dans un grand livre ouvert. Pendant de brefs moments, il retournait près de ma mère toujours hospitalisée, mais, attiré par le flux des pensées qui lui étaient adressées, il revenait vite auprès de nous.

Lorsque les porteurs et le corbillard déplacèrent le corps vers l'église de l'autre côté de la rue, il marcha avec nous comme s'il eût suivi la dépouille d'un autre que lui.

Lors de la cérémonie religieuse, il se tint un bon moment debout devant l'assemblée. Il distinguait nettement les auras de chagrin et de sincérité. L'homélie prononcée par le curé de sa paroisse le toucha grandement, tout comme plusieurs membres de l'assistance. Le prêtre, qui le connaissait bien, référa aux saints vénérés par l'Église catholique. Il nous dit : « L'Église nous parle de la sainteté, moi je peux dire qu'en vivant auprès d'Henri Girard, je l'aurai côtoyée. » Cette phrase reflétait bien à mon père la vie terrestre qu'il avait faite. Il n'avait pas de grands diplômes scolaires, mais beaucoup d'intelligence. Il avait ses petits défauts qui en faisaient un humain, mais ses qualités morales les éclipsaient dans la Lumière qu'il projetait.

CHAPITRE III

L'ADAPTATION D'APRÈS-MORT

Mon père ne nous accompagna pas jusqu'au cimetière, car, juste avant notre départ, une superbe ouverture de Lumière s'ouvrit devant lui. Son Ange gardien l'invita à y entrer. Papa se souvint alors de ce que je lui avais rapporté sur le phénomène. Je lui avais mentionné l'importance d'y pénétrer pour rejoindre les niveaux vibratoires qui permettent au défunt d'être et d'agir pour son propre bonheur et celui des autres. Il accompagna donc son Ange gardien qui lui tendait la main et franchit le seuil de Lumière ouvrant sur toutes les possibilités de sa nouvelle forme d'existence.

1. Un monde à la mesure du défunt

Les premières informations sur ce que vivait mon père de l'autre côté de l'ouverture de Lumière nous parvinrent d'abord par ma fille Mélanie, qui se retrouva pendant son sommeil dans la sphère vibratoire où son grand-père franchissait la première étape de son adaptation. Elle assista à toute la scène en simple spectatrice. Elle se voyait présente près de lui, mais sans pouvoir le contacter, comme si ses vibrations d'incarnée ne lui permettaient pas de l'atteindre. En fait, il en était ainsi pour qu'elle ne puisse aucunement interférer dans le contexte d'accueil qui avait été bien adapté à la personnalité de mon père.

Mélanie se retrouvait donc dans une grande pièce

bien ordonnée dont l'architecture lui rappelait les anciens châteaux de pierres parsemés dans plusieurs coins de l'Europe. Une lumière tamisée donnait un cachet particulier à toute la scène. Une grande table qui semblait faite de bois prenait toute la place centrale. Elle y vit d'abord des Esprits très lumineux assis tout autour, puis elle distingua parmi eux mon père qui semblait à peine arrivé. Un des Esprits lui présenta des papiers. Un autre lui expliqua qu'il s'agissait de formulaires qu'il devait signer pour officialiser son retour dans le monde des défunts. Un autre prit la parole et compléta en décrivant les implications de la démarche. Mélanie ne comprenait pas réellement le sens de ces propos, mais elle retint qu'il devait signer les papiers pour bénéficier de toute l'assistance dont il pouvait avoir besoin.

Lorsque tous eurent terminé de parler, Mélanie vit mon père apposer sa signature sur chacune des pages qu'on lui indiquait. À mesure qu'il écrivait, une Lumière dont elle ne percevait pas la provenance enveloppait progressivement mon père, puis s'étendit à l'ensemble de toutes les Entités présentes. C'était comme s'il venait de s'harmoniser avec les vibrations de chacune d'elles.

Lorsqu'il eut terminé, l'Ange gardien s'approcha de papa et l'invita à le suivre. Tous se levèrent, et Mélanie perdit le contact. Elle se retrouva brusquement dans son corps de chair et s'éveilla aussitôt.

Lorsque Mélanie me fit part de son expérience astrale, elle m'exprima sa surprise face à ce qu'elle avait vu. Il n'en était cependant pas de même pour moi, du moins pas sur ce point, car les témoignages que j'avais déjà reçus de plusieurs défunts m'avaient clairement démontré que les contextes d'accueil étaient très finement adaptés aux connaissances du défunt, à son histoire et à toute sa personnalité. Or, cette manière de faire correspondait bien à la façon d'être de mon père. Il avait toujours aimé les situations claires et officielles. Il ne laissait rien au hasard et détestait les choses ambiguës. Un changement aussi profond dans ses conditions d'existence exigeait donc une intervention officielle des autorités d'en haut pour qu'il se sente suffisamment à son aise et puisse cheminer dans son nouveau monde.

L'adaptation de son contexte d'arrivée fut encore plus clairement exprimée lorsque Mélanie le rejoignit à nouveau dans l'au-delà en spectatrice de ses occupations d'après-mort. Cette fois, elle le retrouva en train de manger. La table où il était assis était très richement garnie. Une nourriture variée et très abondante reposait sur des plateaux d'argent. Un grand raffinement rehaussait la beauté du moindre ustensile. Papa mangeait comme s'il pouvait ressentir la faim. Comme il était déjà mort, Mélanie se demandait bien la raison de tout ce scénario.

En fait, il vivait un phénomène que plusieurs défunts connaissent dans les premiers temps de leur retour dans l'au-delà. Pendant toutes les années de la vie terrestre, nous sommes tenus de manger pour nous maintenir en vie. Ce besoin primaire est tellement essentiel que nous en oublions sa nécessité dans les contextes où la nourriture est abondante. Or, après notre mort, plusieurs réflexes développés par les besoins du corps charnel peuvent demeurer en place pendant un certain temps. C'est celui de se nourrir qui est en fait le plus tenace.

L'Esprit militant qui n'a pas à souffrir se voit donc offrir de la nourriture dont la forme correspond à ce qu'il a connu. Il peut ainsi satisfaire son besoin jusqu'à ce qu'il se rende compte que tout cela n'a plus sa raison d'être. Il délaisse alors ce rituel de la vie terrestre devenu inutile. Il faut bien comprendre ici que toute cette pseudo-nourriture ne vise qu'à sécuriser le défunt. En fait, il ne peut en retirer aucun plaisir réel, car tout ce qui se présente à lui n'a aucun goût malgré toutes les apparences savoureuses. Il en serait d'ailleurs ainsi même s'il s'agissait d'une véritable nourriture terrestre, car l'Esprit ne disposerait plus des capteurs corporels pour y réagir.

Dans les dernières années de sa vie, papa avait déjà commencé à ne se nourrir que pour la simple survie. Un médicament qu'il devait prendre avait comme effet secondaire l'agueusie (perte du goût). Le détachement était donc déjà amorcé à son décès, et la période de la nourriture pseudo-matérielle ne dura que quelques jours.

Cette forme d'adaptation de l'autre côté des ouvertures de Lumière m'apportait des éléments nouveaux, car, jusque-là, les témoignages de défunts qui me décrivaient leurs premiers moments d'après-mort concernaient les Esprits qui n'osaient pas les franchir. Ils continuaient leur existence *post mortem* dans les mondes de la pseudo-matière opaque qui ressemblent beaucoup à nos contextes de vie terrestre. Les Esprits qui n'avaient pas à souffrir pouvaient y demeurer le temps nécessaire à comprendre ce qu'ils devaient faire pour prendre leur véritable place dans l'au-delà de Lumière. Ils prolongeaient en quelque sorte leur ancienne forme d'existence corporelle, y reproduisant des contextes de vie semblables à ceux qu'ils avaient connus de leur vivant. Les mêmes informations nous révélaient que certains défunts pouvaient prolonger leurs contextes adaptés pendant des dizaines d'années terrestres. Nous verrons des cas semblables un peu plus loin dans notre réflexion, mais vous pouvez également consulter mes écrits antérieurs pour en trouver des exemples très intéressants reçus directement de ces défunts.

Il en était donc exactement de même dans les mondes plus subtils pour les défunts qui y entraient très tôt après leur décès.

2. L'ÉVEIL À SA VÉRITABLE NATURE

C'est après cette étape, dont nous avons maintenant une certaine idée, que papa put commencer sa véritable existence d'Esprit dans les vibrations subtiles de l'au-delà. Les informations qui suivent me vinrent directement de mon Ange gardien.

Pleinement conscient de sa nouvelle réalité, papa commença à retrouver le souvenir de ses antériorités. Des images bien précises lui revenaient de son passé, dévoilant les multiples existences d'incarnation qu'il avait vécues et les nombreuses identités qui l'avaient désigné. Il vit qu'il avait connu la richesse et la pauvreté, l'anonymat et la célébrité, la santé et la maladie, la joie et la souffrance. Il comprit de mieux en mieux qui il était.

1. Le pouvoir d'apparaître

Le souvenir de ses occupations d'Esprit qu'il avait poursuivies pendant ses heures de sommeil lui revint avec une grande précision. Il se souvint comme il pouvait être efficace dans l'au-delà. Il revit sa grande capacité de travail dont le rendement était sublime sans les limites de son pauvre corps de chair. Il redécouvrit ainsi des possibilités d'action dans le monde qu'il venait de quitter, telle la faculté d'apparaître rapidement auprès des vivants et des morts. Dans sa lucidité d'Esprit retrouvée, il se souvint alors vaguement qu'il pouvait le faire de son vivant même s'il ne s'en était jamais rendu vraiment compte. Il ne lui restait donc qu'à mieux se souvenir pour utiliser cette faculté à bon escient. Nous verrons plus loin les contextes qu'il choisit pour le faire.

Cette faculté d'apparaître à des endroits même très éloignés est effectivement à la portée des incarnés. Nous sommes cependant soumis à des règles strictes que les Anges gardiens se chargent de faire respecter. Le témoignage suivant nous donne un bon exemple de son application.

UNE BRÈVE APPARITION

Le phénomène que je vous rapporte ici se passa vers la fin de la période où je servais encore d'intermédiaire à des Esprits guérisseurs. Vivianne m'avait consulté pour tenter de soulager un mal de dos chronique que la médecine traditionnelle ne pouvait traiter qu'avec une forte médication qui lui causait de désagréables effets secondaires.

Après sa première visite, nous avions convenu d'une deuxième rencontre. À la date fixée, une sérieuse tempête de neige l'empêcha de se présenter. Vivianne habitait à trois heures de route, et les conditions météorologiques rendaient la conduite automobile très hasardeuse. Nous ne pouvions donc nous rencontrer. Le temps exécrable se prolongea pendant plusieurs jours avec les vents qui se mirent de la partie, rendant toute rencontre impossible.

À la date suivante, c'est son conjoint qui dut s'absenter plusieurs jours pour son travail. Vivianne me téléphona donc pour annuler de nouveau notre rendez-vous. Elle s'en inquiétait, car l'intervention énergétique l'avait beaucoup soulagée, et il lui semblait que le rythme du processus mis en place se brisait lentement.

Voyant que les empêchements successifs risquaient de nous placer trop loin dans le temps et tenant compte de sa bonne réceptivité des énergies réparatrices, je lui offris de procéder à une intervention à distance. Cela nous permettrait de prolonger le délai de notre prochaine rencontre et de maintenir son équilibre périsprital. C'était une façon de procéder que j'utilisais rarement, car cette façon de faire était très exigeante pour mes propres énergies vitales et pouvait même comporter un certain risque pour ma santé. Nous convînmes d'une heure précise où elle devait se concentrer sur moi et les Esprits guérisseurs pendant que nous procéderions, au même moment, à l'intervention spirituelle.

Dès que je sentis la connexion bien établie avec Vivianne, je vis son visage apparaître devant moi. Elle avait les yeux fermés, était bien concentrée comme je le lui avais demandé. Surpris par sa présence, je faillis perdre le contact avec les Esprits dorés qui m'accompagnaient. Je me centrai rapidement sur mes prières, et le visage disparut. Je complétai l'opération sans autres manifestations.

Plusieurs minutes après la durée approximative que je lui avais indiquée, Vivianne me téléphona. Elle était emballée. Elle se dit très impressionnée par ce qu'elle avait vécu. Elle aussi m'avait vu apparaître pendant l'intervention. Je ne m'étais montré qu'un bref instant. Elle eut l'impression que j'avais voulu m'assurer que toutes les conditions étaient bien en place. À ces mots, je lui fis part de sa propre visite. Ni elle ni moi n'avions pris conscience de notre déplacement. Nous l'aurions même toujours ignoré si nous n'avions pas échangé cette information.

Vivianne fut surprise d'apprendre ainsi que nous pouvions nous déplacer et apparaître dans des lieux éloignés. Elle croyait que cette faculté n'était présente que chez les morts. Je lui rappelai que nous étions d'abord des Esprits et qu'à ce titre, nous en conservions toutes les possibilités d'action. Vivianne en comprit l'évidence, car l'expérience lui avait clairement démontré qu'il suffisait à notre Esprit de transcender les limites imposées par notre enveloppe charnelle par l'élévation des vibrations spirituelles pour retrouver sa pleine liberté.

2. L'action directe sur la matière opaque

Une autre faculté que papa redécouvrit fut celle d'agir directement sur la matière opaque. Il se souvint cependant qu'il ne pouvait le faire qu'en prenant directement chez un incarné l'indispensable fluide animalisé dont il ne disposait plus. Ce n'est qu'avec ce dernier qu'il pouvait densifier son périsprit et avoir ainsi un impact concret sur les objets à vibrations beaucoup plus lourdes que celles qu'il avait désormais. Un Esprit lumineux qui l'accompagnait dans sa réflexion lui rappela alors que le procédé pouvait devenir dangereux pour l'incarné qui se voyait dérobé d'une quantité de son énergie vitale, car celui-ci ne la retrouverait jamais plus. Dans sa grande bienveillance, papa savait que ce procédé ne pouvait être utilisé que dans des situations exceptionnelles et strictement nécessaires.

Mes expériences médiumniques m'ont malheureusement démontré que plusieurs défunts n'ont pas toujours les mêmes scrupules. Certains n'hésitent pas à voler le précieux fluide de vie pour arriver à leurs fins. Ils agissent alors le plus souvent par simple légèreté, mais, pire encore, par pure malveillance.

* * *

Cette influence que les défunts peuvent avoir sur la matière brute de notre monde peut s'appliquer sous trois modes différents que papa redécouvrit rapidement.

Le premier mode

Ce mode implique une intervention qui ne modifie en rien la structure moléculaire des objets utilisés. L'Esprit agit sur l'environnement physique comme il l'aurait fait de son vivant. Le procédé peut plus facilement être appliqué chez les défunts fraîchement décédés, car ils peuvent disposer pendant une certaine période d'une quantité résiduelle de leur propre fluide vital. C'est ce qui explique que les nombreux témoignages de manifestations de défunts venus faire un petit signe de leur survie réfèrent le plus souvent à un délai de quelques jours après le décès. Pour les autres, ils doivent répondre à deux conditions pour pouvoir le faire. D'abord, avoir un périsprit peu épuré, ce qui nous indique que le défunt n'est pas très avancé dans sa spiritualité, et, ensuite, comme nous l'avons vu précédemment, avoir à sa disposition une personne vivante chez qui il puisera l'énergie fluidique.

Dans cette première forme d'action sur la matière opaque, le défunt combine le fluide vital aux molécules pseudo-matérielles de l'enveloppe de son Esprit jusqu'à ce qu'il atteigne une densité équivalente aux objets qui l'entourent. Il pourra alors agir sur eux pendant un bref moment comme s'il avait encore son enveloppe charnelle.

Le plus souvent, le défunt utilise ce mode de manifestation pour simplement montrer sa présence :

UNE PIÈCE VIDE

Je venais de terminer ma journée et je m'apprêtais à quitter le local où j'avais travaillé. Je fermai toutes les lumières et sortis en cherchant mes clés dans les poches de mon veston. Je fermai la porte et je m'apprêtai à verrouiller comme le voulait le protocole de sécurité.

En approchant la clé de la porte, la poignée se mit à tourner d'elle-même. Lentement, elle fit le demi-tour nécessaire à son ouverture. La porte s'ouvrit de quelques centimètres, puis se referma par l'action du mécanisme de fermeture automatique. J'ouvris la porte à toute vitesse pour voir qui avait tourné la poignée. Je retrouvai la pièce aussi vide que lorsque j'en étais sorti quelques secondes plus tôt. Je refermai le tout et verrouillai la porte avant de partir.

Évidemment, je compris tout de suite qu'il s'agissait d'une action du monde de l'Invisible. Comme je ne pouvais déceler aucune utilité à ce phénomène ni en comprendre aucun message, je supposai qu'il s'agissait d'un Esprit voulant simplement montrer sa présence. Je priai donc pour lui et demandai à mon Ange gardien de le guider vers la Lumière et de me protéger contre toute éventuelle intention malveillante.

Je ne reçus jamais d'autres signes de cet Esprit, mais, plus tard, je fis le lien avec un cas de hantise dont je m'étais occupé. Les prières adressées par les gens concernés avaient finalement eu raison des agresseurs, et quelques-uns de ces derniers avaient même profité de la présence des Esprits lumineux venus jusqu'à eux pour se libérer de leurs basses pulsions et reprendre la montée. Celui qui était venu à moi était parmi eux. La douceur de la manifestation dont il était capable confirmait qu'il avait compris la route à suivre pour se rendre jusqu'à Dieu. Il voulait me le signifier de la seule façon qu'il connaissait, en sachant que je décoderais qu'il avait ouvert la porte à d'autres dimensions de son existence.

LA QUATRIÈME CHANDELLE

Évelyne avait invité quelques amis à venir souper chez elle. Elle tenait à souligner un bel événement attendu depuis longtemps et qui les concernait directement.

Un superbe chandelier à quatre branches donnait un air très distingué au grand vaisselier sur lequel il trônait fièrement. Évelyne l'utilisait rarement, car elle le trouvait trop encombrant, mais une invitée qui appréciait le fin travail de son argenterie suggéra aux autres de le placer au centre de la table, d'en allumer les chandelles et de fermer les lumières de la pièce. Ainsi, ils pourraient manger dans une ambiance poétique des repas d'autrefois. Tous se montrèrent d'accord avec cette brillante idée. Évelyne déplaça donc le support à quatre branches et gratta une longue allumette de bois. À sa grande surprise, la quatrième chandelle refusa de s'enflammer. La mèche pourtant bien longue refusait obstinément de suivre l'exemple des trois autres dont la chandelle commençait déjà à fondre lentement sous la chaleur éclairante de la flamme vacillante. Après quelques vaines tentatives de la part de chacun, le petit groupe se résolut à se contenter des trois vaillantes chandelles qui avaient bien voulu collaborer.

Le souper se passa sans encombre et la soirée donna lieu à d'agréables échanges d'amitié attisés par la sincérité des sentiments de chacun.

Après le départ de ses invités, Évelyne éteignit les trois chandelles demeurées allumées sur la table de la salle à manger. Elle devait mettre un peu d'ordre avant de se coucher, mais décida finalement de tout remettre à plus tard.

Le lendemain matin, Évelyne eut la grande surprise de retrouver la quatrième chandelle de la veille bien allumée. L'état de la cire démontrait qu'elle ne l'était que depuis à peine quelques instants. Elle n'en croyait pas ses yeux. Comment cette chandelle avait-elle pu s'allumer d'elle-même alors que toutes les tentatives de la veille avaient échoué malgré les allumettes et les briquets? Évelyne comprit rapidement qu'il y avait eu une intervention d'un Invisible dont elle connaissait bien l'existence. Elle ne comprenait pas s'il y avait un message symbolique, mais elle demanda la protection des Esprits de Lumière contre toute éventuelle action malveillante des Retardataires de l'astral inférieur de notre terre.

Il s'écoula quelques années avant que le phénomène puisse dévoiler son sens, mais ce que j'en retins fut que Évelyne et ses amis avaient eu la démonstration bien évidente que certains Esprits au périsprit opaque pouvaient agir directement dans notre dimension matérielle et y engendrer des effets potentiellement dévastateurs. L'Esprit qui avait d'abord empêché la chandelle de s'enflammer, puis l'avait allumée, savait comment manipuler le feu. Les plus méchants d'entre eux pouvaient donc techniquement nous causer bien des souffrances par cette force aux possibilités négatives. Le phénomène nous rappelait également comme l'action protectrice de nos Anges gardiens et des Esprits bienveillants était importante, voire essentielle à la vie humaine terrestre. En fait, il nous faisait voir à petite échelle comme il serait facile à des Esprits malicieux de nous empêcher de vivre dans un monde si peu évolué s'il n'y avait pas les interdits édictés par la sagesse divine et imposés par nos Amis lumineux. Enfin, l'importance de la prière se montrait encore une fois évidente, d'abord pour exprimer notre reconnaissance envers l'assistance ignorée de nos Amis, ensuite pour s'assurer d'en bénéficier dans la pleine mesure de notre plan de vie.

***

Parfois, le défunt ne cherche qu'à exprimer sa volonté sans créer de remous ou de craintes auprès de ceux à qui il s'adresse.

UN FILM SANS IMAGES

Lisa m'avait demandé de donner une conférence dans son patelin pour répondre à l'intérêt spirituel qu'elle avait observé dans son entourage. Elle prenait la responsabilité de toute l'organisation. Devant son emballement à réaliser la rencontre, j'acceptai l'invitation malgré le peu de disponibilité dont je disposais à cette époque.

Dès le premier contact avec les personnes venues échanger avec moi, je compris pourquoi Lisa tenait tant à ce que je donne cette conférence. La salle était remplie de gens sincères et soucieux de connaître le sens de leur vie. La grande majorité avait déjà lu mes ouvrages. Chacun venait compléter sa compréhension spirituelle et étancher sa soif de savoir.

Juste avant de commencer, Lisa avait installé une caméra fixée sur un trépied. Elle voulait filmer la conférence pour la partager avec d'autres qui n'avaient pu venir au rendez-vous. Je vis alors qu'il ne lui serait pas permis de fixer la soirée sur pellicule et je compris pourquoi au fil de l'exposé.

Beaucoup de questions fusèrent de la salle pendant mes explications et, contrairement à mon habitude, je décidai de répondre immédiatement sans attendre la fin de mon intervention. Le procédé présenta plus de difficultés à rendre les informations prévues au départ, mais il générait un climat intimiste que beaucoup apprécièrent. Plusieurs dévoilèrent ainsi des informations qui devaient demeurer dans le vague des souvenirs de chacun.

J'avisai Lisa qu'il était inutile d'essayer de filmer la conférence, qu'il n'y aurait rien à voir, mais elle décida de mettre quand même son appareil en marche.

La rencontre dura plus de trois heures. Toutes les questions avaient été pertinentes, et les commentaires, éclairés. Je quittai satisfait, mais conscient de mes pauvres limites à en donner davantage.

Quelques jours plus tard, Lisa me téléphona pour me faire part des commentaires qu'elle avait reçus. Le plus frappant de ses propos fut les nouvelles qu'elle me donna des images qu'elle avait tenté de capter pendant la conférence. Comme je le lui avais dit, aucune n'apparaissait sur l'écran. On ne pouvait voir qu'une lumière sans forme définie. On n'y percevait également aucun son, outre un curieux battement de cœur régulier qui cadençait l'absence de contenu visuel.

Les Esprits lumineux et les Anges gardiens qui savaient à l'avance la tournure que prendrait la conférence étaient intervenus directement sur l'appareil qu'ils avaient neutralisé. La lumière sans forme et les battements cardiaques nettement identifiables n'étaient là que pour faire comprendre qu'une action bien spéciale avait été posée.

* * *

Il peut également s'agir d'une action bien précise de nature à aider les proches ou à simplement modifier des conditions qui empêchent le défunt de se dégager.

UNE DOULOUREUSE DISPARITION

En écoutant les nouvelles à la télé, j'appris qu'un petit avion était porté disparu. Des recherches étaient en cours depuis le matin. Le pilote qui était seul à bord de l'appareil n'avait jamais atteint sa destination et tout laissait présager qu'il avait connu une fin tragique. Je n'obtins plus aucune information par la suite. J'oubliai donc progressivement le triste événement à travers les nombreux faits divers dont nous sommes constamment inondés par les différents médias.

Deux mois plus tard, je reçus un appel téléphonique de Juliette, la mère du jeune pilote qui avait disparu. L'avion était demeuré introuvable et Juliette me demandait de tenter de savoir ce qui était advenu de Fabien, son fils, dont la présence lui manquait tant. Je lui demandai de me faire parvenir une photo du disparu et de prier pour que je puisse recevoir les informations qu'elle attendait.

L'analyse médiumnique me confirma que Fabien était bien mort dans le crash de son avion, mais je ne pus établir de contact avec le défunt. Je transmis à Juliette ce que j'avais pu obtenir et lui indiquai les prières qu'elle devait adresser à son fils semblant encore ébranlé par le choc de sa mort tragique. Je lui promis de me joindre à son invocation. Je l'assurai avec certitude que mon Ange gardien m'inspirait que son fils viendrait lui faire signe en rêve ou directement pour lui confirmer l'efficacité de ses prières.

Après plusieurs semaines, c'est moi qui rencontrai Fabien dans l'astral de Lumière pendant mes heures de sommeil. Il était comme sur la photo, avec un large sourire affichant son amour de la vie. Il semblait soulagé d'un lourd fardeau. Il était venu à moi pour me remercier de la démarche que j'avais accepté de faire pour les aider, lui et sa mère. Il se dit très reconnaissant et me demanda de faire part à Juliette du bien-être qu'il en ressentait.

Juliette fut soulagée d'apprendre que son fils allait bien. Elle avait su dès l'annonce de sa disparition qu'il ne faisait plus partie de notre monde, mais s'était toujours inquiétée de ne pas avoir eu de ses nouvelles, lui qui était si proche d'elle. Maintenant, elle comprenait que depuis tout ce temps il était demeuré dans un état de confusion l'empêchant de réaliser ce qui lui arrivait. Elle était soulagée d'apprendre que ses prières avaient aidé son fils à sortir de cette phase léthargique qui aurait pu se prolonger. Il lui restait à espérer qu'il puisse se manifester à elle comme il l'avait fait avec moi.

Un an s'était écoulé depuis l'accident lorsque je reçus un appel de Juliette. Sa voix était devenue lumineuse. Fabien lui avait donné de ses nouvelles. Juliette avait l'impression d'avoir retrouvé bien vivant le fils qu'elle croyait mort. Pendant leur échange, Fabien lui annonça que son corps serait bientôt retrouvé.

Au cours de la même semaine, le service des nouvelles télévisées reparla de la disparition du jeune pilote. La balise de son appareil qui était demeurée muette pendant plus d'un an s'était mise à émettre son signal de localisation. C'est un avion militaire qui l'avait capté. Les autorités purent facilement repérer les restes de Fabien qui furent inhumés près des siens dans le cimetière de sa paroisse.

Fabien ou des Esprits familiers avaient-ils pu activer le mécanisme de la balise ? La chose était fort possible, car de nombreuses manifestations ont clairement démontré que dans l'au-delà, où tout est énergie malléable, les Esprits peuvent facilement influencer les appareils électriques dont la source nourricière leur devient vite familière. Je ne m'en informai jamais, car l'essentiel était de savoir que Fabien avait pris sa place et qu'il continuait sa montée.

Le deuxième mode

Ce mode implique une action directe sur les composantes moléculaires des objets physiques. Contrairement à la première forme, le défunt n'a pas à densifier son périsprit. Il agit sur la structure vibratoire des objets qu'il utilise pour livrer son message. C'est ici que le défunt produit des phénomènes d'appart. Pour ceux qui n'ont pas lu mes livres antérieurs, disons qu'il s'agit d'un processus par lequel certains défunts peuvent dématérialiser un objet dans un endroit pour le faire réapparaître dans un autre lieu. En fait, l'Esprit élève temporairement la vibration de l'objet concerné au niveau de sa propre vibration, ce qui lui permet de l'apporter avec lui sans lui faire subir les limites de la résistance matérielle opaque.

Ce mode de manifestation se veut généralement bienveillant, encore que nous en ayons vu dans mes ouvrages antérieurs qui exprimaient de bien tristes intentions. Voyons trois exemples qui nous donnent une idée assez juste de l'utilisation que peuvent en faire les défunts :

UN MESSAGE DU PASSÉ
Lorsque Isabelle me demanda de tenter d'obtenir des nouvelles de son défunt mari, elle venait de vivre un phénomène particulier qui lui laissait croire que son

époux survivait réellement au-delà de la mort physique. Jusque-là, elle avait souvent douté. Elle avait lu de multiples témoignages dans ses nombreuses lectures, mais elle n'avait pu trouver de certitudes satisfaisantes dans sa recherche spirituelle.

Isabelle avait été témoin d'un phénomène d'appart. L'objet qu'avait utilisé le mari d'Isabelle était un petit feuillet sur lequel il avait écrit un message d'amour quelques années avant sa mort. Après son décès, il avait vu que ce feuillet existait toujours, bien rangé dans un coffret avec d'autres papiers qu'Isabelle gardait précieusement. En fait, Isabelle était une de ces personnes qui ne jettent pratiquement rien et qui empilent les souvenirs au fil des ans.

Le défunt avait écrit ce petit mot quelques années plus tôt lorsqu'il avait dû s'éloigner pour son travail. Il fut donc heureux de pouvoir le réutiliser en cherchant à apaiser la souffrance de sa bien-aimée qui se sentait seule et même abandonnée par la vie. Il avait souvent procédé par la voie des rêves pour contacter Isabelle, mais celle-ci n'y voyait pas la démonstration tangible de la survie de l'homme qu'elle aimait toujours.

Le message se lisait comme suit : « Coucou, mon ange, tu vois bien je ne te quitte pas. Je suis toujours présent. Je t'adore, ton ange XXX. » Isabelle retrouva le feuillet en évidence dans un endroit très utilisé où il lui était impossible de penser qu'il avait pu se trouver là depuis tant d'années.

Lorsqu'elle me consulta, Isabelle ne me mit pas tout de suite au courant de ce phénomène. Elle me demanda simplement de prendre des nouvelles de son défunt mari qu'elle ne pouvait pas oublier.

Quelle ne fut pas sa surprise lorsque je lui décrivis que la seule chose que j'avais pu obtenir était l'image bien vivante d'un Ange aux allures traditionnelles! Ses ailes lumineuses faisaient la longueur de son corps subtil. Il bougeait lentement et souriait. Le contact avait été bref, mais très net. C'est à ce moment qu'Isabelle me parla, très émue, de ce qu'elle avait vécu. Je lui expliquai en quoi consistait le phénomène d'appart. Elle comprit rapidement que son époux lui avait signifié le même message. Comme dans ses rêves, il lui disait, par l'utilisation de ce petit mot d'antan, qu'il était bien vivant dans sa nouvelle dimension et que, comme un ange, il veillait réellement sur elle.

TROIS SEMAINES PLUS TARD

Le père du petit Marcel m'avait téléphoné en désespoir de cause. Son jeune garçon de neuf ans subissait une récidive d'un cancer qui ne laissait plus aucun espoir à ses médecins. J'acceptai de le rencontrer chez lui en pensant qu'il valait la peine de demander l'assistance de nos Frères guérisseurs.

Avant d'entrer dans la chambre avec son père, celui-ci me mit en garde contre l'agressivité que démontrait le petit Marcel depuis la réapparition du mal impitoyable. Notre rencontre se déroula cependant dans un grand calme. Le père m'exprima même sa surprise face à toute la sérénité qu'il avait observée pendant que je faisais mes prières.

Avant de quitter les lieux, je vis nettement que tout se déciderait dans les trois jours suivants. Je dis donc au père de Marcel qu'il saurait si notre demande de guérison était exaucée dans les soixante-douze heures. Des larmes coulèrent sur ses joues. Il me remercia et je quittai en emportant une certaine tristesse. Bien sûr, je savais profondément que tout avait sa raison d'être en ce bas monde, mais je trouvais quand même la situation cruelle pour le garçon et les siens.

Le père du petit Marcel me rappela deux semaines plus tard. Il voulait me remercier. Il me dit qu'il n'avait pas eu ce qu'il attendait, mais que je les avais beaucoup aidés. Il m'annonça que son enfant était décédé soixante-douze heures après mon départ, comme on me l'avait montré. L'enfant n'était pas sorti de sa chambre pendant les trois jours et n'avait pas manifesté la moindre agressivité. Il s'était éteint paisiblement, comme s'il se préparait à l'accueil d'amour qui l'attendait.

L'idée de m'en donner des nouvelles lui était venue d'une façon très inusitée. Encore abasourdi par tout le remue-ménage des derniers jours, il trouva une feuille sur un meuble de la cuisine. Elle était retournée. Il la prit pour y lire les quelques mots qui y apparaissaient. À sa grande surprise, il reconnut la feuille sur laquelle sa femme avait écrit mon nom et mes coordonnées quelques jours avant la mort de Marcel. Il ne comprenait pas que cette feuille fût là, car il aurait juré l'avoir jetée. De plus, le meuble en question était constamment utilisé par chaque occupant de la maison. Se disant qu'il aurait dû le faire bien avant, il eut alors l'idée de m'appeler. Il avait la nette impression que Marcel s'était chargé de remettre cette feuille sur son chemin pour transmettre les remerciements auxquels il tenait. Je compris qu'il s'agissait d'un phénomène d'appart dont Marcel connaissait dorénavant les secrets. J'en fus heureux, car il me faisait ainsi comprendre que son Esprit avait déjà retrouvé une lucidité suffisante pour qu'il puisse voir à ses propres affaires et à celles de ses proches.

LA BOÎTE PERDUE

Nous terminions le mois de mars. L'hiver bravait les rayons du soleil en étirant effrontément sa froidure. Le vent balayait la neige qui refusait de partir. Les cristaux s'accrochaient à tout ce qu'ils trouvaient sur leur passage. On aurait dit qu'ils espéraient survivre jusqu'à l'hiver suivant. Comme chaque année, nous assistions à une lutte effrénée entre le froid infatigable et la chaleur hésitante qui tentait timidement de prendre sa place. Cette dispute enfantine faisait fluctuer le thermomètre qui montait et descendait sans pouvoir s'arrêter. Tout ce méli-mélo entraînait avec lui les microbes de la grippe et du rhume qui attaquaient sans vergogne nos pauvres bronches. C'est ainsi qu'un beau matin je m'éveillai avec un léger mal de gorge.

Ma fille Nathalie, chez qui nous étions en promenade, me donna une petite boîte de pastilles aux vertus prometteuses. Je fus rapidement ravi de leur efficacité et me dis que finalement je m'en tirerais peut-être à bon compte. Trois jours plus tard, je perdis la petite boîte métallique. La fermeture éclair de ma veste était restée ouverte et elle avait glissé je ne sais où. J'en rachetai donc une autre et l'oubliai.

La semaine suivante, je m'éveillai un matin en pensant fortement à l'Esprit de ma sœur Denise. Elle demeura plusieurs minutes dans ma pensée comme si elle insistait sur sa présence. En montant dans ma voiture, je retrouvai avec grande surprise la petite boîte perdue soigneusement déposée sur l'appui-bras de l'auto. Elle semblait attendre, bien installée au centre du support. Je pensai alors que j'avais peut-être simplement perdu ma nouvelle boîte de pastilles et qu'elle s'était retrouvée là par hasard, mais, en vérifiant, je la trouvai bien en sécurité dans la poche de mon manteau. Je pris donc la boîte. C'était bien celle que j'avais perdue. Je la reconnus facilement par la difficulté que j'avais à l'ouvrir. Un petit défaut de fabrication m'obligeait à appliquer une technique particulière pour venir à bout de sa résistance. J'en parlai à mon épouse qui ne pouvait expliquer comment la boîte avait pu se retrouver là. Comme nous avions utilisé l'auto à plusieurs reprises pendant ces sept jours, aucune explication logique ne venait à notre esprit.

Lorsque je parlai du curieux phénomène à mon autre fille Mélanie, elle fut encore plus surprise. Elle me dit qu'elle avait rêvé d'une boîte de pastilles. Sa description correspondait en tout point à celle que j'avais perdue et retrouvée. J'étais avec elle dans son rêve et je lui expliquais comment ouvrir la boîte capricieuse.

Au même moment, nous pensâmes à ma sœur Denise. Elle avait choisi cette façon de faire pour rappeler sa présence protectrice parmi nous. Elle était déjà bien familière avec le phénomène d'appart, car elle l'avait elle-même utilisé la nuit de sa mort, comme je vous l'ai déjà décrit dans mon premier livre.

Je la remerciai et je reçus plus tard la confirmation qu'il s'agissait bien d'elle.

* * *

Certaines manifestations m'ont démontré que des variantes pouvaient être apportées à cette forme. Le défunt agit encore sur la structure énergétique de l'objet, mais lui laisse suffisamment de densité pour qu'il conserve un minimum d'opacité. L'objet peut alors échapper aux lois de la physique et subir des manipulations qui impressionnent les témoins et ceux qui en reçoivent un message. Voyons l'exemple suivant qui nous en donne une très bonne idée :

UNE FRAGILE PETITE BOÎTE DE BOIS

Le phénomène que vécut Gracia nous démontre avec une évidence particulière cette possibilité d'action directe dans notre monde matériel qui est à la portée des Esprits de l'au-delà. Nous l'avons certes constaté à plusieurs reprises dans des manifestations à effets physiques très intenses, mais l'expérience de Gracia nous l'exprime comme dans des mots simplifiés.

Gracia était une habituée des phénomènes paranormaux. Elle n'avait encore jamais subi de hantise, mais elle avait déjà fait l'objet de manifestations qui lui avaient confirmé depuis longtemps la réalité de l'action occulte des défunts qui nous entourent.

Gracia regardait une émission sur le big-bang, dernière hypothèse scientifique sur le début du monde matériel. Le physicien expliquait le phénomène de l'expansion de l'univers qui s'accélérait sans cesse et qui pouvait donner lieu à de terribles collisions. Il élaborait sur la possibilité d'un retour au point de départ lorsque Gracia commença à s'interroger intérieurement sur la façon catastrophique dont tout cela pourrait se passer.

À ce moment précis, une petite boîte de bois qu'utilisait Gracia comme vide-poche se souleva de la table placée juste devant elle. L'objet s'immobilisa à une trentaine de centimètres au-dessus du meuble. Après quelques secondes, il s'élança au plafond, le frappa et bondit vers le bas. Il retourna directement sur la table et y atterrit avec une force démesurée. Un grand bruit retentit dans toute la pièce. La petite boîte demeura ensuite immobile.

Gracia crut bien que la pièce fragile avait rendu l'âme, mais elle constata avec surprise qu'elle était bien intacte. Les deux impacts successifs n'avaient laissé aucune trace. Gracia comprit qu'elle venait de recevoir sa réponse. L'Esprit qui assistait à sa réflexion lui avait démontré que tout se passerait de façon harmonieuse sans détruire l'essence constitutive de la matière. Gracia le remercia pour la belle leçon de science physique qu'elle avait reçue, mais elle songea également aux énormes possibilités qui étaient à la portée des Esprits qui nous entourent. Elle venait de vivre une belle démonstration positive d'un ami bienveillant, mais aurait-il pu en être autrement avec un Esprit moins bien intentionné?

Gracia avait rapidement compris que la leçon avait une double portée. L'Esprit inconnu n'avait pas seulement voulu lui apporter la réponse à sa question. Il voulait également lui rappeler que l'influence directe des Esprits invisibles était une réalité et qu'il valait mieux en tenir compte pour faire de la Terre un lieu propice à la vie humaine harmonieuse et ordonnée.

Le troisième mode

Cet autre mode implique une action dans la composante énergétique de la pseudo-matière. Comme nous l'avons vu dans mon premier livre, il existe dans l'au-delà des contextes environnementaux très semblables à ceux de notre Terre. Ils permettent aux défunts de continuer à vivre dans des milieux qui leur conviennent sans impliquer des efforts d'adaptation qui risqueraient d'engendrer des souffrances inutiles. Ces contextes sont constitués d'énergie malléable que le défunt peut manipuler à sa guise. C'est ainsi qu'il peut reproduire des lieux et des objets qui lui sont familiers et les conserver le temps nécessaire à chacune des étapes de son évolution d'après-mort. C'est cette énergie malléable que nous appelons la pseudo-matière.

Dans les conditions normales, la pseudo-matière n'a son utilité que dans les sphères subtiles de l'au-delà, mais certains défunts peuvent la faire interagir dans notre monde matériel. Le processus nécessite toujours l'utilisation du fluide animalisé d'un vivant. Le défunt combine ce fluide à la structure pseudo-matérielle d'un objet qu'il produit et lui donne une densité équivalente à celle de notre monde terrestre. Le témoin du phénomène perçoit alors cet objet avec toutes les apparences de la réalité concrète. Il peut le toucher et même le manipuler. La durée de sa densité est cependant de courte durée. La matière se désagrège alors en prenant progressivement l'aspect d'une forme presque gluante qui rappelle un peu la texture d'une toile d'araignée. Voyons un exemple du genre de manifestation qui peut en découler :

UNE GOUTTE D'EAU

Linda avait longtemps fait partie d'un groupe qui partageait un intérêt commun pour les questions spirituelles. Ensemble, ils s'inscrivaient à des cours d'initiation aux sciences occultes où ils puisaient des informations plus ou moins utiles à leur progression spirituelle. Certaines de leurs activités les amenèrent finalement à vivre des expériences dont les effets étaient si négatifs qu'ils décidèrent ensemble de faire appel à mon aide. C'est là que je fis la connaissance de Linda.

Longtemps après avoir quitté son cercle spirituel, Linda devint la cible d'une manifestation très particulière à laquelle elle ne parvenait pas à mettre fin. Chaque nuit, alors qu'elle était couchée sur le dos, une goutte d'eau tombait sur le bout de ses lèvres et la sortait brusquement du sommeil. Le liquide avait une consistance gluante et collante comme de l'eau ectoplasmique dont Linda avait déjà entendu parler en étudiant les manifestations des Esprits.

Au début, elle crut à un bris dans la tuyauterie de la maison. Elle demanda donc à son mari de vérifier si tout était en ordre, mais aucun tuyau ne passait au-dessus de la chambre, et le plafond ne présentait aucune trace d'un suintement quelconque. Le mari de Linda monta même au grenier pour s'assurer qu'il n'y avait pas de condensation. Tout semblait normal.

Linda déplaça quand même son lit, mais la goutte du mystérieux liquide vint tomber de nouveau sur le bout de ses lèvres. Linda changea de chambre, puis dormit dans le salon. Sans relâche, la goutte d'eau venait la sortir de son sommeil qu'elle avait de plus en plus de difficulté à retrouver.

Devant l'évidence qu'elle vivait un phénomène paranormal, Linda fit appel à moi. La description de la texture du liquide en question me fit rapidement penser qu'il s'agissait bien d'ectoplasme, c'est-à-dire de fluide animalisé matérialisé. Contrairement à la pseudo-matière de l'au-delà que les défunts peuvent densifier avec le fluide animalisé d'un vivant, l'ectoplasme est constitué uniquement du fluide vital. C'est de la matière spirituelle à l'état brut.

Après avoir éliminé les possibilités de hantise par des prières soutenues qui ne donnèrent pas les résultats espérés, nous dûmes envisager d'autres hypothèses. Avec l'aide de l'Ange gardien de Linda, nous pûmes apprendre avec beaucoup d'étonnement qu'elle collaborait elle-même à la réalisation du phénomène. Un Esprit protecteur matérialisait une toute petite quantité du fluide vital de Linda pour produire la manifestation. Le stratagème avait pour but d'attiser la Lumière spirituelle qui s'éteignait progressivement dans le cœur de Linda. Les expériences négatives antérieures l'avaient éloignée de cette préoccupation qu'elle jugeait pourtant importante en tant qu'Esprit pour la réussite de son plan de vie. La présence du phénomène n'était donc rien d'autre qu'une forme de rappel temporaire qui devait cesser dès que le message serait compris.

En recevant ces informations, Linda y trouva un sens logique dans ce qu'elle vivait intérieurement. Par la suite, le phénomène ne se présenta que de façon sporadique, comme si elle et son Esprit protecteur avaient convenu qu'ils utiliseraient dorénavant le même message codé lorsqu'ils le jugeraient nécessaire.

***

Dans la grande majorité des manifestations du troisième mode sur la matière opaque, l'énergie animalisée utilisée n'implique pas nécessairement un réel danger pour le vivant qui se fait prendre son fluide vital, sauf si elles sont trop prolongées ou trop souvent répétées. Il peut cependant arriver que la manifestation engendrée soit d'une grande envergure et sollicite une importante ponction du fluide vital, ce qui risque de provoquer des séquelles sur la santé du donneur. Ces manifestations exagérées proviennent souvent d'Esprits confus, mais aussi d'Esprits égoïstes et peu respectueux qui n'hésitent pas à brimer leur victime sans en considérer les conséquences négatives.

Voyons un exemple qui nous démontre la surprenante

ampleur que peuvent prendre ces manifestations où la pseudo-matière de l'au-delà est utilisée pour agir directement dans notre monde matériel. Nous comprendrons rapidement pourquoi la présence de notre Ange gardien et de nos protecteurs est nécessaire pour rendre possible notre vie d'ici-bas.

LE BON NUMÉRO DE PLAQUE

Depuis ses vingt et un ans, Lucette vivait avec Harold, un jeune homme intéressant, mais qui pouvait malheureusement devenir violent. Elle l'aimait malgré cette grande faiblesse qui lui empoisonnait pourtant l'existence même dans les moments chargés des plus belles promesses de bonheur.

Lucette mit fin à leur relation après avoir subi un grave accident de travail qui la laissa paralysée des deux jambes. Songeant à la grande impatience qu'avait toujours démontrée son conjoint, elle se dit qu'en sa compagnie, sa vie deviendrait encore pire qu'un enfer. Pour garder son équilibre et pour sa propre survie, elle devait éliminer tous les facteurs qui pouvaient aggraver sa souffrance. Elle annonça donc à Harold qu'il devait partir. Il l'accepta très difficilement.

Deux ans plus tard, alors que Lucette avait réussi à se développer une certaine autonomie, Harold revint dans sa vie, mais d'une façon très particulière.

Alors qu'elle circulait avec sa voiture adaptée, elle vit apparaître son ancien amoureux sur le siège avant du passager. Il ne venait de nulle part. Il la regardait avec une expression d'amour qu'elle ne lui avait jamais connue. Apeurée par une telle arrivée, Lucette freina brusquement et se gara en bordure de la route. À son grand soulagement, Harold avait disparu comme il était venu. Ébranlée, Lucette décida de remettre ses courses à plus tard et retourna chez elle. Elle téléphona à sa grande amie qui la convainquit que son imagination lui avait joué un vilain tour. Elle lui dit qu'à son avis, l'expérience traumatisante qu'elle vivait depuis son accident avait pu stimuler son inconscient à générer une aussi incroyable fabulation.

Réconfortée par ces propos rationnels, Lucette tenta d'oublier l'incident.

Elle dut malheureusement faire face de nouveau à ses craintes lorsqu'elle observa la présence d'une voiture qui s'immobilisait régulièrement devant chez elle et repartait après un bref moment d'attente. Sa peur prit même plus d'ampleur lorsqu'elle crut reconnaître Harold au volant du mystérieux véhicule. Voulant mettre fin à toute cette mascarade, Lucette nota soigneusement le numéro de la plaque d'immatriculation et fit appel aux policiers.

L'investigation des enquêteurs n'apporta rien qui pouvait sécuriser Lucette, bien au contraire. L'officier venu la rencontrer lui apprit que Harold était récemment décédé dans un grave accident de la route. Les détails qu'il fournit firent comprendre à Lucette que l'heure de l'impressionnante apparition dans son auto correspondait à celle de ses funérailles. De plus, le numéro d'immatriculation et la description du mystérieux véhicule ne pouvaient correspondre qu'à la voiture d'Harold. Or, elle ne pouvait plus circuler tellement elle était abîmée.

Après le départ du policier, Lucette comprit qu'elle faisait l'objet de manifestations de son ex-conjoint. Son décès lui causait du chagrin, mais sa peur encore plus grande repoussait ce sentiment au second plan.

Le soir même, Lucette reçut la confirmation de la présence de l'Esprit d'Harold. Elle entendit d'abord des pas dans la cuisine, puis les lampes et les plafonniers se mirent à clignoter comme si quelqu'un s'amusait dans les fils électriques. Lucette s'adressa directement à Harold. Elle lui dit qu'elle était désolée pour lui, mais qu'il devait sortir de sa vie comme il l'avait fait de son vivant. Un gros bruit sourd retentit dans le salon, comme si la structure de la maison allait se rompre. Puis ce fut le silence jusqu'au lendemain.

Craignant que la situation dégénère, Lucette téléphona à l'un de ses amis, qui lui avait déjà parlé de mes recherches. Il la mit en contact avec moi et nous pûmes procéder rapidement pour mettre fin à ces manifestations en aidant le défunt à se dégager de l'emprise émotive qui l'enchaînait littéralement à Lucette.

Harold n'avait jamais oublié ses sentiments pour elle. Depuis leur rupture, il entretenait des espoirs qui l'empêchaient de refaire sa vie. Sa mort subite lui avait donné le moyen de revenir près de Lucette. Dès qu'il prit conscience de son état à la cérémonie de ses funérailles, il accourut auprès d'elle. Sans réfléchir, il se montra maladroitement à ses côtés. Les jours suivants, encore confus par son départ trop rapide, il matérialisa la voiture qui lui avait servi de tombeau. Il le fit par réflexe spontané, comme pour normaliser sa présence dans un contexte familier. Le processus s'opéra par le simple effet de sa volonté. C'était alors facile, car il disposait encore d'une quantité résiduelle de son fluide animalisé qui lui permettait d'opacifier la pseudo-matière à sa portée.

Ses tentatives de revenir près de Lucette exprimaient l'état de confusion qui restait bien actif malgré la conscience de son décès. Le défunt demeurait fixé sur une frustration majeure qu'il n'avait pu surmonter ni accepter. Cet état l'empêchait d'écouter les Esprits initiateurs venus jusqu'à lui. Par les paroles qu'elle lui adressait et qui l'atteignaient, Lucette était la première qui parvenait à lui faire comprendre qu'il ne pouvait plus appartenir à notre monde matériel. Il avait alors réagi avec violence, comme de son vivant, par le bruit impressionnant qu'il produisit pour exprimer sa colère.

Les prières que lui adressa Lucette dans les semaines suivantes lui furent d'un grand secours. Elles attirèrent à lui des proches et des Esprits lumineux qu'il voulut finalement écouter.

3. La vibration périspritale

Depuis son décès, papa éprouvait une drôle de sensation dans l'enveloppe de son esprit qui avait conservé sa dernière apparence, quoique très rajeunie. Ce phénomène provenait des vibrations qui s'activaient dans chaque composante pseudo-matérielle et spirituelle de son être. Ces vibrations avaient été présentes pendant toute son incarnation, mais le fait de ne plus être rattaché à un véhicule charnel en augmentait grandement l'intensité. Elles étaient en fait l'expression de son épuration morale dont il découvrit tous les avantages.

Comme nous l'avons déjà vu ensemble, nos imperfections spirituelles sont inscrites dans le périsprit avec toute l'histoire de nos antériorités et émettent des ondes vibratoires. Grâce à elles, dans l'au-delà, nous pouvons lire dans les autres comme dans un livre ouvert, ce qui rend inefficace toute forme de mensonge et d'hypocrisie. C'est ainsi que dans l'au-delà tous les secrets sont dévoilés. De notre vivant, le voile qui fait oublier nous empêche temporairement d'accéder à cette possibilité, mais toutes ces vibrations demeurent quand même présentes et laissent même des traces que la médiumnité permet de décoder dans certaines circonstances particulières. En voici d'ailleurs un exemple que j'ai vécu moi-même.

UN SECRET BIEN GARDÉ

Ginette avait une existence bien remplie où la relation sociale occupait une place majeure autant dans son travail que dans ses loisirs. Personne très appréciée, elle faisait l'envie de plusieurs de ses connaissances. Pour Ginette, comme pour bien des gens de notre époque, les apparences s'avéraient une des clés incontournables de la réussite. Il faut dire que Ginette avait toujours été favorisée par la vie. Fille de bonne famille, bien des portes lui étaient déjà ouvertes avant même sa naissance. La beauté de son corps et la finesse de son esprit avaient apporté le reste des matériaux pour la construction de son avenir.

J'avais fait la connaissance de Ginette lors d'une exposition de peinture où elle exhibait quelques-unes de ses toiles. Son réel talent s'exprimait avec évidence, mais, en regardant ses œuvres, un détail d'une autre nature attira mon attention.

Sans le chercher aucunement, je fus mis en contact avec les vibrations de Ginette que je sentais bien imprégnées dans les traits de son pinceau, surtout dans un paysage d'hiver où je pouvais pratiquement lire comme dans un grand livre ouvert. Je m'arrêtai donc à ce que je ressentais, pensant que cela pouvait sans doute m'être utile pour éventuellement aider Ginette à résoudre de possibles difficultés. Cela m'était déjà arrivé dans le passé et je crus bien faire en m'y attardant. Ce que je perçus me surprit et je gardai religieusement le secret de ma découverte. Je confiai tout cela à mon Ange gardien et je priai pour Ginette.

Quelle ne fut pas ma surprise en recevant, un an plus tard, un appel téléphonique de Ginette qui voulait me consulter. À cette époque, je recevais encore des gens qui faisaient appel à mon aide spirituelle pour des situations particulières.

Dès son arrivée, Ginette prit ses airs princiers qui lui allaient à merveille. Notre échange s'engagea rapidement sur le cœur du problème qui l'assaillait. Ginette se garda bien de me dévoiler les informations que j'avais perçues un an plus tôt, mais je dus moi-même les mentionner, ces problèmes découlant directement de ce qu'elle vivait secrètement et gardait douloureusement pour elle.

Ginette fut grandement surprise d'entendre les propos que je lui tenais. La description que je lui faisais des difficultés qu'elle vivait traçait le portrait exact de la situation matrimoniale dont elle gardait le scrupuleux secret.

Heureusement pour Ginette, je détenais une technique très efficace qui pouvait l'aider, soit la prière en cinq étapes que je décris dans deux de mes livres et qui permet de rejoindre directement dans l'au-delà de Lumière une personne vivante pendant nos heures de sommeil.

Après un mois d'utilisation, Ginette me contacta de nouveau pour me donner des nouvelles de sa démarche. Sa voix s'imprégnait littéralement d'un sourire. Des résultats palpables l'assuraient déjà du succès de son action spirituelle. Elle renouait avec le bonheur qu'elle croyait perdu.

Six mois plus tard, Ginette me confirma la pleine réalisation de ses espoirs. Elle me remercia chaudement, mais je lui rappelai que c'était d'abord son Ange gardien qui m'avait inspiré de m'arrêter à la perception vibratoire que j'avais eue et qu'elle devait surtout remercier Dieu d'en avoir permis le dénouement.

***

Papa comprit rapidement jusqu'à quel point le niveau vibratoire de son périsprit était important dans sa situation de défunt. Il lui conférait l'étendue des mondes auxquels il pouvait accéder et déterminait la qualité de son entourage.

En fait, lorsque nous mourons, nous emportons avec nous tous les nouveaux acquis, mais aussi les imperfections encore présentes en nous. Or, celles-ci sont inscrites dans notre périsprit qui conserve notre forme dans l'après-mort. Plus il y a d'imperfections dans cette enveloppe de notre Esprit, plus nos vibrations sont lourdes et notre luminosité aurique tamisée. Ces vibrations correspondent à d'autres Esprits également décédés et poussent ceux-ci à se regrouper en sympathie vibratoire. C'est ainsi que les gens francs et honnêtes se retrouvent ensemble et que les menteurs et les tricheurs font de même entre eux. Nous avons donc avantage à nous améliorer le plus possible avant de mourir si nous voulons nous assurer d'un entourage intéressant dans notre après-mort. N'oublions pas que le temps est continu dans l'au-delà et que, dans un mauvais contexte d'existence, il pourrait nous paraître bien long.

Une vibration similaire se dégage également des différents mondes de l'au-delà. Ils sont habités par des Esprits dont la vibration périspritale y est compatible. Ainsi, un

Esprit peu évolué ne peut s'introduire dans un monde plus subtil et plus lumineux que lui. Il n'y a donc jamais de risque que le bonheur mérité des défunts plus épurés soit brimé ou anéanti par la proximité de la malveillance ou la méchanceté d'une Entité qui conserverait son désir de faire le mal autour d'elle.

Il faut cependant souligner que l'Esprit plus évolué peut librement accéder à tous les mondes dont les vibrations lui sont inférieures. Il peut même descendre jusque dans le tréfonds du bas astral, là où se retrouvent les plus grandes souffrances de l'après-mort. Le plus souvent, il le fait parce qu'il est attiré vers d'autres défunts qu'il a connus et avec qui il entretient des liens d'amour, d'amitié ou de simple gratitude. Il leur apporte alors son aide pour accélérer leur montée. Il le fait parce qu'il sait que ces Entités ne pourraient pas accéder d'elles-mêmes à un meilleur monde vibratoire avant une longue période.

J'ai personnellement vu ces Esprits venus de plus haut pour aider un proche. J'eus ce privilège lorsque je procédais par lecture de photo pour rejoindre un défunt lors des consultations que je donnais. Chaque fois, je pus observer ce décalage vibratoire entre un Esprit lumineux et le milieu plus dense où il se rendait. J'ai même vu des écarts tellement grands que les défunts devaient utiliser un appareil pseudo-matériel d'intercommunication qui ressemblait à nos téléphones sans fil. La différence vibratoire que je ressentais me donnait alors l'impression qu'elle créait d'elle-même une véritable barrière. Sur cet aspect, il m'arriva également de percevoir un autre curieux phénomène. Je voyais comme un mur de plexiglas fluidique très épais qui les séparait. On aurait dit une membrane étanche empêchant les deux mondes vibratoires de se mélanger.

Nous verrons plus en détail au chapitre VIII cet aspect important de la vibration périspritale et de son incidence sur notre après-mort.

4. Le temps subjectif

C'est ainsi que papa redécouvrit à la fois le monde naturel de son être profond et les possibilités fort prometteuses qui se présentaient à lui.

Il recevait très bien nos pensées et les prières que nous adressions pour lui. Dépourvu de points de repère temporels, il ne voyait pas que le temps passait à la vitesse de l'éclair. Lorsqu'il demanda des nouvelles de ma mère, il crut que seulement quelques heures s'étaient écoulées depuis ses propres funérailles, mais, en fait, trois semaines terrestres avaient passé.

Très surpris de cette nouvelle, il demanda comment cela pouvait être possible. C'est là qu'on lui rappela que, dans l'au-delà, seul le temps subjectif existait. Avec les explications qu'on lui donnait, la connaissance du phénomène lui revint à la mémoire. Il se rappela l'importance de se référer au temps terrestre s'il voulait suivre l'évolution d'incarnation de ceux qui devaient y poursuivre leur plan de vie.

Nous avons déjà vu ensemble en quoi consistait le temps subjectif. C'est là un aspect important à connaître, car il explique la profondeur et l'intensité que peuvent prendre les joies et les souffrances dans les mondes de l'au-delà.

Pour le nouveau lecteur, nous pourrions résumer la notion du temps subjectif comme étant l'impression réelle que chacun peut ressentir de la durée d'un événement vécu sans mesure temporelle objective. Ainsi, un Esprit qui vit des moments agréables aura la réelle impression que ceux-ci n'auront duré qu'un court moment, alors que celui qui vit des instants de souffrance aura la certitude qu'ils auront duré très longtemps.

Nous vivons déjà le temps subjectif de notre vivant terrestre. Il attire moins notre attention, car nous le faisons de façon sporadique. C'est lui qui, par exemple, nous donnera l'impression qu'une agréable fin de semaine passera beaucoup plus vite qu'un triste séjour à l'hôpital même si les deux événements auront duré le même temps réel.

Nous voyons encore ici l'importance de nous réserver de bonnes conditions d'existence d'après-mort par nos efforts à surmonter nos faiblesses et à grandir en qualité morale. Ceux qui ont lu mes autres ouvrages se souviendront des témoignages que j'ai pu recevoir de défunts ayant déjà végété dans le bas astral de notre Terre. Certains rapportaient que, en raison du temps subjectif, la souffrance leur paraissait sans fin et qu'ils ne parvenaient même plus à évaluer depuis combien de temps leur enfer avait commencé.

CHAPITRE IV

LE RETOUR AUPRÈS DES SIENS

De plus en plus en possession de ses moyens, papa se rendit rapidement auprès de ma mère dès qu'il prit conscience que le temps avait passé beaucoup plus vite qu'il le croyait. Toujours accompagné de son Ange gardien, il lui rendit visite dans sa nouvelle demeure.

Nous avions aménagé maman dans un luxueux appartement situé au cinquième étage d'une superbe résidence pour personnes âgées autonomes. L'endroit venait tout juste d'être construit près de chez moi. La proximité de sa nouvelle adresse nous facilitait grandement les choses. Nous n'aurions plus à franchir les cinquante kilomètres qui nous séparaient pour la visiter ou lui venir en aide.

Papa trouva les lieux formidables. Il était heureux de voir que nous avions veillé à ce qu'elle retrouve un milieu agréable et sécuritaire.

Il demanda à son Ange gardien s'il pouvait demeurer près d'elle. Conscient que ma mère n'en avait plus que pour quelques mois, celui-ci n'y vit pas de contre-indication, d'autant que le degré d'éveil de papa écartait tout risque d'entraver sa prise en main d'après-mort. C'est ainsi que papa put grandement aider maman à s'adapter à sa nouvelle condition de vie que lui imposait le veuvage. Mes enfants et moi-même nous rendions régulièrement près d'elle, continuant même notre traditionnel repas familial du dimanche, mais, lorsque nous étions partis, ma mère demeurait seule avec elle-même et son chagrin. Papa l'inspirait donc pendant le jour. Combien de fois nous a-t-elle dit qu'elle se sentait toujours accompagnée par son amoureux?

La nuit, c'était les agréables retrouvailles où ils pouvaient à nouveau partager le bonheur d'être ensemble. Je n'ai pas obtenu beaucoup d'informations sur ces heures qui leur étaient si précieuses, mais il fut certainement question de son imminent départ, car il lui arrivait de nous avertir qu'elle sentait qu'elle ne resterait pas encore bien longtemps parmi nous.

Comme l'adaptation de maman allait bien et qu'elle prenait rapidement sa place dans son nouveau milieu de vie, papa élargit son champ de visite auprès de nous. C'est ainsi qu'il m'apparut en plein milieu d'une soirée alors que je me trouvais dans mon salon. J'étais assis sur la causeuse et regardais l'arbre de Noël qui trônait fièrement avec toutes ses garnitures lumineuses et multicolores. Je pensais alors à mes parents qui avaient connu de si beaux Noëls avec nous.

Sans aucunement me surprendre, je le vis comme bien en chair debout devant moi. Il avait retrouvé sa belle chevelure du temps de sa jeunesse, mais en gris avec des reflets brillants et argentés. Il paraissait âgé d'à peine trente-cinq ans. Il rayonnait de santé. Il portait un cardigan brun, couleur vestimentaire qu'il affectionnait. Il me souriait. Il me semblait plus imposant que de son vivant, comme s'il dégageait une impressionnante autorité qui contrastait avec la douceur habituelle que nous lui avions toujours connue.

Je le voyais ainsi comme si sa présence allait de soi. Soudain, je fus surpris de le retrouver devant moi. Je comprenais subitement que je vivais un moment privilégié. Je lui dis : « Papa ! » Il disparut alors instantanément comme si le sursaut que je faisais à retardement avait coupé le contact avec son Esprit.

Le lendemain, ce fut le tour de ma fille Mélanie de recevoir sa visite. Elle lavait Guillaume, son fils alors âgé de deux ans. Elle songeait à papa dont nous devions fêter l'anniversaire avec lui. Elle le vit alors avec la même apparence que je viens de vous décrire. Elle fut surprise de voir les belles ondulations de sa chevelure grisonnante. Je lui montrai plus tard des photos de lui plus jeune où elle reconnut les vagues naturelles dont il avait jadis été si fier. Le lendemain, c'est ma fille Nathalie qu'il visita.

Chaque fois, un détail particulier attirait mon attention. Contrairement aux très nombreux témoignages de visiteurs venus auprès des leurs, papa ne portait pas les vêtements funéraires dont il avait été revêtu dans son cercueil. On aurait dit qu'il avait choisi de s'habiller plus confortablement comme il aimait le faire de son vivant. Ce détail me fit comprendre plus tard le haut degré de son dégagement et la vitesse à laquelle il avait retrouvé son aise dans l'au-delà.

Trois jours après sa première visite chez moi, je fus témoin d'une scène surprenante. Je pensais aux apparitions qu'il faisait auprès de nous et je me disais comme j'aimerais qu'il se montre de nouveau s'il le pouvait. À cet instant, je vis apparaître un jeune bébé comme celui de la crèche de Noël. Il en avait la même apparence. L'enfant était très lumineux. Je le regardai avec beaucoup d'étonnement. Après quelques secondes, il disparut soudainement et réapparut un instant plus tard encore plus proche de moi. Il semblait bien vivant dans sa Lumière fluorescente. Ses traits étaient très nets. Après un bref moment, l'apparition se mit à grandir très rapidement et prit l'apparence de Jésus en croix. Je ne percevais aucune croix, mais sa position corporelle laissait clairement voir qu'il était crucifié. Une superbe Lumière fluorescente jaillissait de la scène. Je n'eus même pas le temps de me questionner qu'elle disparut aussi subitement qu'elle était apparue. Je ne compris jamais le sens véritable du message qu'on voulait me livrer, mais je pensai que l'apparition devait référer à tout le mal d'ignorance qui pullule sur notre pauvre Terre que mes humbles écrits essaient de combattre à leur échelle bien limitée. Espérons que l'avenir pourra m'en confirmer un sens agréable.

Pendant cette période, papa montra de nouveau sa présence en utilisant un effet d'ombrage que le soleil créait avec la neige qui s'était plaquée contre une vitre de la maison. La précision de l'image qui fut engendrée par le jeu d'ombre nécessita indubitablement une intervention spéciale pour obtenir un pareil résultat. J'étais assis dans mon bureau à écrire mon troisième livre lorsque mon attention fut portée vers le mur situé juste en face de la porte grande ouverte. Le soleil qui brillait directement dans la fenêtre du mur adjacent créait l'ombre parfaite de l'apparence physique de mon père. Son visage et toute son apparence globale y étaient soigneusement reproduits. À première vue, je crus qu'il s'agissait d'une fausse apparition d'un Esprit léger venu s'amuser à nous faire croire que papa errait comme une ombre cherchant son repos, mais je me rendis rapidement compte qu'il s'agissait d'une habile façon utilisée par papa pour montrer sa présence. Le phénomène dura plusieurs bonnes minutes. J'eus donc amplement le temps de l'observer et de constater sa provenance. À première vue, rien dans la neige collée contre la vitre ne pouvait laisser croire qu'elle pouvait engendrer une pareille image, mais mes vérifications me confirmèrent qu'il s'agissait bien de cela. À la fin du phénomène, le soleil, dans sa course, modifia l'ombre qui se transforma finalement en une image difforme. J'avais déjà vu de semblables apparitions où des défunts utilisaient des jeux d'ombres ou encore le profil de certains objets pour reproduire leur apparence. Je pus donc prendre le temps de m'y attarder et d'en apprécier la pleine valeur.

En février, soit deux mois après son décès, je me retrouvai directement dans l'astral de Lumière en compagnie de mon père. J'avais gardé la pleine conscience de ce qui se passait pendant que mon corps sommeillait tranquillement sous les couvertures chaudes.

Il avait toujours l'apparence d'une trentaine d'années, mais je sentais nettement le poids de la sagesse accumulée au fil de ses expériences d'incarnation. C'est lors de cette rencontre que je pus obtenir les informations que je viens de vous livrer. Dans notre échange, il me confia qu'il pouvait rencontrer ma sœur Denise dont il avait pleuré la mort quinze ans auparavant. Il me décrivit le bonheur de son état que j'avais moi-même pu constater lors de certains échanges avec elle en astral de sommeil.

Je lui demandai pourquoi il semblait s'attarder à nous côtoyer alors que sa luminosité aurique me laissait comprendre tout le bonheur qui s'offrait à lui. Il me confia qu'il le faisait pour s'occuper de maman. Les Esprits intermédiaires l'avaient autorisé à jouer le rôle d'un Esprit protecteur pendant les quelques mois qui lui restaient à vivre. Il préférait se priver du bonheur de la Lumière pour rester près d'elle, comme il l'avait fait de son vivant pendant plus de cinquante ans.

Cette expression d'amour me toucha beaucoup, mais le départ prochain de ma mère, qui se confirmait de plus en plus, m'attristait davantage. Mon père me rappela alors une phrase qu'il m'avait dite lors du décès de Denise, sa fille bien-aimée. Les porteurs sortaient le cercueil du salon funéraire. Mon père retenait les sanglots qui s'étouffaient dans sa gorge fatiguée par la peine. Des larmes coulaient timidement sur ses joues. Les responsables funéraires nous avaient demandé de gagner nos voitures et d'attendre que la dépouille soit installée dans le corbillard pour nous rendre à l'église. Nous avions tous quitté le salon avant la fermeture du cercueil. Mon auto était garée juste en face de la sortie de l'autre côté de la rue. Nous étions seuls dans la voiture. Un grand silence ancrait chacune de nos pensées. Lorsque les portes s'ouvrirent en haut du large escalier, mon père me dit dans toute sa tristesse : « Il n'est pas dans l'ordre des choses que les parents voient mourir leurs enfants. »

Cette fois, il me livra le même message, mais en d'autres mots, en m'indiquant qu'il était normal que les enfants voient mourir leurs parents et que chacun devait logiquement y passer à son tour.

* * *

Dans cette même période, ma fille Mélanie me fit part d'une curieuse observation qu'elle avait faite en regardant s'amuser son fils Guillaume. L'enfant, comme nous l'avons vu précédemment, qui n'avait que deux ans, passait de plus en plus de temps à jouer avec un être invisible qu'il appelait grand-papa Henri. Il le faisait monter sur le trépied de son tricycle et disait qu'il le promenait dans la maison. Il échangeait beaucoup avec lui. Comme Guillaume avait commencé à parler très jeune et que ses phrases étaient déjà bien structurées, Mélanie pouvait se rendre compte que le petit conversait réellement avec son compagnon. Elle fut particulièrement impressionnée par le phénomène un soir qu'elle et sa famille étaient en visite à l'extérieur de chez elle. Elle avait couché Guillaume dans la chambre d'amis comme elle le faisait d'habitude et s'installait pour attendre qu'il se soit endormi. Elle procédait ainsi parce que le petit avait peur de rester seul dans cette pièce. Cette fois, Guillaume dit à sa mère qu'elle pouvait partir. Il précisa que son grand-papa Henri était là et qu'il n'avait pas peur. Cette fois, c'est Mélanie qui ressentit de la crainte. Elle laissa la porte entrouverte et revint doucement après quelques instants. Elle entendit Guillaume qui parlait encore à son grand-papa Henri. Elle eut alors l'impression que celui-ci avait dit au garçonnet de cesser de parler et de s'endormir. Elle ouvrit lentement la porte jusqu'à ce qu'elle voie le lit. Le petit s'était effectivement endormi.

Cet échange avec l'invisible se poursuivit sporadiquement pendant quelques mois et prit fin brusquement la veille du décès de ma mère. Malheureusement pour nous, Guillaume n'en garde aujourd'hui aucun souvenir.

Pendant tout ce temps, dès qu'il quittait son petit-fils, papa continuait d'accompagner maman. Dans ses temps libres, sa présence alternait d'un proche à un autre, gardant les heures de nuit pour échanger plus directement dans la pleine lucidité que chacun retrouvait pendant ses heures de sommeil.

Deux semaines avant la fin de cette période de retour, qui dura exactement six mois, papa fit voir à Mélanie par contact médiumnique la scène exacte qui entourerait le départ de maman. Il ne révélait aucune date ni aucune heure, mais il montra toute la scène dans tous ses détails. Tout devait se passer dans une salle des soins intensifs de l'hôpital. Il fit voir clairement l'instant du dernier soupir. Il serait présent parmi nous, attendant la dernière sortie de sa compagne qui le rejoindrait au-delà de la vie terrestre.

CHAPITRE V

LE DÉCÈS DE MA MÈRE

La santé de ma mère déclina rapidement sans crier gare. Je connaissais les messages dont je vous ai parlé précédemment, mais rien ne laissait présager que tout se passerait d'une façon aussi précipitée.

Le matin de sa mort, maman connut un réveil assez particulier. Dès qu'elle ouvrit les yeux, elle aperçut mon père qui se tenait debout près d'elle. Il la regardait avec un tendre sourire. Très surprise par une pareille présence, elle prit peur. Elle cria son nom en lui demandant s'il venait la chercher. Voyant la panique qui s'emparait d'elle, papa disparut aussitôt. Il demeura cependant présent près d'elle.

Craignant pour sa vie, maman actionna la sonnerie d'appel urgent qui la reliait au bureau de l'infirmière, laquelle accourut aussitôt. Maman lui fit part de ce qu'elle avait vécu et exprima ses craintes à la jeune employée totalement étrangère aux possibilités du spirituel. Dans son ignorance, celle-ci interpréta ses propos comme étant l'expression d'une subite confusion due à son âge. Elle rassura maman du mieux qu'elle put et tenta en vain de me joindre, car j'étais parti naviguer avec ma femme et des amis pour une grande partie de la journée. Ce sont donc mes filles Nathalie et Mélanie qui se rendirent auprès d'elle. À leur arrivée, ma mère n'allait vraiment pas bien. Une douleur très vive s'était subitement répandue dans toute la région du ventre. Un grand état de faiblesse s'emparait d'elle. L'infirmière appela immédiatement une ambulance et la fit hospitaliser. Le service de l'urgence la référa rapidement à l'unité des soins intensifs. C'est la garde côtière qui me joignit et je pus arriver juste à temps pour que les informations livrées par papa deux semaines plus tôt se réalisent dans les moindres détails. Maman venait d'entrer dans un coma. Je ne pus donc échanger avec elle. Je pensai alors à ce que papa avait montré. Je savais qu'il était parmi nous et qu'il l'aiderait à quitter facilement notre monde.

Pendant que j'assistais à ce douloureux moment entouré des miens, je pensai à un échange en astral de sommeil que j'avais eu avec papa et maman quelques semaines plus tôt. Lors de cette rencontre, ils m'avaient demandé de faire laminer une photo où ils paraissaient tous les deux et de la placer bien en vue chez moi. Ils voulaient ainsi que leurs petits-enfants ne les oublient jamais. Plus tard, je choisis une photographie de leur cinquantième anniversaire de mariage où on les voyait si heureux d'être encore ensemble.

1. L'ARRIVÉE DE MAMAN DANS L'AU-DELÀ

Contrairement à mon père, maman ne retrouva pas immédiatement sa pleine conscience après sa mort. Sa période de coma n'avait duré que quelques heures, mais elle avait été suffisante pour nécessiter une transition bien adaptée qui lui éviterait un choc qu'elle ne méritait pas de subir. Toute sa vie, maman avait été une véritable athlète de la prière. De plus, elle avait consacré beaucoup d'énergie à penser aux autres. Les nombreuses souffrances de sa vie terrestre ne l'avaient jamais fait fléchir dans sa foi; elle y avait trouvé bien au contraire un élan supplémentaire pour la renforcer davantage. Lors d'une période particulièrement éprouvante, j'ai personnellement entendu des proches qui disaient ne pas comprendre comment elle pouvait avoir une telle confiance en la sagesse divine qui semblait pourtant bien exigeante envers elle.

Maman s'éveilla dans l'au-delà, installée dans une chambre en tous points semblable à celle des soins intensifs où elle déceda. Ceux qui l'entouraient étaient cependant bien différents. Elle y vit d'abord papa qui lui faisait le même sourire que celui du matin, puis ma sœur Denise qui semblait déborder de joie de la revoir près d'elle. Vinrent ensuite sa mère décédée depuis tant d'années, puis son père qui l'accompagnait. Celui-ci avait vécu un long veuvage de vingt ans en demeurant toujours fidèle à sa bien-aimée. Ses sœurs et son frère les rejoignirent à leur tour. Tous avaient repris leur allure de jeunesse. Enfin, un Esprit bien lumineux prit sa place parmi eux. Maman reconnut immédiatement son Ange gardien. Il s'agissait d'une vieille amie qu'elle avait côtoyée, il y a très longtemps, lorsqu'elles étaient ensemble en communauté. L'Ange gardien portait d'ailleurs encore ses habits de religieuse de cette époque comme pour se reconnecter rapidement avec sa protégée.

2. Son adaptation

Tous ses proches qui venaient à elle lui firent bien prendre conscience du changement qui venait de s'opérer. Elle se sentait rayonnante de santé et comprit qu'elle n'avait rien à faire dans un tel lieu. C'est là que papa lui souhaita la bienvenue parmi eux. Le cercle des Esprits qui l'entouraient grandit encore davantage. La chambre d'hôpital disparut. Maman se leva et se retrouva devant plusieurs Anges qui chantaient la gloire de Dieu.

Les pensées que nous lui adressions attirèrent subitement son attention. Lisant l'étonnement qui naissait dans sa pensée, son Ange gardien lui confirma qu'elle était bel et bien décédée. Elle fut alors surprise de voir comme cela n'avait pas été compliqué. On l'informa que trois jours s'étaient déjà écoulés depuis son arrivée parmi eux et que, sur Terre, ce serait l'heure de ses funérailles et de l'inhumation de son enveloppe charnelle.

À ces mots, maman se retrouva en plein salon funéraire. Nous faisions nos derniers hommages à ce qui l'avait physiquement désignée pendant toute sa vie terrestre. Comme mon père l'avait fait, elle assista à toute la cérémonie, mais elle tint à être présente au cimetière. Son Ange gardien, mon père, ma sœur Denise et sa propre mère l'accompagnaient avec plusieurs autres Esprits lumineux qu'elle ne reconnaissait pas encore.

Elle quitta les lieux en même temps que nous, mais pour une destination bien différente. Des chants religieux parvinrent d'une scène qui s'ouvrit devant elle. Elle crut réellement qu'elle entrait au Royaume des Cieux. Comme elle l'avait toujours conçu avec beaucoup de sincérité, elle voyait sa vie de dévouement et de prières la conduire directement au Ciel pour rejoindre les Anges et les Chérubins en adoration perpétuelle du Dieu créateur.

Il s'agissait en fait d'un contexte temporaire adapté à ses croyances qui lui permettrait de se familiariser à sa nouvelle situation et de découvrir sans heurt que la vie d'après-mort était beaucoup plus grouillante et palpitante qu'elle le croyait.

Ma mère avait toujours été profondément ancrée dans ses croyances traditionnelles catholiques. Elle appliquait scrupuleusement tous les principes dictés par la religion avec la ferme conviction qu'elle suivait la seule voie pouvant la mener jusqu'au Ciel. Elle résista dès le début à mes découvertes spirituelles que je partage avec vous. Cela me chagrinait un peu, mais je savais que l'important était qu'elle faisait tout ce qu'il fallait pour se garantir un bel après-mort. Je me disais qu'elle verrait bien, une fois rendue là-bas, que tous mes propos rapportaient la vérité sur la réalité de l'après-mort. La chose était très différente pour mon père, car il vivait lui-même des contacts médiumniques réguliers avec ceux qui l'avaient précédé. Nous respections donc cette divergence de points de vue qui n'eut jamais d'incidence sur les liens d'amour qui nous unissaient.

Cet état de transition dura un peu plus de trois semaines. Je ne peux malheureusement vous en dire davantage, car nous venons de voir les seules informations que j'ai pu en obtenir. Je sais cependant que papa ne pouvait pas être près d'elle pendant cette période et qu'il put ainsi passer à la très importante étape du bilan de vie que nous vivons tous dans notre après-mort.

Maman commença à se manifester à nous dès la fin de ce délai. Elle se montrait toujours heureuse et resplendissante. Je la vis à quelques reprises dans des contextes dont j'ai déjà parlé dans mes écrits antérieurs. Certains se voulaient tout à fait extraordinaires. Elle conserva cependant une plus grande assiduité auprès de mes deux filles Nathalie et Mélanie qui reçoivent encore aujourd'hui de ses nouvelles. Les expériences qu'elles vivent avec leur grand-maman Gaby nous incitent à croire qu'elle agirait à titre d'Esprit protecteur dont nous verrons les rôles et fonctions un peu plus loin dans notre réflexion spirituelle.

CHAPITRE VI

LE BILAN DE VIE

Voyons maintenant l'importante étape du bilan de vie qu'ont dû franchir papa puis maman pour prendre leur place dans l'au-delà et orienter le devenir de leur chemin évolutif. Mais avant de les accompagner dans ce vécu de l'au-delà, nous aborderons ensemble les aspects techniques dont ils durent tenir compte et que nous devons absolument connaître pour continuer notre réflexion. N'oublions pas que nous serons nous aussi soumis à cette même réalité dans l'après-mort à laquelle nul ne pourra échapper.

***

Avant de naître, soit avant l'instant précis de la conception, notre *erraticité* a donné lieu à une période plus ou moins longue de préparation à la vie d'incarnation à la matière lourde. Cette préparation a tenu compte de nos acquis, de nos forces et de nos faiblesses. Des objectifs bien précis en découlèrent, précisant le contexte de vie terrestre et les conditions d'existence qui nous permettraient de les atteindre. C'est à ce moment-là que se décida si nous allions être homme ou femme, malade ou en santé, riche ou pauvre, célèbre ou inconnu, de bonne famille ou pas, d'un pays de guerre ou de paix, bref toutes les conditions qui furent évaluées comme étant les plus propices à la réussite de nos objectifs personnalisés.

Or, après notre mort, l'atteinte de ces objectifs doit être évaluée. C'est là une obligation incontournable. Nul ne peut poursuivre sa montée s'il n'a pas franchi cette étape cruciale.

Les informations médiumniques reçues de différents défunts nous démontrent qu'il semble courant que le bilan de vie ne se fasse qu'à la deuxième ou troisième année d'après-mort. Le défunt préfère alors s'adonner à une période de repos dans un contexte pseudo-matériel à sa mesure, repoussant plus loin cette importante étape qui lui permettra de découvrir les réelles possibilités qui s'offrent à lui.

Les Esprits retardataires qui continuent de végéter dans leur ignorance et leur malveillance fuient tous cette étape parce qu'elle les placerait en face de leurs faiblesses, mais elle leur permettrait surtout de se reprendre en main. Ils craignent la sombre réalité qui les habite et s'affaissent bêtement devant les efforts pour s'en libérer. J'en ai vu parmi eux qui fuyaient leur bilan depuis plus de trente ans.

Le court délai que nous observerons chez papa et maman exprime bien leur haut degré d'élévation spirituelle, car il n'y a que chez les défunts qui sont libérés des chaînes de la dimension matérielle que cela est possible. Comme ils ne sont pas retenus par la soif des plaisirs, l'appel des passions ou le poids des rancunes, ils se sentent immédiatement prêts à analyser bien objectivement le cheminement terrestre qu'ils ont parcouru.

1. LES ÉLÉMENTS DE RÉFÉRENCE UTILISÉS LORS DU BILAN

Pour bien comprendre en quoi consiste un bilan de vie, il faut connaître les principaux éléments qui y sont impliqués. Papa et maman durent en tenir compte dans leur propre bilan, et nous devrons tous le faire également lorsque viendra notre tour. Cinq points bien précis sont directement concernés. Je vous les explique un à la suite de l'autre parce que l'écriture m'oblige à le faire ainsi, mais en réalité ils sont imbriqués les uns dans les autres et n'ont pas d'ordre spécifique d'importance. Le défunt qui procède à son bilan les considère donc comme un tout indissociable dans ses parties.

1. Le plan de vie

Comme les objectifs d'évolution sont intimement reliés aux conditions prévues pour leur réalisation, le défunt doit connaître le plan de vie qui fut conçu à sa mesure. Rappelons-nous que ce dernier fut monté avec l'assistance des Esprits lumineux et autorisé par Dieu lui-même. Comme il était assuré dès le départ que la planification de sa vie était réellement adaptée à son histoire intime, il ne pourra jamais prétendre qu'une supposée dégradation imprévue et implacable pourrait excuser ses échecs. En d'autres mots, comme il ne fut jamais soumis au ballottement d'un hasard aveugle, il ne pourra s'en prendre qu'à lui-même. Il n'y aura donc jamais de mauvais sort ni même de chance qui pourraient être mis en cause, car le plan de vie aura soigneusement déterminé le contexte d'existence le plus approprié pour la réussite de son incarnation, et ce, malgré toutes les apparences.

Rappelons-nous ici que le plan de vie comporte toujours deux volets. Comme nous l'avons déjà vu dans mes autres ouvrages, chacun des incarnés possède son plan de vie individuel, mais aussi celui de la nation à laquelle il appartient. Il devra donc tenir compte de ces deux aspects dans son bilan.

Le grand nombre de déplacements des populations que nous observons dans le monde en ce début du vingt et unième siècle est directement relié à ce plan des nations qui gère les événements que nous devons vivre ou même subir avec nos concitoyens. Ces événements sont directement reliés au passé que nous avons vécu en tant que membre de telle ou telle nationalité. Actuellement, certains tentent de leur échapper de façon intuitive, mais les plans sont immuables et finissent toujours par les rattraper. D'où le danger pour certains pays d'accueillir un trop grand nombre de gens d'une même provenance. Il y a alors un risque bien réel d'attirer chez eux des plans de nations qui ne leur appartiendraient pas. Selon ce que j'ai reçu, certains devraient travailler à améliorer leur propre patrie, alors qu'ils fuient devant la tâche à accomplir. Comprenons bien cependant que d'autres changent de pays en respectant leur plan individuel et de nation. Il s'agit alors de personnes ayant prévu ces conditions souvent difficiles pour atteindre leur but d'évolution. L'existence de ces plans de vie ne fait pour moi aucun doute. Les observations de ceux et celles qui m'entourent et les nombreuses informations reçues par mes expériences médiumniques me l'ont trop souvent confirmé. Voyons trois intéressants témoignages qui nous en montrent bien l'évidence :

PENDANT SA GROSSESSE
Le témoignage de Marie-Rose nous apporte de précieuses informations sur la connaissance bien réelle que nous

possédons de notre plan de vie et des événements qu'il nous réserve. Son expérience nous confirme ainsi qu'il y a réellement un sens précis à ce que nous vivons suivant une ligne bien adaptée à des objectifs de départ.

Marie-Rose vivait des contacts médiumniques depuis sa tendre enfance. Heureusement, elle ne connut jamais de mauvaises expériences, comme si une protection particulière éloignait tous les Malveillants de l'au-delà qui auraient eu la moindre mauvaise intention envers elle.

Marie-Rose avait fait appel à moi pour mieux comprendre des contacts médiumniques qu'elle établissait avec l'Esprit de ses futurs petits-enfants, mais, pour notre réflexion, j'ai plutôt retenu l'échange régulier qu'elle avait entretenu plusieurs années plus tôt avec l'Esprit de son fils à naître pendant tout le temps de sa grossesse.

Marie-Rose n'avait alors que trente-deux ans. Avant même qu'elle sache qu'elle était enceinte, elle reçut la visite de l'Esprit d'un jeune homme qu'elle ne connaissait pas. Il se présenta comme étant l'enfant qu'elle portait dans son ventre. Surprise, Marie-Rose ne posa aucune question à l'Esprit inconnu et pria son Ange gardien de la protéger. Le visiteur disparut rapidement devant la crainte ressentie par son hôte. Une semaine plus tard, l'Esprit se présenta de nouveau. Cette fois, il s'adressa à Marie-Rose en l'appelant maman. Le mot magique eut une résonance directe dans le cœur de Marie-Rose qui sut d'un seul coup qu'il s'agissait bien de son enfant. Toute sa peur disparut. Elle commença ainsi un échange régulier qui prit fin la veille de son accouchement. Dès le début, elle nota tout ce qu'elle recevait. Elle put ainsi en vérifier plus tard la pleine valeur. Lorsqu'elle me fit part de ce qu'elle avait vécu, plusieurs années s'étaient écoulées et tous les détails qu'elle avait retenus s'étaient scrupuleusement réalisés.

Pendant leurs échanges, Marie-Rose reçut d'abord de surprenantes informations sur le déroulement de sa grossesse. Elle fut mise au courant des problèmes qui se présenteraient et des correctifs à apporter avant même que son médecin en décèle la présence. C'est ainsi qu'elle devança chaque étape du développement de son enfant en sachant bien à l'avance qu'elle n'aurait jamais à s'inquiéter.

Pendant les huit mois et demi de ses visites hebdomadaires de sa mère, l'Esprit à naître lui révéla les difficultés qu'il devait rencontrer dans sa vie terrestre et lui indiqua ce qu'elles lui permettraient de développer. Il lui précisa également les études qu'il ferait et le travail qu'il aurait l'impression de choisir librement. L'Esprit lui donna ainsi plusieurs informations sur le plan de vie qu'il suivrait toute son incarnation. Marie-Rose les notait fidèlement avec une certaine hâte d'en vérifier la véracité sauf pour une seule d'entre elles : son fils devait mourir avant elle. Cette connaissance de l'avenir lui faisait comprendre toute la sagesse divine qui nous impose le voile qui fait oublier. Elle souffrait déjà de ce dur moment pourtant bien lointain, anticipant beaucoup trop à l'avance les blessures affectives qui en découleraient.

La veille de l'accouchement, l'Esprit annonça à sa mère qu'il en était à sa dernière visite. Il se présenta sous les traits d'enfant qu'il aurait dorénavant jusqu'aux stades de son plein développement. Il lui décrivit comment sa naissance se déroulerait et disparut sous le voile de son incarnation.

Dès la venue de son bébé, Marie-Rose reconnut les traits du petit garçon vu la veille. Pendant les années qui suivirent, elle vérifia régulièrement les étapes que l'Esprit de son fils lui avait décrites. Tout se déroulait avec une grande exactitude. De plus, le jeune homme démontrait les forces et les faiblesses qu'il avait identifiées. Au moment où j'écrivis ces lignes, le fils de Marie-Rose ne connaissait toujours pas les informations recueillies par sa mère et il suivait fidèlement le plan tel qu'il avait été tracé avant sa conception.

Nous avions déjà vu dans mes autres ouvrages des cas où la mère recevait la visite de ses enfants à naître sous les traits qu'ils auraient et qu'elle reconnaissait plus tard. Ils confirmaient bien le prédéterminisme d'un facteur majeur de notre pèlerinage terrestre, mais l'expérience de Marie-Rose nous permet d'aller encore plus loin dans notre connaissance d'un plan bien défini déterminant les conditions de notre incarnation.

Connaître l'existence d'un plan de vie régissant notre quotidien est important dans notre réflexion spirituelle, car il nous rassure sur le bien-fondé de la présence des joies et des peines dans notre vie d'ici-bas. Il nous rappelle que nous ne sommes pas bêtement soumis aux caprices aveugles du hasard.

Qu'elle soit facile ou difficile, notre vie est porteuse d'un sens profond qu'il nous faut découvrir pour mieux nous réaliser.

UNE RÉPONSE CLAIRE À LEUR QUESTION

Maxime et Pauline étaient venus me consulter sept jours avant Noël. Depuis plus de trois ans, ils pleuraient le départ tragique de leur fille unique, qui s'était noyée à l'aube de sa quinzième année. Maxime et Pauline se sentaient profondément responsables de sa mort du fait que le drame s'était produit pendant la petite heure où ils avaient dû s'absenter. Il y avait pourtant beaucoup de monde sur la plage ce jour-là et elle était avec quelques amis, mais personne n'avait pu lui venir en aide, comme si le sort avait imposé son sombre verdict. Malgré tous les arguments de leurs proches qui voyaient avec évidence qu'ils n'avaient rien à se reprocher, Maxime et Pauline retenaient un malsain sentiment de culpabilité qui prenait de plus en plus de place dans leur vie.

Ils s'étaient décidés à me rencontrer malgré la grande distance à parcourir sur des routes durement affectées par la rigueur de l'hiver. Ils venaient avec beaucoup d'espoir, mais sans la conviction très profonde qu'ils contacteraient leur fille bien-aimée.

Maxime me présenta une photo de la défunte qui avait été prise le jour même de son quinzième anniversaire. Un grand bonheur se lisait dans l'expression de son visage. Sans le savoir, elle fêtait son arrivée sur Terre pour la dernière fois.

Le contact fut facile à établir, comme si elle s'était longuement préparée à vivre cet important moment. L'Esprit se présenta avec des vêtements que ses parents reconnurent immédiatement. Elle aborda le sujet de sa mort avec empressement. Elle affirma que son plan de vie avait prévu cette fin tragique bien avant sa naissance. Maxime et Pauline avaient subtilement été éloignés pour que les Anges de la mort puissent venir la recueillir comme il avait été tracé. Ils n'avaient donc aucune raison d'entretenir leurs souffrances qui n'avaient aucun fonde-ment. Je transmettais ces informations lorsque Pauline demanda comment ils pouvaient être bien certains qu'il s'agissait réellement de leur fille.

À cet instant, je vis un superbe arbre de Noël prendre forme devant moi. Il était gigantesque. Il montait très haut dans le ciel. Une multitude de décorations multicolores garnissaient chacune des branches de l'arbre géant. De grandes guirlandes accentuaient l'effet lumineux des ampoules qui brillaient de toute leur intensité. Dès que je décrivis le merveilleux sapin de Noël que leur fille me montrait, Maxime me dit qu'il s'agissait bien d'elle. Le matin même, pendant qu'ils roulaient, ils s'étaient demandé si leur fille aurait son arbre de Noël comme elle aimait tant de son vivant. Elle leur avait habilement donné la réponse à leur question.

À la fin de notre échange, Maxime et Pauline repartirent avec le cœur plus léger. Ils ressentaient toujours le vide que la mort avait creusé autour d'eux, mais ils comprenaient mieux comment s'appliquaient les plans de vie et jusqu'à quel point leurs étapes étaient incontournables. Enfin, ils savaient maintenant que leur enfant connaissait un contexte de bonheur et qu'ils n'avaient plus à s'inquiéter.

UN GRAND BUREAU DANS UNE TOUR

Conrad avait toujours eu de la difficulté à gérer ses émotions, mais la cinquantaine semblait en amplifier la séquence et l'intensité. Il me consulta lors d'une période qu'il jugeait particulièrement difficile. Il espérait obtenir des informations de son Ange gardien qui auraient pu l'aider à mieux comprendre ce qu'il vivait. Conrad était un homme honnête et dévoué envers les siens. Bon travailleur, ses confrères et consœurs lui exprimaient régulièrement comment ils appréciaient ses qualités professionnelles. Il réussissait bien, mais il souffrait malgré tout de ce mal qui le rendait misérable dans son for intérieur. Il avait consulté plusieurs spécialistes, mais il ne parvenait pas à se sortir de ce labyrinthe qui le fragilisait.

Conrad obtint des informations fort intéressantes qui lui permirent de mieux comprendre pourquoi il vivait cette difficulté. Il trouva même un sens logique à bien des étapes de sa vie, mais l'aspect le plus important fut de réaliser l'existence réelle de son plan de vie. Il comprit alors qu'il n'était pas laissé à lui-même dans un hasard incontrôlé et qu'il pouvait envisager l'avenir avec assurance, car tout avait déjà été soupesé dans la mesure de ses forces et de ses faiblesses. Il vit qu'il n'avait rien à craindre des périodes difficiles qu'il pourrait traverser sur sa route.

Avant de me quitter, il me demanda si je pouvais recevoir une image qui l'aiderait à bien ancrer l'enseignement qu'il avait reçu. Après quelques secondes de concentration, je me vis dans un grand bureau situé très haut dans une tour. Je vis d'autres édifices par la grande fenêtre dont les vitres me parurent courbées. En m'approchant, je perçus des montagnes au loin qui se profilaient sous des cumulus généreux. Je décrivis ce que je voyais en précisant le mobilier qui m'entourait.

Sur le fait, Conrad ne comprit pas du tout le message. Il partit en me disant qu'il retiendrait fidèlement ce que j'avais reçu et qu'il serait à l'affût de tout ce qui pourrait y donner un sens.

Conrad reçut sa réponse une semaine plus tard lorsqu'il dut se rendre au bureau d'une firme importante pour une délicate affaire reliée à son travail. La rencontre lui inspirait beaucoup d'incertitude. L'issue pouvait lui apporter bien des avantages, mais risquait aussi d'aboutir à leur contraire.

En entrant dans la grande pièce, Conrad reconnut la scène que je lui avais décrite. Tous les détails y étaient. Même le mobilier se retrouvait à l'endroit désigné.

À cet instant, Conrad sentit tomber toute la pression qui le crispait. Devant la preuve bien concrète que son Ange gardien savait à l'avance qu'il se retrouverait dans ce bureau, il pensa à ce que nous avions dit sur le plan de vie. Ses inquiétudes se transformèrent en espoir. Il se dit que ce défi se présentait à lui parce qu'il possédait la force et les moyens pour le relever, sinon pour les acquérir et réussir. Il attaqua donc le dossier avec confiance.

Plus tard, je reçus un appel de Conrad qui me confirma que sa démarche avait donné les résultats espérés. Il s'était montré à la pleine hauteur du défi que son plan de vie avait voulu à sa juste mesure.

2. Les événements prédéterminés

Nous venons de parler du plan de vie avec les objectifs d'incarnation qui y sont rattachés. Or, pour maintenir la présence de ces objectifs pendant toute la durée de la vie terrestre, il faut qu'elle soit supportée par un important prédéterminisme qui fixe les événements que nous rencontrons sur notre route. Pour parvenir à faire un bilan juste et équitable, le défunt doit donc aborder cet aspect qui fut présent dans sa vie d'incarné et qui a pu grandement orienter ses attitudes, sa conduite et son comportement.

Il y a plusieurs années, j'ai personnellement assisté à un superbe exposé d'un Esprit lumineux directement dans le monde astral où il était question de cette importante facette de notre incarnation. Il tenait un curieux objet très brillant qui ressemblait à une grosse cage d'oiseau à plusieurs facettes comportant chacune plusieurs compartiments remplis de petits tiroirs. Cet objet représentait la relation entre les événements prédéterminés dans un plan de vie. L'Esprit lumineux déplaçait les tiroirs d'un compartiment à un autre en démontrant qu'ils ne pouvaient s'encastrer qu'à des endroits bien déterminés. La compréhension que je pus en retenir n'avait pas la même clarté que celle que je ressentais dans l'astral de lumière, mais je pus en garder l'essentiel.

Le formateur de l'au-delà nous expliquait que quatre-vingts pour cent des événements vécus pendant notre incarnation étaient inscrits à l'avance sur notre route. Ils constituaient le noyau central de la trame structurée en fonction des objectifs à atteindre. Les vingt pour cent qui restaient provenaient de notre liberté de réaction que nous appliquons lorsque les événements prédéterminés apparaissent sur notre route.

En réagissant bien, c'est-à-dire selon la préparation qu'il avait eue avant de naître, l'incarné demeurait dans la ligne de son plan qui continuait en suivant fidèlement le tracé de départ. En réagissant mal, c'est-à-dire en sens contraire à sa préparation d'incarnation, l'incarné modifiait la ligne des événements de sa route terrestre. Il ne pouvait le faire que pour un maximum de vingt pour cent de ce qu'il avait à vivre. À partir de ce moment, il entrait sur une ligne parallèle qui allait toujours dans la même direction d'objectif. L'incarné était alors à nouveau soumis à une trame d'événements la plupart du temps beaucoup plus difficiles. Cette trame, à son tour, était déterminée à quatre-vingts pour cent. Toujours selon les explications, l'incarné pouvait revenir sur sa ligne de départ, mais seulement lorsqu'un événement prévu en ce sens arriverait sur sa route.

Le principe peut paraître compliqué, mais il est très sensé. Il me fait grandement penser aux conditions d'apprentissage dont je devais scrupuleusement tenir compte dans mon travail d'enseignant. Je devais déterminer à l'avance des conditions qui favoriseraient le mieux l'atteinte des objectifs pour chacun des élèves. Les plus doués pouvaient répondre rapidement aux exigences et atteindre facilement les objectifs de départ, mais, pour ceux qui avaient plus de difficulté, il fallait parfois modifier les conditions d'apprentissage et même les outils didactiques pour mieux répondre aux particularités. Dans les deux cas, les objectifs demeuraient les mêmes.

Prenons un exemple bien précis qui simplifiera encore davantage. Une jeune femme, Julie, m'avait consulté suite à la démission qu'elle venait de remettre à son employeur. Son emploi était très lucratif. Il lui conférait un titre intéressant. Son poste était envié par beaucoup de ses subalternes. Une incompatibilité dans sa conception du travail avec celle du milieu exerçait beaucoup de pression sur ses épaules, à un point tel qu'elle commençait à ressentir des problèmes de santé. Elle démissionna sur ce prétexte.

Je ne pouvais malheureusement plus la conseiller en référant aux objectifs de son plan de vie, car sa démission était déjà donnée et elle ne pouvait plus revenir en arrière. J'espérais fortement que les choses s'arrangeraient pour cette jeune femme pleine de potentiel, mais je voyais bien qu'elle venait d'emprunter une ligne parallèle à son plan de départ qui risquait de devenir beaucoup plus difficile.

Pendant les années qui suivirent, elle connut les problèmes de santé qu'elle avait cherché à fuir. En plus, comme elle avait dépensé toutes ses économies par manque de travail, elle se retrouva très endettée. Ses objectifs avaient donc continué à la faire avancer vers la réussite de son plan, mais dans des conditions beaucoup plus difficiles. Elle eut à affronter les mêmes résistances et dut faire les mêmes efforts sur les aspects qu'elle devait développer. Heureusement qu'elle réussit pleinement. Elle y parvint grâce à ses acquis bien en place et surtout grâce à l'aide spirituelle que sa foi et ses prières avaient favorisée. Au moment où j'écris ces lignes, elle est à la veille de rencontrer l'événement qui la ramènera à la ligne de départ. Le parcours aura duré près de quinze ans.

***

Comme nous le voyons, la connaissance des événements tracés sur notre route revêt une grande importance quand vient le temps d'évaluer le chemin parcouru, car les implications peuvent être très différentes, autant dans la compréhension d'un échec ou d'une réussite que dans l'identification des leçons à retenir.

Pour moi, la confirmation de l'existence bien réelle du prédéterminisme des événements prévus sur notre route n'est plus à faire. Depuis mon tout jeune âge, la perception médiumnique de certains événements à venir qui se réalisèrent dans leurs moindres détails me démontra avec évidence qu'ils faisaient partie de la réalité factuelle. Nous en avons vu ensemble dans mes autres écrits, mais en voici quelques autres qui illustreront encore une fois leur pleine réalité. Le premier des trois témoignages qui suivent nous réfère à une expérience que j'ai vécue directement dans l'astral, où nous pouvons accéder pendant notre sommeil. Les deux autres proviennent de mes heures de veille.

UN GRAND REGISTRE

Cette expérience me laissa très songeur sur la marge de liberté dont nous pouvions disposer dans notre quotidien. Elle me dévoilait l'existence d'une scrupuleuse planification qui semblait coordonnée avec le vécu de tous ceux qui avaient une incidence directe et indirecte sur notre vie terrestre.

J'étais au beau milieu de mon sommeil corporel lorsque je retrouvai la pleine conscience de mon vécu dans les dimensions de l'au-delà. Le milieu pseudo-matériel où je me trouvais semblait bien réel. Je me tenais dans une grande pièce où d'immenses bibliothèques recouvraient tout l'espace des murs arrondis. Beaucoup de monde circulait dans un va-et-vient continu. La plupart portaient leur corde d'argent, ce qui m'indiquait qu'il s'agissait d'Esprits incarnés en période de sommeil. Je ne pus reconnaître aucun d'entre eux.

Mon attention fut rapidement portée vers une grande table massive sur laquelle de gros registres étaient déposés. L'un d'eux, grand ouvert, s'imposa à mon regard. En y jetant un bref coup d'œil, je me rendis compte que le gros livre imposant me concernait. J'y portai donc toute mon attention. Les deux grandes pages qui se dévoilaient devant moi étaient écrites à la main. S'y trouvait le déroulement détaillé de la journée que je n'avais pas encore commencée. Des heures bien précises y étaient inscrites avec une brève description de ce que je ferais à chacune d'elles. Des annotations y avaient également été inscrites, mais je ne pus en mémoriser aucune.

Sentant que mon corps physique réclamait mon retour, je m'empressai de m'approprier le surprenant contenu qui s'étalait devant moi. Je ne pus malheureusement retenir que quelques points de repère, mais qui s'avérèrent d'une grande exactitude.

À titre d'exemple, je vis qu'il était inscrit : « Premier contact : 6 h 12 ; réveil : 6 h 17. » Or, lorsque je m'éveillai, j'ouvris rapidement les yeux et je me rendis compte qu'il était exactement 6 h 12. Je les refermai pour tenter de retrouver tous les éléments que j'avais lus. Le téléphone sonna. Je me rendis compte alors que je m'étais rendormi. L'heure du réveil indiquait 6 h 17, comme il était inscrit dans le grand registre qui décrivait ma journée. C'était ma fille Mélanie qui téléphonait. Elle avait besoin d'aide pour démarrer sa voiture qui refusait d'affronter le froid sévissant dans tout le Saguenay–Lac-Saint-Jean.

Je notai les détails qui revenaient encore à ma mémoire obscurcie. Pendant toute la journée, je leur portai une attention particulière. À mon grand étonnement, je me rendis compte que les événements se déroulaient en suivant un plan bien précis. Autant les heures agréables que celles plus difficiles arrivaient bien à point dans une fidélité chronologique qui semblait me laisser une bien mince possibilité de liberté.

Cette expérience me laissa longtemps songeur. Je me demandais souvent si tel geste avait été prévu ou quelle incidence il pouvait avoir sur tous ceux qui m'entouraient. C'est par mes échanges médiumniques que je compris que la véritable liberté résidait dans notre façon de réagir face aux petits et aux grands défis de chaque jour. Je compris que nous devenions véritablement libres lorsque nous n'avions plus à lutter contre le dictat de nos faiblesses pour exprimer en toute spontanéité l'amour et la bienveillance sous toutes ses formes. La planification détaillée de chacune de mes journées ne m'apparaissait donc plus comme une entrave à ma liberté, mais comme un support bien défini lui permettant de pleinement s'exprimer.

Le même raisonnement que je déduisais pour mon propre plan de vie et celui de chacun d'entre nous s'appliquait donc obligatoirement aux plans des nations auxquels nous sommes tous soumis par notre appartenance à notre pays, notre race, et même notre culture. Comme le tout est l'ensemble et chacune des parties, il devenait facile de comprendre que c'était par le cumulatif de l'amour de chacun que les pays de la Terre deviendraient des havres de paix ne cherchant que l'harmonie pour les leurs et les autres. En regardant tout ce qui s'était passé dans notre monde retardataire de deuxième niveau depuis les derniers millénaires, j'eus la triste impression que nous étions encore bien loin de notre apprentissage, mais la sagesse de nos Amis de Lumière me rappela que ceux qui avaient compris étaient partis pour ne plus revenir, laissant la place à d'autres moins avancés qui devaient comprendre à leur tour dans le difficile contexte de notre pauvre planète.

UN DÉMÉNAGEMENT PRÉDÉTERMINÉ

À cette époque, mon fils Pascal travaillait dans la région du Saguenay, et rien ne laissait présager qu'il pourrait s'en éloigner. Il se montrait satisfait de sa situation, et sa copine d'alors se montrait ouvertement réticente à quitter le patelin qui l'avait vue naître et grandir.

Au mois de juin de cette même année, je me retrouvai en pleine conscience dans l'astral de Lumière pendant mes heures de sommeil. La nuit s'était écoulée à une vitesse surprenante. J'avais gardé de mon expérience un souvenir précis dont je ne pouvais trouver le sens. Je le notai, sachant que l'avenir pouvait parfois nous réserver bien des surprises. Il s'agissait de quatre chiffres ou d'un nombre que j'avais perçus avec une grande netteté. Je tentai d'en trouver une interprétation rationnelle, puis symbolique, mais rien ne pouvait m'orienter sur une piste acceptable.

Je trouvai ma réponse deux mois plus tard. En août suivant, Pascal nous annonça qu'il s'était trouvé un emploi à Québec. Sa copine avait accepté de l'accompagner, se disant qu'elle aussi s'y dénicherait un travail intéressant. Il se montrait très emballé par cette nouvelle expérience. Il avait toujours aimé la Vieille Capitale qui l'attirait avec ses innombrables trésors historiques.

Je ne voyais pas ce changement avec beaucoup d'enthousiasme. Quitter un emploi où il était apprécié pour retourner ailleurs au point de départ ne me paraissait pas très sage, mais, au-delà de mes conseils, nous ne pouvions l'empêcher de vivre cette aventure qui l'emballait tant.

Une fois déménagé, Pascal finit par obtenir sa nouvelle ligne téléphonique. Lorsqu'il nous en indiqua les coordonnées, les chiffres successifs m'apparurent très familiers. Après notre conversation, je cherchai la feuille où j'avais inscrit ceux que j'avais perçus en astral. Quelle ne fut pas ma surprise lorsque je constatai que les quatre chiffres correspondaient au numéro de téléphone de Pascal! Je m'empressai d'en faire part à mon épouse qui, comme moi, y reconnut un signe très net que le fameux déménagement qui semblait si spontané était bien inscrit dans le plan de vie de notre fils avant même que celui-ci puisse y songer.

Encore une fois, cet événement me laissa songeur sur le degré véritable de notre liberté de choix face aux événements tracés sur notre route. Je repensai aux informations que j'avais reçues de l'au-delà sur le sujet et que nous venons de voir. Le fameux quatre-vingts pour cent de prédéterminisme dont nos frères de Lumières me parlaient s'exprimait clairement dans cette expérience peu ordinaire que l'on m'avait fait vivre.

Beaucoup de questions venaient à mon esprit sur le degré d'influence directe que nous avions dans notre vie d'incarné. Pascal avait-il été vraiment libre de faire ce déménagement? La personne préposée aux services téléphoniques était-elle libre de lui donner ce numéro? La vision que j'avais eue me suggérait évidemment une réponse négative. Sinon, comment expliquer que j'avais pu le connaître à l'avance?

UNE VÉRITABLE AUBAINE

Depuis le décès de mes parents, chaque jour de l'An, nous faisons, ma famille et moi, un rituel de prières pour accueillir la première heure de la nouvelle année. Après les douze coups de minuit, nous formons un cercle au centre du salon. Nos enfants, leurs époux et épouses, nos petits-enfants, ma femme et moi nous tenons la main pour nous adresser à Dieu et à tous les Esprits de Lumière qui nous assistent dans notre incarnation. Nous les remercions d'abord, puis je demande à Dieu de pouvoir recevoir une seule information pour chacun des membres du cercle pouvant l'aider à mieux se réaliser pendant l'année qui commence. Après les indispensables demandes de protection, je reçois directement un message que je transmets à chaque personne concernée. La pertinence de ce qui est reçu nous a maintes fois confirmé la connaissance de notre avenir par ces Êtres lumineux qui sont bien au fait de notre plan de vie. J'évaluerais le taux de réalisation de ce que j'ai pu recevoir à plus de quatre-vingts pour cent.

J'ai choisi dans mes souvenirs un exemple bien anodin, mais qui se veut très révélateur de l'existence réelle d'événements prévus sur notre route.

Je venais tout juste de terminer le message qui s'adressait à Nathalie lorsque je reçus des images d'un foyer au bois installé dans le coin d'un salon. Je vis qu'elle et son mari l'acquerraient à un prix d'aubaine. L'aménagement que je vis était très réussi. Je m'empressai de décrire ce que je recevais en leur disant qu'ils auraient bientôt un foyer dans leur salon.

Une fois le cercle des prières terminé, l'époux de Nathalie s'empressa de dire que l'idée du foyer était tout à fait impossible. Il précisa qu'il l'avait déjà eue et que les mesures qu'il avait prises lui avaient confirmé qu'un tel projet ne pouvait se réaliser chez lui. Le seul emplacement disponible ne convenait pas aux divisions de l'étage supérieur et il avait dû tracer une croix définitive sur toute éventualité en ce sens.

Je ne fis aucun commentaire, car mon expérience m'avait souvent démontré qu'en ce domaine, il valait beaucoup mieux laisser parler les événements par eux-mêmes.

Cinq mois plus tard, une occasion tout à fait imprévue s'offrit à Nathalie et à son époux. Un prix très intéressant leur était offert pour la vente de leur maison. Surpris par cette situation inattendue, ils prirent un temps de réflexion pendant lequel ils entreprirent des démarches pour connaître les possibilités d'achat d'une autre propriété.

Ils en visitèrent plusieurs, mais aucune ne correspondait à ce qu'ils auraient aimé. Ils se retrouvèrent finalement dans un nouveau quartier où des maisons neuves étaient à vendre. L'une d'elles leur plut énormément. Après l'avoir visitée, ils en négocièrent le prix. Pendant la discussion, le vendeur leur signala que le foyer du salon ne faisait pas partie du coût de base et leur précisa quel supplément ils devaient débourser. Après maintes argumentations, le vendeur leur laissa le foyer gratuitement et la vente fut conclue.

Sur le trajet du retour, Nathalie rappela à son mari incrédule la vision que j'avais eue lors du cercle de prières. Comme on me l'avait si bien montré, ils avaient acquis à un prix d'aubaine un foyer au bois effectivement installé dans le coin de leur salon. Au moment où nous reçûmes l'information, j'avais craint pendant un bref instant d'être le jouet d'un Esprit trompeur, car nous n'avions pas l'habitude de recevoir des éléments aussi terre à terre. Je compris plus tard que nos Amis avaient utilisé ce procédé pour chasser les doutes dans certains cœurs sur la réalité d'un prédéterminisme relié à notre plan de vie.

***

Nous pourrions aborder une grande quantité de phénomènes de clairvoyance qui nous démontreraient l'évidence du prédéterminisme d'une grande partie des événements que nous rencontrons sur notre route terrestre, mais, par souci de bien respecter le fil conducteur de notre réflexion, j'ai sélectionné ceux qui nous informaient suffisamment pour saisir l'importance que cet aspect pouvait prendre dans notre vie. Le premier témoignage réfère à l'intervention bienveillante d'un défunt. Les cinq autres, dont certains ont un caractère tragique, nous présentent des faits vécus dans le quotidien des personnes impliquées.

LA VEILLE DE L'ÉVÉNEMENT

Cette expérience fut vécue par Nina, jeune femme très sensible au spirituel. Dix années s'étaient alors écoulées depuis le décès de sa grand-mère, avec qui elle entretenait des échanges médiumniques réguliers.

Nina occupait un poste d'enseignante dans une école fréquentée par plusieurs élèves provenant de familles défavorisées. C'était au mois de février, sixième mois de l'année scolaire, parfois si long malgré ses vingt-huit jours. Certains jeunes de son groupe présentaient sporadiquement des problèmes de comportement qui exigeaient beaucoup d'énergie de la part de tous les intervenants de l'établissement, mais les semaines se déroulaient quand même assez bien malgré l'essoufflement qui se faisait sentir.

Une nuit, Nina rencontra sa grand-mère dans l'astral de Lumière. Elle crut d'abord qu'il s'agissait d'un rêve, mais le caractère particulier de l'échange lui fit rapidement comprendre qu'elle vivait réellement une conversation avec l'Esprit de la défunte.

Dès les premiers instants, la grand-mère de Nina lui exprima sa grande satisfaction de pouvoir la rencontrer dans la pleine conscience de son Esprit. Comme pressée par le temps, elle lui présenta une photographie. Surprise, Nina la prit dans ses mains et l'examina avec attention. Elle reconnut un de ses élèves qui lui donnait souvent du fil à retordre. Caractériel et agressif, il se désorganisait facilement et brisait régulièrement le rythme d'apprentissage de tous les jeunes de sa classe. Ne comprenant pas pourquoi sa grand-mère lui présentait cette photo, Nina voulut la questionner, mais elle n'eut même pas le temps de formuler sa pensée. Tout en lui souriant, la défunte lui dit : « Bravo ! Nous reconnaissons bien l'ancienne religieuse que tu as déjà été ! » Nina comprit alors qu'elle référait à une de ses vies antérieures. De nouveau, elle voulut la questionner, mais sa grand-mère disparut en la saluant, comme s'il ne lui était pas permis d'en révéler davantage.

À cet instant, Nina revint directement dans son corps, comme attirée par une force qu'elle ne pouvait pas contrôler. Elle conserva la nette impression qu'une autorité de Lumière avait mis fin à leur échange.

Le lendemain, à son travail, Nina reçut des menaces de mort d'un jeune de sa classe. Il s'agissait de celui qui apparaissait sur la photographie que lui avait présentée l'Esprit de sa grand-mère. Le comportement de l'élève s'était aggravé à la suite d'une intervention visant à le remettre à l'ordre. Il s'était mis violemment en colère, lançant dangereusement des pièces du mobilier autour de lui. Au faîte de sa rage, il s'en était finalement pris à Nina en menaçant de la tuer.

Après avoir appliqué le protocole d'intervention en situation de crise, Nina rétablit le calme dans le groupe dont certains jeunes se montraient impressionnés par la violence de l'événement. Gardant son sang-froid, elle put terminer sa journée en respectant le cadre de sa planification pédagogique.

En retournant chez elle, Nina profita de la longue route qui la séparait de son domicile pour évacuer les tensions engendrées par cette difficile mésaventure. Elle songea à la rencontre qu'elle avait eue avec sa grand-mère. Comment aurait-elle pu savoir que cet élève lui ferait vivre cette désagréable expérience sans qu'il y ait un certain déterminisme dans les événements que nous avons à rencontrer sur notre route?

Pendant les semaines suivantes, la situation dégénéra davantage. Nina dut faire preuve de beaucoup de détermination, d'intelligence et de bon jugement. Elle contribua à la solution du problème avec beaucoup de doigté. Ceux et celles de son entourage professionnel lui exprimèrent leur grande admiration. Comme l'avait dit sa grand-mère dans la salle de Lumière, elle avait clairement exprimé des acquis qui ne pouvaient venir que de la longue expérience d'une vie antérieure.

IL NE VOULAIT PAS RENTRER AU TRAVAIL

Gaston avait acquis la réputation d'un travailleur inlassable. Depuis son tout jeune âge, son dévouement au travail avait été reconnu comme une de ses forces. Très apprécié par ses compagnons, il leur inspirait la bonne humeur lorsque les conditions devenaient ardues ou particulièrement exigeantes. Gaston œuvrait dans son domaine depuis plus de quinze ans, et son dynamisme n'avait fait qu'augmenter avec le temps. Il était comme le bon vin qui s'améliore en vieillissant.

Ce matin-là, Gaston confia à son épouse qu'il n'avait aucune envie d'aller travailler. Il ne comprenait pas pourquoi, mais il ressentait un profond désir de rester chez lui. Comme c'était la première fois qu'il tenait de pareils propos, son épouse lui demanda s'il éprouvait un malaise quelconque, mais il répondit qu'il se sentait très bien comme à son habitude. À ces mots, elle lui signifia que tout cela n'avait aucun sens et qu'il devait retrouver ses esprits. Elle le poussa à partir en lui disant que tout se replacerait dès qu'il arriverait sur le chantier.

Sur la route, Gaston ressentait toujours le même inconfort, mais, dès qu'il fut arrivé, tout se passa comme sa femme lui avait dit. Il retrouva son entrain habituel et se remit hardiment au travail.

L'avant-midi se passa sans problème, et Gaston oublia rapidement l'incident du matin.

À deux heures de l'après-midi, des ouvriers devaient déplacer de grandes vitres. Malgré l'application des mesures de sécurité, une fausse manœuvre provoqua un accident dont Gaston fut la principale victime. Le bord tranchant du verre brisé sectionna les tendons du bras droit de Gaston. Il saignait abondamment. L'intervention rapide des services d'urgence lui sauva la vie, mais Gaston conserva de graves séquelles qui lui firent perdre son emploi.

Lorsque son épouse reçut l'appel téléphonique lui annonçant le terrible accident, elle ne put s'empêcher de penser à l'attitude bizarre que Gaston avait eue le matin. Elle se dit intérieurement que tout était de sa faute et en ressentit un profond chagrin. Elle se reprochait de ne pas avoir écouté le message de son époux qui avait pressenti ce qui l'attendait.

En fait, la pauvre femme n'avait aucun reproche à

se faire, car elle avait été utilisée pour que l'événement majeur prévu sur la route de son mari puisse s'accomplir. Gaston savait intuitivement ce qui allait se passer, car, comme pour nous tous, son Esprit avait eu accès à son plan de vie pendant ses heures de sommeil. C'est pour cette raison qu'il ne voulait pas aller travailler. Malheureusement, il ne pouvait pas l'éviter, sa seule marge de manœuvre devant se limiter à sa façon d'y réagir.

UNE VISITE IMPRÉVUE

L'automne achevait d'éclipser les derniers signes de l'été. Comme chaque année, Martine se résignait à passer un autre hiver chargé de toutes ses contraintes. Avec le retour de l'heure solaire, la nuit était déjà bien installée lorsqu'elle termina son modeste souper. Tandis qu'elle lavait sa vaisselle, elle retrouva une certaine joie en pensant à son petit voyage du lendemain où elle reverrait une grande amie que la vie avait éloignée.

En préparant ses affaires, Martine trouva une grande enveloppe brune sous sa petite valise. Là, elle se souvint qu'elle devait en lire le contenu et qu'elle l'avait complètement oublié. Une consœur de travail lui avait demandé de lui donner son avis sur un religieux décédé depuis plusieurs années et à qui on attribuait des guérisons miraculeuses. Certains parlaient même d'une possible béatification. Dans l'enveloppe, Martine trouva de la documentation sur le personnage. Une photo accompagnait les écrits. Martine la prit dans ses mains et reçut de très bonnes impressions sur la bonté du défunt. Elle fit alors une prière pour elle-même, son moral n'étant pas au mieux depuis plusieurs semaines. Comme il était tard et qu'elle devait se lever tôt pour son départ, Martine décida de voir cela à son retour et rangea le tout dans un endroit bien visible de sa cuisine.

Le lendemain, Martine se leva bien reposée. Le voyage se déroula sans incident et elle arriva à l'heure prévue à son lieu de rendez-vous. Comme à son habitude, son amie de toujours avait structuré tout son séjour. Peu de place avait été laissée au hasard. C'est ainsi que, dès l'après-midi, elle se retrouva dans un lieu tout à fait inattendu. Son amie l'amenait visiter le tombeau du religieux de la photo. Martine fut grandement surprise, car elle ignorait même que sa dépouille se trouvât au pays.

La visite du lieu saint prit donc une allure très particulière. Martine se questionnait sur la curieuse coïncidence entre les deux événements. Tout d'abord, était-ce bien une coïncidence? Comment la photo du religieux avait-elle pu lui tomber sous la main à la veille d'une visite qu'elle n'avait même pas prévue et dont elle ignorait même l'existence? Pourquoi avait-elle rangé cette enveloppe à un pareil endroit alors qu'elle n'en gardait aucun souvenir? Tout se passait comme si cette journée avait été programmée longtemps à l'avance.

Lorsque Martine me fit part de cette expérience, je reçus la confirmation que toute cette histoire avait eu un but précis. Martine devait se rappeler qu'elle n'avait pas trop à s'inquiéter des difficultés qu'elle rencontrait dans sa vie, car tous les événements étaient supervisés par des forces bien supérieures aux nôtres. Elle devait replonger dans ses connaissances spirituelles qui savaient que nous ne sommes pas soumis au hasard et que tout a sa raison d'être. Elle devait reprendre confiance en elle et en la vie qui l'accompagnait.

Il arrive souvent à nos Anges gardiens d'utiliser ce genre de signe concret pour nous aider à y voir plus clair dans notre cheminement. Ils peuvent également utiliser directement des gens qui nous entourent en leur inspirant les actions à poser ou les mots à prononcer pour mieux nous aider. Si nous prenions la peine de nous y arrêter, nous pourrions en arriver à de surprenantes observations.

L'INSTANT DE SA MORT

La mère de Lisette souffrait d'une maladie dégénérative du système nerveux depuis plus de cinquante ans. Malgré une grande diminution de ses capacités psychomotrices, sa santé en général demeurait très bonne pour une personne de son âge. Elle avait eu plusieurs enfants dont Lisette qui vécut cette très intéressante expérience.

Un soir, alors qu'elle venait à peine de s'endormir, Lisette se retrouva dans l'astral en présence de sa mère, qui demeurait à plus de cinq cents kilomètres de chez elle. Lisette ne la voyait donc pas aussi souvent qu'elle l'aurait aimé. Aussi, cette rencontre de sommeil lui faisait-elle un grand plaisir.

Sa mère se présenta à elle dans un fauteuil roulant semblable à celui dans lequel elle se déplaçait depuis presque vingt ans. Elle paraissait en très bonne santé. Le contexte de la rencontre semblait bien réel. Lisette, qui était déjà sensibilisée à ce type d'expérience, reconnut la pseudo-matière opaque qui permet à l'Esprit de reconstituer des objets et des lieux avec la même apparence que ceux de notre milieu d'incarnation.

Sa mère lui souriait, mais un grand sérieux se lisait sur tous les traits de son visage. Sans hésiter, elle annonça à Lisette qu'elle décéderait dans exactement trois semaines. Elle lui demanda d'en avertir tous les autres, lui précisa que personne ne la verrait mourir et indiqua avec insistance que personne ne devait s'en faire pour cela. Tout se passerait comme il avait été décidé et aucun ne pouvait changer le moindre détail sur cette particularité de sa mort. Elle exprima à Lisette tout l'amour qu'elle avait pour elle et laissa un message semblable pour chacun des siens. Le contact astral prit fin sur ces mots.

Très inquiète, Lisette se rendit dès le lendemain auprès de sa mère, qui allait très bien. Aucun souvenir de leur rencontre de sommeil ne transparaissait dans ses propos. Lisette s'informa auprès de sa mère s'il y avait eu des particularités qu'elle aurait pu observer du point de vue de sa santé, mais celle-ci lui répondit qu'elle n'avait rien remarqué de spécial. Sa mère se montra intriguée par sa question, mais Lisette la mit sur le compte de son habituelle inquiétude et changea de sujet.

Lisette passa le reste de la semaine auprès de sa mère, puis la quitta bien rassurée.

Dix-huit jours après son expérience astrale, Lisette reçut un appel urgent de sa sœur. Leur mère s'était évanouie peu après le petit-déjeuner et était subitement tombée dans un profond coma. Elle avait pourtant fait quelques blagues pendant le repas et ne semblait pas du tout souffrante. Tout s'était passé très vite, sans crier gare.

Lisette pensa immédiatement à ce qu'elle avait vécu et en fit part à sa sœur. Elles convinrent rapidement qu'il fallait convoquer tout le monde au chevet de leur mère.

Vingt et un jours s'étaient écoulés depuis l'annonce que Lisette avait reçue lors de son contact de sommeil. Toute la famille était présente dans la chambre de la mourante. Son état comateux demeurait stable, mais chacun attendait le moment fatidique en priant Dieu de lui venir en aide.

La sœur de Lisette s'approcha de la fenêtre. En jetant un coup d'œil à l'extérieur, elle vit que la première neige de l'automne commençait à tomber. Elle cria aux autres de venir voir les beaux gros flocons qui remplissaient la scène. Tous accoururent un bref moment pour admirer le spectacle et retournèrent près du lit de leur mère. Consternés, ils la trouvèrent morte. Elle avait rendu l'âme pendant les quelques secondes où tout le monde regardait la neige descendre du ciel. Tout s'était passé comme elle l'avait annoncé à Lisette : elle s'était éteinte trois semaines exactement après leur échange et personne ne l'avait vue expirer son dernier souffle.

Lisette partagea avec moi cette enrichissante expérience pour prendre des nouvelles de sa défunte mère. Elle me fit part de la profonde réflexion que tout cela lui avait inspirée. Elle savait déjà que nos Esprits pouvaient échanger entre vivants dans le monde astral, mais elle n'aurait jamais cru que nous y retrouvions autant de lucidité sur les éléments qui nous attendaient. De plus, elle avait déjà lu dans mes ouvrages que le moment et le contexte de notre mort étaient fixés avant même notre naissance, mais c'était la première fois qu'elle en vivait une preuve aussi évidente.

UN TRAGIQUE ACCIDENT

Jeanne me consultait occasionnellement pour comprendre les phénomènes médiumniques qu'elle vivait depuis son enfance. Il lui arrivait de subir des contacts qui n'étaient pas des plus agréables. Mais elle recevait le plus souvent des visiteurs lumineux qui l'aidaient à cheminer dans ses nombreuses difficultés d'incarnation.

Jeanne me rapporta une expérience particulièrement révélatrice sur le prédéterminisme des événements tracés sur notre route. Ce fait vécu, comme de nombreux autres semblables, nous porte obligatoirement à nous questionner sur la préexistence de plusieurs séquences de notre présent et de notre avenir sur lesquelles nous avons peu de pouvoir.

Jeanne magasinait avec sa petite famille. Elle terminait les derniers achats préparatifs à une fête qu'elle donnait et qui approchait à grands pas. Le centre commercial était bondé. À peine entrée dans un magasin à rayons, elle aperçut ses beaux-parents. Une longue conversation s'ensuivit. Pendant qu'elle échangeait, Jeanne porta son attention sur la musique agréable qui jouait dans les haut-parleurs dissimulés sous les tuiles du plafond suspendu. Soudain, la musique s'interrompit pour annoncer qu'un tragique accident venait de se produire. Un enfant de six ans avait connu une mort atroce. Il s'était fait écraser sous les roues de son autobus scolaire devant le regard horrifié de ses parents et amis. Le chauffeur ne s'était rendu compte de rien. Il n'avait jamais vu la victime qui se trouvait juste devant le lourd véhicule.

Jeanne exprima toute sa désolation à ses interlocuteurs qui se montrèrent très surpris de ses propos. En fait, aucun d'eux n'avait entendu la nouvelle. Pour eux, la musique n'avait jamais cessé. D'ailleurs, il s'agissait d'un enregistrement sélectionné qui tournait en boucle pendant les heures de magasinage.

Devant leur air étonné, Jeanne insista sur ce qu'elle avait entendu et leur rapporta en détail les tristes propos qui l'avaient fait réagir.

De retour chez elle, Jeanne écouta les nouvelles radio-phoniques et télévisées. Aucune ne faisait mention de l'horrible accident. Elle récidiva le lendemain et parcourut même les journaux qui lui tombaient sous la main. Aucun article ne venait confirmer ce qu'elle avait pourtant si bien entendu. Le jour suivant, Jeanne se résigna à admettre qu'elle s'était trompée ou qu'elle avait été victime d'une très mauvaise plaisanterie d'Esprits légers qui s'étaient méchamment amusés à ses dépens.

Une semaine plus tard, Jeanne reçut un appel téléphonique de sa belle-mère, qui paraissait stupéfiée. Elle lui annonça avec une certaine nervosité que l'accident dont elle avait entendu la nouvelle au magasin venait tout juste de se produire. Tous les détails rapportés concordaient fidèlement avec la description qu'elle leur avait donnée. L'âge de l'enfant, les circonstances, le lieu de l'accident, les commentaires du chauffeur, tout s'était passé comme Jeanne l'avait entendu par ses facultés médiumniques.

La belle-mère de Jeanne était fort impressionnée, mais aussi très inquiète de voir que l'avenir ne nous appartenait pas autant qu'elle le croyait. Comment les Esprits qui avaient donné la nouvelle à Jeanne pouvaient-ils savoir qu'un aussi horrible événement allait se produire? Pourquoi n'avoir rien tenté pour l'empêcher? Ils avaient décrit l'accident comme s'il était inévitable, incrusté dans un enchaînement immuable qui imposait chacune de ses séquences. Ce jeune enfant devait-il donc mourir et ses parents subir cette atrocité?

En fait, pour répondre à ces questions, il fallait référer directement aux plans de vie qui fixent les événements heureux et malheureux que nous rencontrons sur notre route, nous laissant une mince marge de manœuvre qui, malheureusement, suffit largement à nous plonger dans les retards de progression découlant de notre manque de sagesse. Comme nous l'avons vu précédemment, nous ne sommes pas lancés dans la vie au gré du hasard. Une ligne bien définie trace notre route en fonction d'objectifs d'évolution précis, scrupuleusement calibrés à partir de nos antériorités et des acquis à développer.

Dans les limites de notre monde matériel, un avenir préexistant semble plutôt impossible à concevoir, mais dès que nous portons notre regard sur des phénomènes comme celui que nous venons de voir, et comme les nombreux autres que bien des auteurs et moi-même avons rapportés dans plusieurs ouvrages, nous comprenons qu'il y a des forces bien au-dessus de ce que notre pauvre science peut comprendre et auxquelles nous avons tout avantage à ouvrir notre cœur.

**

L'année suivant cet événement, Jeanne reçut une autre annonce de mort tragique qu'elle fut la seule à entendre. Cette fois-ci, les Esprits utilisèrent le téléviseur.

Jeanne s'adonnait à ses occupations habituelles. Le téléviseur était ouvert, mais, trop concentrée sur le travail qu'elle effectuait, Jeanne n'y prêtait pas beaucoup d'attention. Soudain, elle entendit une nouvelle qui la secoua. Un comédien qu'elle aimait beaucoup venait de décéder dans un accident de la route. Elle répéta la nouvelle à son époux qui se montra aussi désolé qu'elle.

Le lendemain, à son travail, elle fit des commentaires à ses consœurs sur la triste fin du sympathique acteur. Ses interlocutrices se montrèrent très surprises d'apprendre cette nouvelle. Aucune d'elles n'avait entendu parler de cet accident. À la pause-café, elles consultèrent les journaux, qui ne faisaient aucunement mention de l'événement. Les amies de Jeanne lui dirent qu'elle s'était assurément trompée, mais elle se fit très insistante, et un certain froid s'installa entre elle et le groupe.

La semaine suivante, les médias annoncèrent la triste fin du comédien. Un tragique accident de la route l'avait emporté sur un chemin de campagne. Comme l'avait décrit Jeanne une semaine plus tôt, il avait dû faire une manœuvre d'urgence qui lui avait été fatale. Il avait évité une collision frontale, mais n'était pas parvenu à garder le contrôle de son véhicule.

Les amies de Jeanne se montrèrent très surprises de ce qui s'était passé. Comment avait-elle pu savoir une semaine à l'avance que cet homme allait périr dans un pareil accident et comment pouvait-elle en connaître les détails? Jeanne se montra peu bavarde sur ce qu'elle avait vécu, mais ses amies avaient bien compris qu'elle possédait des facultés qu'elles n'avaient pas. Elles s'excusèrent de leur attitude et se promirent avec un certain humour d'écouter attentivement les nouvelles que Jeanne pouvait leur rapporter. Sans le chercher, elles avaient été témoins du prédéterminisme de certains événements. Pour certaines d'entre elles, ce fut le début d'une belle réflexion spirituelle, mais, pour la plupart, ce ne fut rien de plus qu'un événement parmi tant d'autres qu'elles allaient vite oublier.

LA JAQUETTE DE MON CINQUIÈME LIVRE

Mon ouvrage *Au-delà du suicide* en était aux derniers préparatifs avant de passer sous les presses de l'imprimeur. Il ne restait à voir que quelques détails comme la présentation de la page couverture qui n'avait pas encore été choisie.

Ma fille Mélanie me téléphona tôt le matin. Elle semblait emballée. Elle me décrivit une extraordinaire expérience qu'elle avait vécue dans l'astral de Lumière pendant ses heures de sommeil. Elle y avait fait la rencontre d'un Esprit très brillant. Il lui était inconnu, mais lui semblait très bien la connaître. Il portait un livre qu'il tenait sur sa poitrine avec ses deux mains croisées l'une sur l'autre. Dans un geste d'une grande douceur, il tendit le livre à Mélanie en lui précisant que c'était moi qui en étais l'auteur. Mélanie reconnut alors le titre tout en blanc qui contrastait sur la page couverture. Sur une grande partie de la jaquette apparaissaient des nuages sombres qui laissaient passer de jolies teintes bleutées d'un ciel beaucoup plus dégagé. Le ciel dissimulé à l'horizon projetait une magnifique lumière jaune et orangée qui laissait présager le retour du beau temps. Mélanie s'imprégna des images qu'elle percevait et elle prit bien soin de les noter dès le retour dans son enveloppe charnelle.

Je fis part à mon éditeur de ce que Mélanie avait vu. Jean-Claude décida de ne pas en parler à son fils Alexandre qui devait produire la présentation graphique du volume. Lorsqu'il eut terminé son travail, Alexandre nous présenta quatre maquettes qui pouvaient convenir au sujet traité dans le livre. Quelle ne fut pas ma surprise lorsque je reconnus ce que Mélanie avait décrit! L'une d'elles représentait exactement ce qu'elle avait vu sur le livre présenté par l'inconnu. Évidemment, ce fut celle qui fut retenue.

Il devenait bien évident que cet écrit était déjà connu de nos Amis de Lumières bien au courant des éléments déterminés sur ma route. J'avais personnellement vécu une expérience semblable avec un livre antérieur, *L'au-delà à l'écoute de nos prières*, où l'image de la jaquette m'était nettement apparue en grande dimension dans ma chambre à coucher.

Je perçus ces expériences comme un signe de mes Amis de l'au-delà qui me manifestaient ainsi leur appui au partage de mes connaissances spirituelles visées par la publication de mes livres. Mais j'y vis également une autre démonstration du déterminisme qui dicte notre route et celle de ceux qui nous entourent.

* * *

J'aimerais ouvrir ici une petite parenthèse sur les témoignages que nous venons de voir. Toutes ces perceptions médiumniques des événements à venir qui s'avérèrent très justes m'ont toujours fait me questionner sur la nature réelle du temps. Par sa clairvoyance, le médium perçoit l'avenir comme si celui-ci existait déjà. Y aurait-il une forme de permanence dans les événements passés, présents et à venir? Le présent ne serait-il qu'une brèche volatile qui nous permettrait de vivre dans la matière un ensemble d'événements individuels et collectifs par infimes tranches temporelles successives? Je ne peux évidemment donner de réponse pertinente à ce questionnement, et l'au-delà ne me semble pas vouloir s'y attarder, mais nous verrons plus loin une précieuse information que j'ai pu obtenir et qui pourrait orienter une éventuelle réflexion sur le sujet. Pour mieux comprendre la raison de cette question, je vous livre un exemple de perception médiumnique qui m'amène parfois à ce genre d'interrogation.

UNE VISION DU PASSÉ

La mi-juin s'était enfin revêtue de ses attraits d'été avec sa verdure luxuriante et sa chaleur réconfortante. Les oiseaux déjà bien installés nous chantaient la joie d'être chez nous. Dans leur course enivrée, ils semblaient craindre de ne pas assez déguster cette douceur éphémère.

Nous roulions ma femme et moi en direction de Lanaudière. Nous parlions de nos enfants que nous allions visiter pendant quelques jours. La conversation allait bon train, au rythme de la voiture qui semblait s'amuser à avaler gloutonnement chacun des kilomètres à parcourir.

Sans savoir comment, un moment de silence nous isola dans nos pensées. Seul le ronronnement du moteur accompagnait le son immuable de la soufflerie de l'air conditionné. Nous dégustions ce moment qui nous rapprochait des nôtres.

Soudain, je reçus l'image précise d'une scène inquiétante. Je me voyais à l'intérieur d'une voiture inconnue. Un homme aux traits doux tenait le volant. Il me parut d'un caractère calme et tranquille. J'aperçus alors un policier debout près de la voiture. Il tenait une arme à feu qu'il braquait en direction de l'homme au volant. Il s'agissait d'un jeune agent à peine âgé dans la vingtaine. Je ressentis subitement une profonde crainte, comme si je recevais celle vécue par le conducteur ainsi menacé. Cette crainte me semblait d'ailleurs très justifiée, car le policier ne m'inspirait aucune confiance. Il me paraissait même dangereux, comme s'il n'avait pas un assez bon jugement ni suffisamment confiance en lui pour faire un tel travail. La vision cessa sur cette impression.

Je m'empressai de raconter à Louise ce que je venais de voir. Un grand malaise m'habitait, comme si j'avais été témoin d'un événement bien réel.

Quelques heures plus tard, pendant le souper, ma fille Nathalie nous raconta que François, l'époux d'une jeune femme qu'elle connaissait bien, avait vécu toute une aventure. Nous avions déjà été présentés à la personne dont elle nous parlait, mais nous n'avions jamais rencontré son mari. Nathalie nous le décrivit comme un homme affable au tempérament pacifique.

Quelques jours auparavant, François avait fait l'acquisition d'une superbe voiture sport, un modèle dont il avait souvent rêvé pendant sa jeunesse. Le véhicule était équipé d'un silencieux tonitruant qui lui donnait des allures de coursier. François adorait faire retentir le généreux ronflement des cylindres fougueux qui semblaient vouloir défier tous les véhicules qu'il rencontrait.

Cette semaine-là, François travaillait le soir. Il terminait à minuit. À peine parti de son lieu de travail, il fut arrêté par un policier qui surveillait la circulation routière. L'agent lui signala que le bruit émis par sa voiture n'était pas conforme à la réglementation. François lui expliqua, preuves à l'appui, qu'il venait tout juste de l'acquérir et qu'il ferait faire les vérifications qui s'imposaient dès le matin. Après lui avoir adressé un avertissement écrit, le policier le laissa partir. François reprit la route avec moins d'ardeur.

Quelques rues plus loin, un autre policier l'arrêta pour la même raison. François lui expliqua qu'il venait tout juste de régler le problème avec un de ses confrères. Le policier refusa de l'écouter. Fatigué, François leva le ton en cherchant le constat qu'il avait reçu quelques minutes plus tôt. À son geste, le jeune policier au faciès incertain paniqua littéralement. Il sortit son arme à feu et la braqua dans sa direction. Prenant conscience qu'il était devant un jeune homme très peu sûr de lui, François ressentit une grande peur. Il crut même que son heure était arrivée.

François tenta de le calmer. Il lui signifia qu'il n'avait

rien à craindre et lui suggéra de vérifier son identité sur l'ordinateur et de prendre la peine de lire le document qu'il n'avait même pas eu le temps de trouver.

La situation redevenue plus normale, François put enfin retourner chez lui. Le court trajet lui parut étonnamment long, comme si la peur de mourir avait suspendu sa notion du temps.

Tandis que nous écoutions Nathalie nous raconter cette surprenante histoire, Louise et moi pensions à la vision que j'avais reçue pendant que nous roulions. En la partageant avec Nathalie, je me questionnais encore une fois sur le prédéterminisme des événements et sur la survie de l'énergie émise par chacun des gestes que nous accomplissons. Avais-je vu ce que Nathalie allait nous raconter ou avais-je plutôt perçu une trame d'énergie figée telle une empreinte qui pouvait reproduire la séquence complète de l'événement? Je ne pouvais donner la juste réponse, mais un fait était incontestable : c'est que j'avais vu, comme en direct, un événement passé qui me serait rapporté dans un temps qui n'était pas encore réalisé.

3. Les nouveaux éléments inscrits dans le périsprit

Tout juste avant la rupture de la corde d'argent qui marque le moment précis et définitif de la mort, l'incarné voit défiler devant lui tous les détails significatifs de son incarnation. Tout se passe comme si le temps se compressait en conservant toutes ses séquences. J'ai une idée très précise de l'allure que peut prendre cette compression des séquences temporelles, car je l'ai moi-même vécue lors du décès de ma sœur Denise. Je vous en ai d'ailleurs parlé dans mes livres antérieurs. Bien que je n'aie été aucunement en instance de mourir, je connus le phénomène de façon tout à fait inattendue. Je perçus subitement les moindres détails d'événements précis de mon enfance que j'avais vécus en compagnie de Denise. Leur trame complète se déroulait devant moi. Je retrouvai ainsi des souvenirs que j'avais complètement oubliés. L'expérience fut très intéressante, car je revivais des moments agréables et goûtais de nouveau à ce bonheur pur et innocent que seule l'enfance peut nous permettre sous le voile qui fait oublier. En l'espace de quelques instants, de longues séquences de ces jours heureux se reconstituèrent dans leur plénitude. Ma surprise fut grande et m'inspira d'abord une certaine inquiétude, mais je compris rapidement que la mort de ma sœur Denise avait permis à mes Amis d'en haut de me faire vivre ce phénomène pour le comprendre et le partager avec vous.

Seuls les souvenirs utiles sont retenus. Les autres sont définitivement oubliés comme s'ils n'avaient jamais existé. En fait, les éléments du vécu de la personne sont écartés dès qu'ils constituent une répétition d'aspects déjà retenus dans les incarnations antérieures. Ils perdent alors leur valeur et leur utilité puisque les données qu'ils fournissent sont déjà existantes.

La sélection de ces souvenirs à retenir se fait automatiquement, car, pendant toute la durée de l'incarnation, l'Ange gardien a systématiquement procédé à l'identification des éléments nouveaux déjà prévus dans le plan de vie.

En analysant les éléments jugés inutiles pour le défunt, nous constatons qu'en soi, ils ne le sont pas réellement, bien au contraire, car, sur le plan pratique, ils auront servi à d'autres incarnés qui entouraient le défunt. Ils auront en quelque sorte permis à l'ensemble de ces incarnés d'y trouver un contexte commun où chacun avait des éléments personnels à en retirer. À titre d'exemple, un incarné pourrait connaître des ennuis mécaniques avec sa voiture simplement pour permettre à son voisin ou à un passant qui s'y connaît d'enraciner sa générosité en offrant son aide. L'incident ne sera alors retenu que pour le voisin ou le passant qui devait profiter de l'occasion qui lui était donnée. Quant au propriétaire de l'auto, il pourra oublier définitivement l'événement dans son après-mort si l'acquis impliqué pour lui-même était déjà confirmé dans ses antériorités.

La fixation de ces éléments se fait au fur et à mesure que l'incarné en phase de décès voit sa vie se dérouler devant lui. Ils s'inscrivent alors directement dans le périsprit pour y demeurer de façon permanente et définitive.

Ces souvenirs sont porteurs des importants matériaux avec lesquels le défunt pourra préparer la continuité de sa montée et façonner les conditions de sa prochaine incarnation.

Il doit donc porter une attention très particulière à chacun d'eux. Il y retrouvera ses erreurs et ses réussites, ses échecs et ses victoires. Il concrétisera leur utilité en les confrontant à son cheminement antérieur et aux objectifs d'évolution qui avaient été fixés.

4. La mesure de son jugement

Lorsqu'ils arrivent à l'étape cruciale du bilan de vie, plusieurs défunts sont grandement surpris de redécouvrir que personne d'autre qu'eux-mêmes ne procédera à l'évaluation de leur incarnation. Ils l'avaient pourtant su chaque fois qu'ils avaient procédé aux bilans antérieurs ayant suivi chacune de leurs incarnations successives. Le voile qui fait oublier avait effacé cette importante information, du moins chez ceux dont le périsprit était encore trop opaque pour en garder l'intuition ou simplement le comprendre lorsque les plus avancés leur expliqueraient.

C'est précisément cet important élément qui fait dire à différents défunts venus se confier à plusieurs médiums qu'ils ne se sentent jamais jugés par les Esprits lumineux qui les approchent pour les aider. Dans leur éveil spirituel, ces derniers savent que chacun est porteur de son propre juge et qu'ils n'ont donc rien à ajouter à sa sévérité. D'ailleurs, eux-mêmes ont toujours subi la même réalité qui les a conduits progressivement à la Lumière.

À nos yeux d'incarnés, il peut nous sembler curieux que ce soit nous-mêmes qui nous jugions, car, dans notre réflexion, nous voyons cela avec nos faiblesses, notre égoïsme, notre orgueil et nos ruses. Or, tous ces plis négatifs présents dans notre périsprit ne peuvent aucunement biaiser notre jugement à l'étape du bilan. Nous entrons dans un état d'objectivité absolu qui nous fait oublier que nous sommes celui qui est évalué. Nous appliquons donc intégralement notre jugement personnel à nous-mêmes comme s'il s'agissait d'un autre.

Pour connaître sa propre mesure du jugement, le défunt doit simplement regarder comment il a jugé les autres pendant toute son incarnation. Ainsi, son incompréhension ou son ouverture envers la faiblesse des autres sera la sienne face à ses propres faiblesses. Sa sévérité ou sa générosité en ce qui a trait aux fautes commises envers lui ou envers d'autres sera également la sienne envers ses propres fautes. Son rejet ou son accueil envers les pécheurs sera le même pour sa propre culpabilité. La dureté de sa condamnation ou sa souplesse envers autrui sera la même pour sa propre condamnation. Bref, en découvrant la rigidité ou la générosité du jugement porté sur les autres, le défunt comprendra immédiatement comment se déroulera son propre bilan.

Saint Paul avait donc vu juste lorsqu'il disait que nous serions jugés après notre mort avec la même mesure que celle que nous aurions utilisée envers les autres pendant notre vie.

Cette importante information doit grandement nous faire réfléchir sur notre façon de regarder ceux qui nous entourent. J'entendais un animateur de télévision exprimer un espoir rageur de voir un accusé dans une affaire de mœurs recevoir le maximum de la sentence prévue par la loi. Il exprimait une rigidité dans sa façon de penser qui faisait clairement ressortir que sa conception de la justice humaine ne recherchait non pas la simple protection de chacun, mais la vengeance intransigeante qui prend œil pour œil et dent pour dent. Je pouvais comprendre facilement son attitude, mais je voyais aussi le jugement qui tranchait même s'il ignorait tout des antériorités du coupable et même celles de la victime. Je m'étais arrêté à ses commentaires, car ils pouvaient avoir une incidence directe sur de nombreux téléspectateurs qui risquaient ainsi de ralentir leur quête spirituelle devant les amener à aimer inconditionnellement leurs frères et sœurs incarnés comme s'il s'agissait d'eux-mêmes.

Je parle ici d'un animateur, mais il y a des professions qui peuvent entraîner de bien mauvaises surprises lors du bilan de vie. Prenons à titre d'exemple certains prédicateurs du spirituel qui expriment beaucoup d'intransigeance envers certaines faiblesses humaines, ou encore ces juges, ces hommes de loi ou ces policiers qui ont la gâchette facile sur l'accusation et la condamnation. Il y a également les contextes sociaux qui prêtent facilement à la dureté du jugement, tels les milieux politiques ou même ceux de l'enseignement. Notre milieu de travail, nos loisirs et même notre contexte familial peuvent également nous amener à durcir notre jugement envers tous ceux qui nous entourent.

Notre incarnation terrestre nous plonge donc constamment dans des occasions où nous pouvons raffiner cet important aspect de notre cheminement. Nous savons maintenant que nous avons tout avantage à mettre plus d'amour dans notre regard sur les autres. Nous nous forgerons ainsi une mesure plus généreuse qui saura tenir compte de notre pauvre ignorance lorsque viendra le temps de nous juger nous-mêmes.

Puisse Dieu nous donner la sagesse de le comprendre et la force d'adopter cette attitude.

5. Le solde des dettes retenues

Mentionnons pour le nouveau lecteur que, dans mes autres écrits, nous avons vu que nous revenions dans la chair soit pour nous épurer et nous éprouver, soit pour grandir en intelligence. Souvenons-nous que les incarnations d'épuration et d'épreuve visent à nous élever en moralité, ce qui inclut l'épuration périspritale et l'accroissement de l'éveil spirituel avec toutes ses connaissances et qu'elles concernent également l'affranchissement des fautes antérieures, soit le paiement des dettes accumulées et la libération karmique qui nous accordera une plus grande marge dans le choix des conditions de vie à venir.

Rappelons-nous que les incarnations qui nous font

grandir en intelligence nous plongent dans la connaissance progressive de notre monde matériel. Ainsi, avant de quitter notre niveau actuel, nous devons avoir acquis un minimum de savoir. À la fin du long chemin, nous aurons l'obligation de tout connaître en toute chose, comme le font déjà les Esprits lumineux qui nous ont précédés sur la route qui mène jusqu'aux vibrations divines.

Malgré leurs buts distincts, ces deux types d'incarnation peuvent entraîner un même effet secondaire qui alourdit le bilan de vie : les dettes que notre ignorance spirituelle peut nous amener à provoquer ou à retenir.

Le défunt doit donc tenir compte de cet autre élément dans son bilan de vie pour déterminer le niveau réel de sa progression et identifier les moyens pour parvenir à avancer sur la voie ascendante.

**

Pour réussir à diminuer les dettes du passé et cesser d'en accumuler davantage, l'incarné doit considérer trois aspects bien précis dans son cheminement spirituel. Le premier est le pardon aux autres, le second le pardon à soi-même et le troisième le pardon divin. Ensemble, ils constituent le cœur central de ce cinquième élément. C'est donc également à partir de ces trois volets que le défunt évalue le solde de son passif karmique qui peut lui fermer ou lui ouvrir l'accès à d'autres mondes d'incarnation.

Cet élément revêt ainsi une très grande importance, car nul ne peut effectivement quitter son monde d'incarnation ou les incarnés qu'il a côtoyés dans ses multiples pèlerinages sans s'être auparavant libéré de toutes les dettes qu'il a retenues sur sa route. Leur évaluation est donc fondamentale lors du bilan pour que le défunt connaisse les avenues qui s'ouvrent devant lui.

Premier volet : le pardon aux autres

Pardonner aux autres le mal qu'ils nous font n'est certes pas toujours facile. À notre stade du deuxième niveau d'évolution, nous subissons encore bien des stimulations négatives qui proviennent des pulsions toujours présentes dans notre périsprit. Ces pulsions faisaient partie du bagage de départ que nous avions lors de notre création. Elles nous sont donc très familières. Ce sont des tendances à la colère, à la violence, à la vengeance et à toutes leurs semblables nourries par notre orgueil et que nous n'avons pas suffisamment épurées. Comme nous et tous ceux qui nous entourent ici-bas possédons les mêmes faiblesses à des niveaux plus ou moins différents, nous sommes constamment appelés à en subir de nombreuses manifestations sous de multiples formes. Nous avons donc régulièrement à y répondre et, chaque fois, nous devons y reconnaître une nouvelle occasion de maîtriser les élans négatifs qui étouffent l'amour cherchant à grandir dans notre cœur.

Si nous n'avions pas le voile qui fait oublier, nous verrions dans une grande évidence l'importance de pardonner aux autres, car nous pourrions percevoir et comprendre son incidence directe sur notre après-mort et sur tout notre avenir. Nous pourrions voir qu'un pardon automatique nous est immédiatement accordé lorsque nous pardonnons le mal qui nous a été fait. Ce pardon s'applique alors à toutes les fautes similaires dont nous nous sommes nous-mêmes rendus coupables envers autrui et qui étaient encore retenues en nous. En fait, tout se passe exactement comme Jésus l'a mentionné dans la prière qu'il a laissée à ses apôtres. Nous sommes réellement pardonnés comme nous pardonnons aussi à ceux qui nous ont offensés. Nous verrons dans le deuxième volet jusqu'où s'opère le processus de ce pardon que nous devons tous atteindre dans notre lente progression.

Pardonner aux autres est donc une condition essentielle que nous devons remplir pour nous dégager définitivement de notre monde de souffrances.

Ce premier volet revêt également une grande importance pour le pardon que les autres doivent aussi nous accorder pour nos propres fautes commises envers eux. Comme nous sommes tous intimement reliés les uns aux autres, la générosité exprimée dans le pardon que nous exprimons se répercute à son tour chez nos offensés qui, eux aussi, doivent apprendre à pardonner. Comme ils ne reçoivent plus de retour négatif aux reproches et même aux attaques qu'ils dirigent envers leurs débiteurs, leur énergie négative, ne trouvant plus la source de haine, de hargne ou de mépris pour s'abreuver, s'en trouve grandement diminuée. L'Esprit trouve alors une solide occasion de se remettre en question et d'agrandir, s'il le veut, le cercle de ceux qui ont compris que le pardon aux autres était essentiel à leur évolution vers le bonheur divin.

Deuxième volet : le pardon à soi-même

Lorsque nous procédons à notre bilan d'après-mort, nous nous rendons compte que se pardonner à soi-même est beaucoup plus difficile que de pardonner aux autres. Évidemment, je ne parle pas ici de l'inconscience béate face à notre responsabilité dans le mal que nous avons engendré. Je réfère à la compréhension et à l'acceptation de notre ignorance et de l'infériorité spirituelle qui en découle.

En fait, tout le mal que nous commettons n'est que l'expression de cette ignorance dans laquelle nous avons été créés et qui est encore très présente à notre pauvre niveau terrestre. À notre degré, l'enveloppe de notre Esprit présente encore beaucoup d'impuretés qui obscurcissent la belle Lumière qui brille en nous. Notre orgueil et notre égoïsme sont les pires et les plus importantes à combattre, car elles cimentent et stimulent toutes les autres. Ce sont les plus grandes faiblesses des habitants de notre monde. Or, cet orgueil dont nous sommes les porteurs nous empêche d'accepter notre infériorité spirituelle et de développer la capacité de se pardonner à soi-même. Ce blocage apparaît dès que nous prenons réellement conscience de la grandeur divine. Un profond sentiment d'indignité devant une telle pureté nous pousse à retenir une foule d'erreurs passées que nous tenons à corriger nous-mêmes avant de nous approcher d'une telle perfection. Je peux vous en parler en toute connaissance, car j'ai moi-même vécu une expérience extracorporelle consciente qui m'a fait ressentir avec une impressionnante profondeur jusqu'à quel point nous pouvions nous percevoir indignes de nous retrouver en présence de Dieu. Je vous en donne d'ailleurs tous les détails dans mon troisième livre.

J'ai alors compris que nous retenions nos fautes tant et aussi longtemps que nous entretenions ce sentiment d'indignité face à la grandeur divine. C'est là que mes Amis de Lumière m'ont fait réaliser que ce blocage dont nous parlions était directement engendré par notre orgueil. Sans cette faiblesse aveuglante, il nous serait évident que notre propre création nous a donné dès le début un statut nettement inférieur et différent de celui de Notre Créateur. Nous verrions bien humblement qu'il n'y a donc aucune gêne à se voir tout petit devant la grandeur de l'Être incréé. Nous comprendrions également que notre responsabilité réelle est bien relative, car tout le mal que nous engendrons découle directement de notre ignorance. La compréhension de cette donnée faciliterait d'autant plus notre pardon aux autres et à soi-même, qu'elle nous ferait voir que l'implication de notre volonté obnubilée ne peut être que partielle.

Combien de fois ai-je pu voir des gens cultivant des reproches envers eux-mêmes après le départ d'un être aimé? Ils réalisaient subitement qu'ils s'étaient montrés inférieurs face aux exigences qu'ils n'avaient pas su rencontrer. Ils retenaient leurs erreurs et en nourrissaient leur culpabilité qui grandissait de jour en jour. Une grande part de leur souffrance était stimulée par leur refus de ne pas avoir été parfaits. Pour retrouver la sérénité, ils devaient se rappeler que nul ne peut donner ce qu'il n'a pas et que chacun ne peut aller au-delà de son potentiel. En réalisant leur infériorité, l'acceptation de l'expression de leur faiblesse devenait plus facile. Ils voyaient qu'ils ne pouvaient certes pas refaire le passé, mais que ce passé leur indiquait les faiblesses qu'ils devaient surmonter et les forces qu'ils devaient développer dans leur présent et dans leur avenir.

Or, il doit en être ainsi pour tout notre cheminement spirituel. Nous devons admettre et accepter notre petitesse tout en voyant la grandeur à laquelle nous pouvons accéder. Ainsi, nous pouvons réellement nous pardonner en reconnaissant dans nos erreurs des leçons sublimes pour mieux monter et non des poids pour nous retarder. Ce n'est qu'alors que nous accueillerons et accepterons le pardon de nos propres fautes qu'aura engendré celui que nous accorderons aux autres. Il allégera le poids du passé dans la mesure progressive de notre application des principes libérateurs de l'amour envers Dieu, envers soi-même et envers tous les autres membres de la grande famille humaine.

L'évaluation du solde des dettes retenues par le défunt est donc très importante pour son bilan de vie, car elle lui permet de prendre la mesure de son degré d'éveil spirituel et d'avoir une idée assez juste du chemin à parcourir jusqu'à sa complète libération de son niveau d'incarnation.

Lorsque je donnais des consultations, il arrivait très fréquemment que les Anges gardiens venus pour leurs protégés les invitaient à se pardonner. Certains se montraient même très insistants. Je voyais alors l'importance de développer cette faculté du pardon envers soi-même comme envers les autres. La tâche n'était peut-être pas facile, mais elle était essentielle et valait vraiment la peine d'être accomplie.

Troisième volet : le pardon divin

Nous venons de voir qu'après notre mort nul autre que nous-mêmes ne procédait à l'évaluation de notre incarnation. Nous avons appris que nous y appliquions notre propre jugement en utilisant notre propre mesure. Or, qu'en est-il du jugement de Dieu et de Son pardon?

Pour bien répondre à cette question très importante, il faut d'abord se référer à la nature même de Dieu. Lorsque j'étais enfant, mes parents et tous les adultes qui m'entouraient me disaient de Lui qu'Il était un pur Esprit possédant toutes les qualités à l'infini. Ainsi, on me Le décrivait comme étant infiniment bon, infiniment aimable, infiniment miséricordieux et on me disait que les fautes de l'humanité Le faisaient souffrir. La définition me plaisait beaucoup, mais, malgré mon jeune âge, je ne parvenais pas à concilier toutes ces qualités infinies avec les menaces de condamnation et de colère que ces mêmes personnes Lui attribuaient. Heureusement, les extraordinaires échanges que j'ai pu entretenir avec nos Amis de l'au-delà me permirent plus tard de voir beaucoup plus clair dans cette profonde contradiction.

Toutes les informations provenant d'Esprits lumineux me confirmèrent d'abord, sans aucune exception, l'existence incontestable de Dieu, puis la réalité de toutes ses qualités infinies qui dépassent ce que nous pouvons imaginer. J'appris qu'Il était même plus encore puisqu'Il est l'Être incréé, Celui qui possède de Lui-même, par sa propre nature, toutes ces qualités illimitées intrinsèques à Son existence même.

Mais alors, pourquoi parler d'un Dieu infiniment bon qui précipite sans pitié ses enfants dans les souffrances du feu éternel? Pourquoi parler d'un Dieu infiniment aimable qui se venge contre ses enfants dans une rage de colère? Pourquoi parler d'un Dieu infiniment miséricordieux qui juge et refuse Son pardon à celui qui n'a pas encore assez progressé pour ressentir le sincère repentir? Ne sont-ce pas là des limites qui annulent par elles-mêmes l'infinité de toutes Ses qualités?

Tous les échanges que j'ai pu entretenir m'ont fait comprendre que la réponse était très simple. En fait, c'était nous, les humains, qui lui attribuions nos propres limites, nos propres défauts et nos propres faiblesses. Dans notre ignorance, nous Le faisions réagir exactement comme un humain du niveau terrestre. Ce Dieu toujours fait à l'image de l'homme faisait l'affaire de bien des manipulateurs détenant les clés du pouvoir. Ils y trouvaient un puissant levier pour soumettre les ignorants par la peur et étancher sans résistance leur soif de domination. J'écris ceci à l'imparfait, mais cette réalité est malheureusement encore grandement d'actualité. Il suffit d'un regard rapide pour reconnaître la multitude des peuples de notre monde moderne qui sont contrôlés par cette même perfide stratégie.

Dieu possède donc réellement toutes les qualités infinies au-delà des possibilités de notre compréhension, et nous pouvons ainsi affirmer qu'aucune d'elles ne présente la moindre limite.

De ce fait, nous pouvons conclure que, lorsque le temps arrive de faire le bilan de sa vie terrestre, le défunt profite automatiquement de la miséricorde divine infinie. Dieu ne le juge point et surtout ne le condamne jamais. Bien au contraire! Il l'accueille dans son amour, tel un père accueillant son enfant. Il comprend ses faiblesses et s'empresse de lui accorder tout ce qu'il est en mesure de recevoir dans son infériorité spirituelle.

Dieu ne cherche qu'à nous conduire dans Ses vibrations lumineuses, mais Il ne peut faire les pas à notre place. À notre niveau, Il agit avec nous un peu comme nous le faisons avec nos propres enfants lorsqu'ils commencent à marcher. Nous les soutenons, puis les laissons aller d'eux-mêmes. Nous nous plaçons devant eux, les bras tendus, les invitant à venir partager l'autonomie que nous possédons déjà. L'apprentissage peut être rapide pour certains et beaucoup plus long pour d'autres, mais pour aucun nous pouvons faire ces premiers pas à sa place.

* * *

Nous venons de voir que, de par sa nature même, la miséricorde infinie de Dieu nous garantit automatiquement Son pardon dans notre après-mort. Or, une autre importante raison peut également nous confirmer la certitude de ce pardon, du moins pour plusieurs de nos fautes.

Pour bien comprendre cette autre raison, nous devons nous référer à notre propre création. Comme nous l'avons vu dans mes autres ouvrages, tous les Esprits ont été créés par Dieu dans un état d'ignorance complète, autant sur le plan moral qu'intellectuel. Je ne peux savoir comment nous avons été créés, mais j'ai appris de façon certaine qu'au début nous étions de véritables larves astrales. Nous vivions à même l'énergie des autres. Notre progression se faisait lentement dans les mondes de la pseudo-matière opaque. Puis vint le temps pour nous de commencer les premiers apprentissages qui devaient se faire obligatoirement dans le monde de la matière lourde. Nous avons alors habité nos premiers corps, beaucoup moins raffinés que ceux que nous avons aujourd'hui, et avons poursuivi notre route en vivant des incarnations et des *erraticités* successives par lesquelles nous avons grandi jusqu'à ce jour. Pendant tout ce temps, notre périsprit s'épurait des nombreuses scories spirituelles dont nous avons parlé précédemment qui le rendaient sombre et dense. Comme ces impuretés étaient présentes dès notre création, nous dûmes très tôt et devons encore aujourd'hui nous en libérer jusqu'au stade de l'épuration complète qui fera de nous des Êtres lumineux laissant voir toute la splendeur de notre Esprit, longtemps demeurée cachée sous le périsprit opaque.

Or, nous savons que ces scories sont constituées de

toutes nos faiblesses, nos tendances, nos pulsions et que ce sont elles qui nous poussent à faire le mal. Il faut donc bien comprendre que nous avons tous été créés enclins aux mauvais choix. Le mal que nous répandons malheureusement encore dans notre ignorance actuelle découle donc en grande partie des conditions primaires qui nous furent imposées dès le départ. Lorsque je demandai pourquoi il en avait été ainsi, mon Ange gardien me répondit qu'il ne pouvait en être autrement, que nous étions le fruit d'un créateur infaillible qui avait procédé de la seule façon nous permettant de monter jusqu'à Lui.

Dans sa logique infinie, Dieu prend donc une part de responsabilité dans les souffrances que nous engendrons, d'où découle l'autre raison de nous accorder automatiquement Son plein pardon. Cette responsabilité disparaît au rythme de notre éveil spirituel qui nous rend de plus en plus capables de faire des choix dans notre façon de réagir devant les événements placés sur notre route. Nous prenons alors la part qui nous revient dès que nous jugeons que le mal que nous faisons aurait pu être évité par les connaissances que nous acquérons à travers nos multiples expériences. C'est là qu'apparaissent les premiers sentiments de culpabilité et les premiers remords qui en découlent.

À notre niveau terrestre, il y a encore beaucoup d'actions mauvaises qui portent en elles cette responsabilité relative que Dieu partage dans Sa logique infinie, mais notre éveil progressif est également actif. C'est pourquoi il faut apprendre rapidement à développer notre propre faculté du pardon pour nous libérer du passif karmique que nous pouvons accumuler par nous-mêmes.

Le fait de nous avoir créés dans la totale ignorance pour nous faire progresser vers la Lumière par nos propres efforts exprime bien la grandeur infinie de Dieu. En effet, en procédant ainsi, Dieu consentait à nous faire acquérir une qualité qu'il ne posséderait jamais. Il est tellement grand dans son infinité d'Être qu'Il a pu le faire sans nullement affecter Son exclusivité divine. Cette qualité, c'est celle du mérite que nous posséderons tous au bout du chemin. Nos efforts de progression auront fait de nous des êtres méritants. Chaque centimètre de la montée aura été gagné par notre détermination et notre volonté. Il est vrai que Dieu nous aura grandement aidés et qu'Il aura autorisé toutes les conditions essentielles à notre réussite, mais nous aurons nous-mêmes fait nos propres pas sur la route nous menant jusqu'à Lui.

Selon les informations que j'ai reçues, cet aspect du mérite aurait été jugé nécessaire par Dieu pour que nous puissions partager Ses vibrations. Personnellement, j'en conviens très facilement, car le simple fait de retenir le mal que nous n'avons pas encore appris à nous pardonner, malgré le pardon automatique de Dieu, nous démontre bien clairement qu'il faudra avoir pleinement mérité notre présence auprès de Lui.

2. LE PROCESSUS APPLIQUÉ POUR LE BILAN

Comme tous les autres défunts, papa et plus tard maman eurent donc à considérer les cinq éléments que nous venons de voir pour procéder à leur propre bilan.

C'est l'Ange gardien qui guida papa dans sa démarche pour qu'il les utilise adéquatement. L'évaluation qui s'annonçait n'était cependant pas très inquiétante pour mon père, car il avait consacré les soixante-dix-neuf ans de sa vie terrestre à se rapprocher de Dieu dans les limites de ses connaissances et des acquis à sa portée.

Il ne me fut pas permis de garder beaucoup de souvenirs directs de ce que papa vécut à cette étape. Je ne possède en fait que certaines bribes, mais celles-ci nous font quand même comprendre comment il a pu vivre ces heures très intimes. Je me limiterai donc par la force des choses à vous dévoiler ce que j'ai pu apprendre le concernant au fur et à mesure de la description qui nous fera connaître le processus du bilan de vie auquel il fut soumis. Je peux cependant vous parler avec pertinence du processus appliqué, du moins dans sa façon de faire habituelle, car mes activités médiumniques m'ont souvent permis de plonger au cœur de cette étape cruciale d'après-mort pour d'autres défunts de qui je devais prendre des nouvelles.

1. Le déroulement

Dès que le défunt s'est suffisamment libéré des chaînes le retenant au monde matériel qu'il a quitté, l'Esprit qui fut son Ange gardien l'invite à procéder à l'évaluation de son incarnation. Le défunt a alors l'entière liberté d'accepter ou de refuser de s'y soumettre. Certains défunts peuvent en effet préférer la remettre à plus tard. L'Ange gardien aide alors le défunt à identifier la raison qui le pousse à ne pas se sentir prêt. Il s'agit le plus souvent d'un manque de confiance lié aux antériorités du sujet. Comme nous l'avons vu précédemment, papa accepta immédiatement de faire son bilan. Il fit instinctivement confiance en la sagesse des Esprits lumineux qui l'y invitaient. Il se dit tout simplement qu'ils savaient davantage que lui ce qui lui convenait le mieux.

Dès que le défunt donne son consentement, des Esprits de Lumière apparaissent autour du défunt. L'Ange gardien, qui demeure toujours présent, fait les présentations d'usage comme nous le ferions ici-bas.

Parmi eux se trouvent toujours les Entités qui ont participé à l'élaboration du plan de départ avant la naissance du sujet. Leur présence est importante, car ils possèdent déjà toutes les informations qui le concernent sur ses vies antérieures, ses acquis, ses faiblesses et les objectifs qui avaient été identifiés à sa juste mesure. Ils constituent d'excellents conseillers pour aider le défunt à faire une évaluation exhaustive de son vécu d'incarné.

Nous y retrouvons également un Esprit intermédiaire. Celui-ci est une Entité très évoluée, d'un niveau encore plus avancé que celui de nos Anges gardiens. Sa Lumière est très éclatante et très vive. Les vibrations des Esprits intermédiaires sont suffisamment élevées pour rejoindre celles de Dieu.

En fait, ils partagent déjà Sa pensée. Ce sont des Êtres d'une très grande autorité morale. Ils manifestent une objectivité qui peut facilement leur conférer un caractère grave, mais ce sont malgré tout des Êtres sensibles et très bienveillants, motivés uniquement par l'amour inconditionnel. La présence de l'un d'eux est fondamentale, car elle permet au processus de s'appliquer en concordance avec la volonté divine.

D'autres Esprits peuvent également participer au bilan du défunt. Leur présence doit alors avoir été jugée utile pour faciliter la tâche du défunt. Il peut s'agir d'un parent très proche ou d'une personne significative qui est suffisamment avancée pour le faire. Pour papa, il y avait sa propre mère qu'il perdit à l'âge de neuf ans, un ami d'antan et ma sœur Denise.

Lorsque tout le groupe ainsi constitué exprime une harmonisation vibratoire suffisante à leurs pensées, il se transporte en un lieu de pseudo-matière lumineuse. Le déplacement se fait dans l'instantanéité.

Dès son arrivée, le défunt se retrouve devant un genre de lutrin très massif à l'apparence de bois sculpté. L'imposant livre de son plan de vie y est déposé. Il est alors ouvert à ce que fut le point de départ de l'incarnation qu'il vient d'achever.

J'ai souvent perçu ce livre des plans de vie lorsque les gens me consultaient. Chaque fois, je voyais que nous étions appelés à l'approfondir régulièrement pendant nos heures de sommeil. Pour accéder à ce gros livre qui semble relié d'un cuir pseudo-matériel très réaliste, nous devons entrer dans une grande bibliothèque où chacun d'eux est rangé et dont les vibrations correspondent aux nôtres.

En regardant autour de lui, le défunt se rend compte qu'il est au centre d'une grande pièce toute ronde. Les murs sont vides comme des écrans de projection d'où vont jaillir les multiples séquences des souvenirs de sa dernière incarnation qui se sont inscrits dans son périsprit.

À cet instant, le défunt retrouve la pleine conscience de toutes ses antériorités. Il la gardera par la suite pendant toute son *erraticité*. Il entre alors comme dans un état second de lucidité qui lui permet de se percevoir en toute objectivité. Il se perçoit comme s'il était une autre personne. La subjectivité des émotions et des sentiments reliés à son vécu intime se tait comme s'il ne les avait jamais éprouvés lui-même.

Le déroulement de sa vie commence alors sur les images de l'élaboration du plan de vie qui a guidé son dernier passage sur terre. Il revoit les objectifs de départ découlant du dernier bilan. Vient ensuite la connexion à son corps de chair qui s'effectue toujours au moment précis de la conception.

À cette étape, papa vit qu'il avait lui-même dû stimuler mes grands-parents à avoir une relation sexuelle pour lui permettre de profiter de la conjoncture biologique et temporelle qui se présentait à lui. Son Ange gardien et un autre Esprit lumineux l'avaient alors aidé à fixer sa corde d'argent dans l'œuf fécondé.

Dès l'arrivée du moment de la conception, les images prennent vie. Le défunt devient alors le spectateur de tout ce qu'il a vécu. Il se retrouve au centre de chacune des secondes de sa vie. Les événements jaillissent dans leur plénitude des parois qui l'entourent. Il les revoit une à une, au cœur même de leur déroulement.

Les Esprits en présence commentent minutieusement leur déroulement en se référant aux objectifs de départ. Le défunt peut alors analyser chaque aspect important qui en découle. Nul ne le juge. Chacun ne fait que le soutenir dans son étude des faits et des circonstances qui font partie de sa réalité.

Le défunt peut demander de s'attarder ou même de revenir sur certaines séquences. Il procède toujours comme s'il en évaluait un autre. Il n'éprouve ni joie, ni remords, ni regret. Il applique intégralement sa façon de penser avec son ouverture ou ses préjugés, sa souplesse ou sa rigidité. Il se mesure exactement comme il a personnellement mesuré les autres.

Ici, papa fut grandement favorisé, car il avait toujours

fait preuve d'une grande générosité envers les faiblesses d'autrui. La seule exception que je perçus personnellement à cette attitude coutumière fut les opinions qu'il émettait parfois sur certains politiciens. Il devenait alors d'une surprenante sévérité devant ces hommes et ces femmes qui ne comprenaient pas toujours qu'ils devaient servir les autres et non se servir eux-mêmes. Cette exception à la règle ne sembla pourtant pas avoir terni ses acquis d'acceptation d'autrui qu'il avait si bien développés. Peut-être avait-il simplement raison de réagir ainsi devant ces gens qui ne comprenaient pas toujours qu'ils devaient s'abaisser au rang de simples serviteurs pour bien répondre à la volonté divine.

La vie terrestre du défunt se défile ainsi en identifiant les réussites et les échecs qui deviennent les prémisses de la conclusion qu'il devra en tirer. Celle-ci servira à son tour de matériel de base pour l'élaboration d'un futur plan de vie lorsque viendra le temps d'une prochaine réincarnation. D'ici là, le défunt pourra s'en servir pour déterminer les formations qu'il devra suivre dans l'au-delà. Il pourra ainsi augmenter ses connaissances qui s'avéreraient déficientes ou incomplètes. Il pourra grandir en toute connaissance de cause sur d'autres plans qu'il approfondira plus tard sous le voile qui fait oublier et qui lui permettra d'appliquer sa véritable mesure.

L'orientation de toute cette analyse des multiples facettes de la vie du défunt nous fait comprendre que le bilan de vie ne recherche en réalité qu'à établir un point de départ à un nouvel élan de progression. Lorsque le défunt recouvre la pleine lucidité de lui-même et de sa propre personne, il retrouve une base solide afin de mieux élaborer les moyens qu'il utilisera pour poursuivre son épuration et s'élever davantage. Il y met sa confiance, car tout se fait avec l'approbation des hautes instances vibratoires. De plus, le défunt gardera toujours la réconfortante certitude que rien ne fut négligé, car c'est lui-même qui aura procédé à sa propre évaluation avec l'assistance bienveillante d'Esprits encore plus avancés.

Quant à la durée réelle du procédé, il est très difficile de l'évaluer, car le temps subjectif empêche les défunts venus nous en parler d'en avoir une juste idée. Par contre, selon les données que j'ai pu obtenir de mes contacts médiumniques, tout se passerait assez rapidement.

Le peu que je pus obtenir sur les résultats du bilan de vie de papa m'apprit qu'il était revenu sur Terre pour enraciner davantage des acquis spirituels qu'il voulait approfondir. Je pus également savoir qu'il avait brillamment réussi à atteindre tous ses objectifs de départ. Sa vie difficile lui avait permis de confirmer les belles qualités morales que tous autour de lui reconnurent chaque jour de sa vie.

2. Les activités préparatoires au bilan de vie

Nous avons vu que papa effectua très tôt le bilan de son incarnation, mais, dans plusieurs cas que j'ai connus, le défunt prenait beaucoup plus de temps avant de pouvoir y accéder. Il s'agissait le plus souvent d'Esprits qui maintenaient des liens encore solides avec le monde matériel dont ils ne parvenaient pas à se détacher. Ils y demeuraient comme menottés pour de multiples raisons toutes reliées à leur ignorance spirituelle. De plus, certains traits de leur personnalité pouvaient les empêcher de comprendre les conseils libérateurs qui leur étaient prodigués. Soulignons ici que ces défunts pouvaient quand même entretenir certaines relations dans l'au-delà avec des parents ou des amis décédés avant eux, mais ils ne parvenaient pas à prendre leur véritable place, n'ayant pas encore pu comprendre qu'ils devaient effectuer leur bilan de vie pour le faire.

Pour permettre à ces Esprits d'élever suffisamment leur niveau de conscience, certaines activités préparatoires au bilan de vie leur sont offertes. Mes échanges avec l'au-delà m'ont permis d'en identifier trois types particuliers. L'Esprit guide qui s'occupe du défunt choisit simplement celui qui convient le mieux à son protégé selon son histoire, sa personnalité et le type de liens qu'il entretient avec son ancien monde d'incarnation.

Des pièces de théâtre adaptées

Ce type d'activités préparatoires dont nous avons déjà parlé dans mes écrits antérieurs me fascine encore par son originalité. Un assez grand nombre de défunts présentant la même résistance d'adaptation sont regroupés dans de véritables salles de spectacle. Un Esprit lumineux leur explique la raison de leur présence et les invite à utiliser le contenu des scénarios pour analyser leur situation et comprendre ce qu'ils doivent faire pour continuer la montée. Les Esprits décédés peuvent alors se reconnaître dans les personnages qui les représentent avec une surprenante fidélité. Ils assistent ainsi aux séquences de leur vécu qu'ils doivent approfondir. Cette formule leur permet de jeter un regard plus objectif sur eux-mêmes et d'accélérer leur éveil à leur nouvelle réalité. Des Esprits guides interviennent sporadiquement pour donner un meilleur éclairage sur les messages toujours en lien direct avec les défunts en présence. Lorsque nous assistons à ce type d'activités préparatoires, nous pourrions avoir l'impression que le défunt y joue un rôle passif, mais en réalité il y est intérieurement très actif. Il peut enfin se percevoir avec un véritable recul lui permettant déjà d'expérimenter une certaine forme d'objectivité qui le rendra beaucoup plus en mesure de faire son inévitable bilan de vie. Ce procédé convient bien aux retardataires qui n'ont pas tendance à s'isoler. En constatant que plusieurs vivent la même difficulté de détachement, ils se rassurent sur les possibilités de connaître de meilleures conditions de cette existence qui persiste au-delà de la chair putréfiée.

Des réflexions thématiques de groupe

Comme les Esprits guides peuvent lire en chacun des défunts comme dans un livre ouvert, ils n'ont aucune peine à identifier ceux qui pourraient bénéficier d'échanges thématiques avec d'autres trépassés sincèrement désireux d'atteindre rapidement l'étape du bilan de vie. Ces Esprits lumineux les invitent donc à participer à des réflexions portant sur des thèmes particuliers pouvant les aider directement. Les groupes que j'ai pu voir comptaient une douzaine de participants. Il y avait toujours un Esprit lumineux qui animait la réflexion. Ce type de rencontres suscite toujours beaucoup d'intérêt chez les défunts, du moins chez ceux qui comprennent qu'ils doivent améliorer leur sort même s'ils ne sont pas vraiment malheureux. Chacun peut y livrer son questionnement et toutes ses inquiétudes. Les participants prennent conscience de la richesse qu'ils portent en eux et comprennent plus facilement que bien des solutions sont à leur portée.

Ces réflexions en petits groupes peuvent être déjà bien familières à notre Esprit lorsque nous retournons parmi les morts, car nous pouvons l'expérimenter régulièrement pendant nos heures de sommeil. Ce type de rencontres nous est effectivement accessible chaque fois que notre Esprit quitte notre corps en repos. Nous pouvons alors rejoindre des petits groupes d'incarnés poursuivant les mêmes objectifs d'incarnation ou franchissant les mêmes épreuves. Nous bénéficions alors d'une présence lumineuse qui nous aide à mieux nous préparer à utiliser les événements prévus sur notre route. Ces rencontres se déroulent toujours dans un contexte pseudo-matériel très agréable. Il m'est arrivé plus d'une fois d'en garder le souvenir d'un milieu champêtre fleuri où des oiseaux multicolores chantent de superbes refrains. J'y ai également vu de belles balançoires à plusieurs places et de magnifiques petits kiosques qui m'ont également été décrits par d'autres personnes ayant vécu en pleine conscience ces belles expériences de sommeil.

Des réflexions personnalisées

Certains défunts qui n'ont pas à connaître la souffrance, mais qui, malgré tout, ne parviennent pas à comprendre ce qu'ils doivent faire, peuvent présenter une nette résistance à se retrouver en groupe ou à échanger avec d'autres sur leur propre vécu. Ils peuvent alors bénéficier d'un autre type de préparation où seul un Esprit guide ou parfois leur Ange gardien les accompagne dans leur réflexion. Cet accompagnement personnalisé vise les mêmes objectifs d'éveil. Il utilise les mêmes stratégies de prise de conscience et approfondit les mêmes thèmes de réflexion.

Nous pouvons cependant identifier un objectif bien distinct que l'Esprit accompagnateur introduit dans ses interventions de ce type préparatoire. Il s'agit de faire prendre conscience au défunt de son appartenance à sa grande famille de l'au-delà dont il constitue un important maillon à la chaîne d'amour qui les relie entre eux. Il doit donc, en plus, aider le défunt à se départir de son réflexe d'isolement qu'il a pu développer dans sa dernière incarnation. Le défunt retrouve ainsi le souvenir progressif des nombreux liens qu'il a tissés dans son passé et retrouve la pleine possession de ses capacités d'échange, d'entraide et de partage. Il peut alors poursuivre sa préparation avec plus de facilité et être plus rapidement en mesure de faire le bilan de sa progression.

Je viens de vous décrire brièvement les trois types d'activités préparatoires au bilan de vie que j'ai pu découvrir. Je sais que nous pourrions nous y attarder davantage, mais je crois que l'essentiel pour notre réflexion était d'en connaître l'existence et d'en comprendre l'explication.

3. LES BLOCAGES *POST MORTEM*

En prenant des nouvelles de défunts pour des personnes qui me consultaient, j'ai malheureusement souvent constaté que certains de ces trépassés semblaient n'avoir aucun accès à toutes ces possibilités que nous venons de voir. Ils me donnaient la nette impression d'être sclérosés dans une phase fort désagréable qui les isolait du processus normal de la prise en mains d'après-mort.

Le contact médiumnique avec ces Esprits était souvent difficile à établir. Certains d'entre eux cherchaient immédiatement à m'empêcher d'obtenir des informations sur leur situation, comme s'ils voulaient sauver la face devant leurs proches. Dans leur ignorance spirituelle, ils écartaient même bêtement l'aide précieuse que la prière de leurs survivants pouvait leur apporter.

Tous ces trépassés subissaient de véritables blocages *post mortem* qui les empêchaient non seulement d'atteindre la phase du bilan de vie en accédant aux possibilités préparatoires, mais aussi de s'adapter suffisamment à leurs nouvelles conditions d'existence pour s'assurer un minimum de bonheur.

Mes échanges avec ces Esprits malheureux m'ont permis d'identifier différentes causes à ces blocages. Il est important pour nous de les connaître avant l'heure du grand départ, du moins celles les plus courantes, car nous pouvons encore agir pour les empêcher de nous envahir.

***

Une cause souvent rencontrée chez ces défunts concerne le refus de couper le lien terrestre avec les proches qu'ils continuent d'aimer. Parmi eux, j'ai vu des cas où l'Esprit agissait comme s'il était propriétaire d'un être aimé. Leur entêtement aveuglé par une profonde insécurité pouvait se prolonger des mois, voire des années. Ils laissaient libre cours à leur égoïsme qu'ils n'avaient pas suffisamment maîtrisé de leur vivant. Ils pouvaient prendre alors une place tout à fait inappropriée auprès de leurs proches qui subissaient leur mauvaise volonté. Ces Esprits s'incrustaient littéralement dans leur ancien contexte de vie qu'ils refusaient de quitter, se coupant des belles possibilités à leur portée.

Voyons un exemple de ce genre de blocage. Il nous fait réaliser l'importance de bien comprendre le véritable sens de l'amour qui doit nous pousser à l'oubli de soi pour tous ceux que nous disons aimer. Il nous rappelle que l'amour est intrinsèquement généreux et qu'il ne peut être à la fois lui-même et son contraire.

UNE PRÉSENCE BIEN ÉVIDENTE

Iris n'avait jamais cru à la survie d'après-mort et encore moins aux manifestations des défunts dans notre monde matériel. Pour elle, toutes ces histoires n'étaient que des balivernes colportées par des personnes en manque d'attention. Iris n'avait aucune méchanceté, mais sa légèreté la poussait à croire qu'il ne fallait pas trop se questionner et se contenter des plaisirs offerts par la vie. Avant de vivre l'événement qui suit, elle n'aurait jamais cru qu'elle ferait un jour appel à mon aide.

Un samedi soir, lors d'une soirée dansante, elle fit la rencontre d'un jeune veuf qui lui plut dès le premier regard.

À peine dans la trentaine, Lucien avait tragiquement perdu sa jeune femme dans un accident de la route. Lui-même s'en était sorti miraculeusement indemne. Sans enfant, il considérait que sa vie avait perdu toute sa saveur. Il se rendait parfois à ce bar, espérant y trouver un autre amour qui comblerait son cœur. Le reste du temps, il le consacrait désormais à son travail qui engourdissait son mal intérieur.

Après leur soirée, Iris et Lucien convinrent de se revoir dans un endroit plus calme où ils pourraient se parler plus facilement. Ils se rencontrèrent quelques jours plus tard dans un restaurant dont la tranquillité et le cachet romantique invitaient à la confidence.

Dans un quasi-monologue, Lucien confia à Iris les grandes lignes de ses quelques années de bonheur, les détails du terrible accident qui emporta sa bien-aimée et le triste tableau de sa vie depuis son retour au célibat. Pendant qu'il parlait, Iris observa qu'il utilisait souvent l'indicatif présent en parlant de sa défunte femme. Entraînée par son sans-gêne, elle lui en fit la remarque. Lucien demeura un instant silencieux, puis se décida à lui révéler tout ce qui se passait chez lui.

Depuis son décès, la défunte n'avait cessé de manifester sa présence. Elle avait commencé à lui apparaître quelques semaines après les obsèques. Il faisait sa toilette lorsqu'il sentit une présence derrière lui. En se retournant, il aperçut avec stupeur l'Esprit de la morte qui le regardait en souriant. Ébranlé par la peur, il lui cria de s'en aller en lui enjoignant de ne plus jamais lui faire vivre de pareilles émotions. La défunte se manifesta alors dans ses rêves, qui lui semblaient de plus en plus réels. Elle lui parlait de son amour éternel et de son engagement à toujours demeurer près de lui. Lucien lui avait rappelé qu'elle était morte et que son serment ne tenait plus, mais elle s'était mise en colère en lui faisant remarquer qu'elle était toujours bien vivante. L'Esprit avait ensuite recommencé à se montrer, mais de façon moins subite. Lucien se familiarisa progressivement à vivre avec cette présence platonique. Il finit par accepter qu'elle demeurât ainsi dans sa vie, sans songer aux conséquences que cela pouvait avoir sur lui-même et sur la défunte qui refusait de prendre sa place dans son nouveau monde. La trépassée lui avait bien parlé des ouvertures de Lumière qu'elle voyait et qui l'invitaient, mais elle s'entêtait à refuser de prendre la clé de son bonheur. Comme aveuglée, elle préférait prolonger ses souffrances terrestres dans le quotidien de son ancien époux.

Iris entendait tous ces propos avec un grand scepticisme. Elle se disait que, sans doute très ébranlé par le choc de l'accident, cet homme était complètement fou.

Lorsque Lucien l'invita à venir terminer la soirée chez

lui, elle s'empressa d'accepter. Sa curiosité la poussait à constater par elle-même la folie qui s'était emparée de ce pauvre veuf. Il ne semblait pas dangereux et elle ne voulait pas manquer une pareille occasion qui lui permettrait d'éveiller ce naïf endormi.

La maison était belle et spacieuse. Le bon goût de la défunte ressortait avec beaucoup d'évidence. Le choix judicieux des couleurs et l'ensemble du décor accentuaient la richesse du mobilier qui laissait deviner son amour du beau et du confort. Iris se sentit rapidement à l'aise.

Pendant la visite de la propriété, Lucien ouvrit une immense garde-robe où les vêtements de la défunte étaient restés suspendus. Vu la présence constante de l'Esprit de son épouse, il n'avait pas osé se départir de tout ce qui lui avait appartenu. Iris sentit subitement un air frais. Sans se questionner sur les bonnes manières à suivre, elle prit un cardigan sur le support devant elle et le mit sur ses épaules.

Dès qu'elle pensa qu'il lui allait bien, des bruits forts retentirent dans toute la pièce. Des pas d'une grande lourdeur frappèrent le plancher tout autour d'Iris, comme si un être invisible voulait l'attaquer. Les cadres se mirent à danser sur les murs et tombèrent un à un. Un vent glacial se mit à souffler malgré toutes les fenêtres fermées. Une main invisible lui arracha le vêtement de la défunte. Iris se mit à crier. Une panique s'empara d'elle. La peur la figeait sur place. Lucien cria à sa femme de cesser cette colère, et Iris put se remettre à bouger. Les bruits continuaient de se manifester comme si on lui ordonnait de partir. Iris prit ses jambes à son cou et sortit de la maison. Lucien la suivit en lui disant de rester, mais il n'était aucunement question pour elle de retourner dans ce lieu maudit.

Reprenant son calme, Iris accepta que Lucien la dépose chez elle. Un lourd silence enveloppait l'habitacle de l'auto. Aucun ne prononça le moindre mot jusqu'à leur arrivée à destination. Avant de quitter son hôte, Iris s'excusa avec humilité. Elle lui avoua qu'elle l'avait pris pour un homme troublé et qu'elle croyait bien pouvoir se moquer de lui. Sans savoir pourquoi, elle lui conseilla de faire quelque chose pour que cesse ce phénomène. Cette Entité se montrait très possessive et risquait de lui empoisonner sérieusement l'existence. Elle lui rappela qu'il était encore jeune et qu'il ne pouvait laisser briser les belles années qu'il avait devant lui.

Iris ne revit plus jamais Lucien et elle ne prit plus contact avec moi. Je ne peux donc pas vous dire comment la situation de la défunte a pu évoluer. Je peux cependant vous affirmer que cette expérience aura été un élément déterminant dans la vie d'Iris. Son Ange gardien avait sagement utilisé le contexte de cette hantise pour l'éveiller à la dimension spirituelle. Iris savait désormais que la mort n'était qu'apparente et que la vie devait être prise au sérieux. Sa légèreté avait été suffisamment ébranlée pour que la Lumière jaillisse de son cœur et guide désormais sa route vers une survie plus prometteuse.

**

Il peut arriver que des défunts demeurent un certain temps auprès des leurs pour s'assurer que tout est bien en ordre et que leur départ ne fera pas trop souffrir ceux qu'ils continuent d'aimer. Ce ne sont pas nécessairement des défunts qui resteront bloqués dans leur ancien contexte d'incarnation ou qui refuseront les conseils des Esprits venus les aider. Certains présentent même un surprenant degré de lucidité. Leur présence peut alors perdurer le temps nécessaire à calmer leur inquiétude ou à régler certains détails qu'ils jugent nécessaires au bonheur de ceux qu'ils ont dû quitter. L'autorisation de leur action est alors accordée en fonction de la bienveillance et de la générosité de leurs intentions. Voyons deux cas particuliers qui nous démontrent bien le sens de mes propos :

UN BUTIN BIEN CACHÉ

Hubert avait un frère, Éric, qui avait toujours entretenu une grande méfiance envers les institutions bancaires. Il ne faisait appel à elles qu'en cas de stricte nécessité. Convaincu que les banques et même les gouvernements en savaient toujours trop sur la situation financière de chacun, il transigeait le plus souvent en argent sonnant.

Ses affaires allaient rondement et sa famille vivait heureuse, à l'abri de tous les besoins. Il avait bien des projets pour sa future retraite. Il comptait profiter du fruit de son labeur à ce moment précis de sa vie qu'il avait soigneusement programmé.

Contre toutes ses attentes, le frère d'Hubert mourut subitement quinze ans avant l'âge prévu de sa retraite. Il laissait des biens dont sa maison et ses dépendances, son auto et une bonne assurance sur sa vie, mais une importante partie de son butin se trouvait bien cachée et malheureusement personne n'en connaissait l'existence, même sa femme.

À son arrivée dans l'au-delà, Éric ne comprit pas tout de suite ce qui lui arrivait. Abasourdi par la rupture de sa corde d'argent, il pouvait plus ou moins réaliser qu'il faisait désormais partie des trépassés. C'est au troisième jour de son départ, attiré par les pensées émises à ses funérailles, qu'il prit conscience du drame que vivaient les siens.

Éric avait l'impression de sortir d'un profond coma qui se prolongeait dans un horrible cauchemar. Il voyait sa femme entourée de ses trois enfants, puis ses parents et ses amis. Tous semblaient atterrés par son soudain départ. Il lisait le chagrin dans leurs pensées. Des souvenirs lui revinrent de ce que lui-même ressentait lorsqu'il assistait à de semblables cérémonies. Une grande tristesse s'empara de lui.

Il eut l'idée de monter dans la nef de l'église pour se montrer à tous. Il gesticula, cria, sauta. Rien n'y fit. L'officiant continuait son rituel et personne ne réagissait à sa présence. Éric se dit que tout était bien fini. C'est là qu'il perçut deux Esprits très lumineux, des Initiateurs, qui le regardaient avec une grande tendresse. Il leur sourit et les salua comme il l'aurait fait de son vivant avec de purs étrangers. Sans réfléchir, il leur demanda si d'après eux il lui était possible de faire comprendre aux siens qu'il vivait toujours. Les deux Entités lumineuses demeurèrent silencieuses.

Éric s'approcha alors de sa veuve éplorée et de ses enfants qu'il ne verrait plus vieillir. Il lui faisait curieux de les voir pleurer vers le cercueil portant ses restes alors qu'il se trouvait bien vivant à leurs côtés.

Après la cérémonie, une force inconnue l'attira dans un lieu plus ou moins opaque qui lui inspira une certaine crainte. Les deux Esprits lumineux l'y attendaient. L'un d'eux lui adressa la parole. Il l'invitait à les suivre dans les ouvertures de Lumière qu'il percevait nettement tout près de lui. L'Esprit bienveillant le sécurisa par l'expression d'un amour indescriptible qui émanait de tout son être. Éric aurait bien voulu le suivre, mais une pensée insistante le retenait au monde auquel il n'appartenait plus. Éric songeait à tout l'argent qu'il avait si vaillamment gagné et économisé, et dont sa femme ignorait l'existence. Cette somme importante lui serait d'une grande utilité et il tenait à régler cette question avant de partir.

Éric tenta d'utiliser la voie des rêves pour atteindre son épouse bien-aimée. Ils échangeaient facilement pendant son sommeil. Il lui expliquait la situation, mais elle n'en gardait jamais le moindre souvenir. Il pensa utiliser le bruit ou le déplacement d'objets pour se faire comprendre, mais il craignit de faire peur aux siens et de les éloigner de sa maison.

Après plusieurs tentatives, Éric pensa enfin à son frère Hubert, qui demeurait au loin et lui avait déjà rapporté qu'il avait vu leur grand-père lui apparaître. Éric fut grandement soulagé par l'évocation de ce souvenir. Il voulut demander aux Esprits lumineux toujours présents comment s'y prendre pour se rendre jusqu'à lui, mais il comprit immédiatement que sa pensée le déplaçait là où il voulait avec la rapidité de l'éclair.

Sans savoir comment il le faisait, Éric apparut à son frère. Il lui signifia qu'il avait un important message à lui transmettre. Hubert le voyait bien, mais il ne parvenait pas à entendre un seul mot de ce qu'il lui disait.

Éric attendit alors que Hubert fût endormi pour établir le contact. Les retrouvailles furent agréables. Éric lui expliqua de nouveau ce qu'il avait tenté de lui faire comprendre. Hubert eut alors l'idée d'utiliser des images précises du lieu de la cachette et de les introduire dans un contexte de rêve qu'il espérait retenir.

Le stratagème fonctionna. Hubert garda un souvenir

tellement bizarre de son rêve qu'il le nota dès son réveil. Comme il n'en comprenait pas le sens, il fit appel à moi pour décoder ce curieux message onirique.

Sans doute inspiré par le défunt lui-même, je lui conseillai de prendre chaque élément du rêve à la lettre, sans y rechercher de symbole codé. Je lui suggérai de commencer par retrouver le lieu qu'il avait vu en rêve et de chercher sur place la boîte métallique dont il se souvenait. Comme il savait quoi chercher, il me semblait qu'il avait de fortes probabilités de réussir.

Après avoir pris ses arrangements pour s'absenter à son travail, Hubert partit pour quelques jours chez le défunt. Là, il expliqua son rêve à la veuve d'Éric. La description qu'il lui donna lui fit rapidement reconnaître l'endroit dont il parlait. Ils fouillèrent en suivant les détails que Hubert avait retenus et trouvèrent l'importante somme d'argent dans le contenant que lui avait montré le défunt.

Hubert me téléphona le jour même pour me faire part du formidable résultat de sa démarche. Il était fou de joie. Avant de raccrocher, je lui conseillai fortement de prier pour son frère qui devait maintenant entrer dans les ouvertures de Lumière pour prendre la place de bonheur dont il était méritant.

Quelques années plus tard, Hubert m'écrivit pour vérifier comment allait son frère. À l'aide d'une photographie du défunt, je pus apprendre qu'il vivait paisiblement dans les zones de bonheur et qu'il accompagnait sporadiquement les siens dans les périodes plus exigeantes de leur plan de vie. Grâce à lui, je pus obtenir de précieuses informations que je vous transmets ici globalement.

UN ACCUEIL SYMBOLIQUE

Rita m'avait téléphoné pour s'assurer qu'elle ne courait aucun danger en aménageant dans la maison de son futur époux. Elle unissait sa destinée à un homme qui avait perdu sa première femme, une grave maladie l'ayant emportée après seulement quelques années de mariage. Le mal avait été fulgurant et n'avait pas laissé le temps à Jean-Guy de se préparer à ce brusque départ dont il croyait ne jamais se remettre.

Cinq ans s'étaient écoulés depuis la mort de sa femme. Il avait continué d'habiter leur maison où s'était incrusté le souvenir de chaque merveilleux moment vécu avec elle.

Après ses années de solitude, Jean-Guy fit la connaissance de Rita. Elle lui fit redécouvrir l'amour dont il se croyait prémuni pour toujours. Pendant tout le temps de leur fréquentation, il ne l'avait jamais invitée chez lui. Une réserve intérieure l'empêchait de franchir cette étape. C'était comme si la venue de Rita pouvait profaner ce lieu qu'il voyait un peu comme un sanctuaire où se prolongeait la vie de sa bien-aimée dont il sentait la douce présence.

Leur projet de mariage lui fit bien réaliser qu'il devait changer sa façon de voir. Comme il ne voulait pas se départir de sa propriété qui répondait parfaitement à son mode de vie, il se décida à introduire Rita dans cet univers qui, avec les années, n'était devenu que le sien.

Rita acceptait bien la situation et comprenait les réserves de son amoureux. Elle se disait qu'elle aimerait bien qu'il en soit ainsi pour elle. Elle respecta donc le rythme de Jean-Guy qui finit par la faire entrer dans ce qui serait sa future demeure.

Le souper se passa admirablement bien ainsi que la soirée qui suivit. Jean-Guy apprivoisait les scrupules qui s'étaient imposés et accueillait enfin le bonheur qu'il retrouvait sur sa route.

Juste avant de partir, Rita assista à une manifestation qui lui inspira de la crainte. Elle s'apprêtait à quitter les lieux. Jean-Guy et elle échangeaient un baiser lorsqu'un important bruit cristallin de verre brisé retentit tout près d'eux. C'était comme si des coupes de cristal s'étaient fracassées sur le plancher de marbre. Il n'y avait pourtant rien de visible sur les plaques lustrées qui rayonnaient de propreté.

Rita et Jean-Guy comprirent au même moment qu'il s'agissait de la défunte qui voulait marquer sa présence. Rita quitta rapidement et Jean-Guy ne fut témoin d'aucune autre manifestation.

C'est quelques jours plus tard que Rita communiqua avec moi. Les informations que nous pûmes recevoir se voulurent sécurisantes pour Rita et encourageantes pour la défunte. C'était bien celle-ci qui s'était manifestée lors de la visite de Rita, mais ses intentions n'étaient aucunement malveillantes. Elle avait choisi de provoquer un effet sonore directement dans l'air qui imitait le bruit de coupes brisées pour symboliser la fin du lien matrimonial qui l'unissait à Jean-Guy. Elle voulait qu'il sache qu'elle acceptait la situation en brisant symboliquement les coupes de cristal de leur mariage que Jean-Guy avait soigneusement conservées. Elle était assez dégagée pour comprendre que l'existence leur imposait un éloignement temporaire et qu'elle n'avait plus à accompagner Jean-Guy dans sa douleur, maintenant que Rita était là pour panser ses plaies. Elle quittait sans amertume l'homme qu'elle continuait d'aimer et dont elle ne voulait que le bonheur.

Rita fut grandement soulagée et se dit impressionnée d'apprendre ainsi que Jean-Guy avait été marié à une femme aussi extraordinaire. Elle retenait la belle leçon d'amour dépourvu d'égoïsme et se promettait de l'appliquer à son tour dans la mesure de ses moyens. Elle voyait qu'elle succédait à une personne avancée. Elle comprenait encore mieux pourquoi il avait été si dur pour Jean-Guy de se séparer de celle qui était venue bénir symboliquement ce nouvel amour qui ne demandait qu'à grandir.

* * *

Une autre cause importante qui peut empêcher le défunt d'accéder aux possibilités évolutives de l'au-delà découle de la confusion *post mortem* qui peut donner au défunt la solide impression d'être prisonnier d'une situation d'isolement dont il ne pourra jamais se sortir. Tous ceux qui ont connu cette expérience et dont j'ai pris connaissance présentaient une grande ignorance spirituelle. Comme ils n'avaient aucune idée de la réalité d'après-mort, ils ne possédaient aucun point de référence pouvant leur indiquer un espoir de porte de sortie. Leur confusion aggravait évidemment le blocage qui en découlait. J'ai personnellement rencontré certains cas où le défunt vivait cette très désagréable situation depuis des dizaines d'années. Ces trépassés avaient tous vécu dans un environnement plus ou moins croyant qui ne pouvait leur apporter le précieux soutien de la prière.

Ces Esprits confus prenaient quand même conscience de la dimension matérielle dans laquelle ils étaient emprisonnés. Dès qu'ils pouvaient, ils tentaient rapidement de signifier aux incarnés qu'ils côtoyaient de leur venir en aide. Leur maladresse pouvait alors engendrer de grandes peurs qui donnaient des résultats opposés au but recherché.

Voyons un exemple bien précis de ce type de situation *post mortem* qui empêche le défunt d'évoluer normalement dans son nouveau monde :

UN APPEL À L'AIDE

Roger et sa femme avaient dû acheter une nouvelle maison de façon précipitée. Roger avait été transféré par son employeur dans une autre région, et toute la petite famille avait dû faire de véritables pirouettes pour s'ajuster aux délais imposés par les impératifs de son travail.

Malgré l'effet de bousculade, tout le monde avait rapidement adopté son nouveau patelin. La maison offrait beaucoup d'avantages. Belle et spacieuse, elle était très bien située. La tranquillité du quartier apportait une douceur de vivre qui rendait l'adaptation encore plus facile.

Quelques mois passèrent et la nouvelle routine s'installa sans trop de résistance. Roger était heureux de sa nouvelle situation. Au début, il croyait ne jamais parvenir à s'adapter à de si brusques changements, mais tout le monde y avait mis du sien. Roger et sa famille dégustaient le bonheur retrouvé.

Un soir, juste avant le coucher, des bruits insolites retentirent dans la maison. Roger mit immédiatement le phénomène sur le compte des premiers froids de l'hiver qui pouvaient provoquer des mouvements dans la charpente de bois. La maison était encore jeune et il était normal que des têtes de clou cèdent sous l'effet de l'expansion. Son explication rationnelle prit fin lorsqu'une ombre noire se mit à apparaître aux moments précis où des bruits retentissaient avec de plus en plus de force. Sa femme et les enfants commencèrent alors à réellement s'inquiéter.

Au bout d'une semaine, les bruits se concentrèrent au grenier. On aurait dit qu'une force invisible cherchait à attirer l'attention des nouveaux habitants de la demeure et qu'elle voulait les diriger vers cet endroit précis.

Roger attendit le jour pour monter à cette partie de la maison qu'il n'avait pas encore pris la peine de visiter. Il déplia l'échelle extensible reliée au mécanisme d'accès et monta lentement. Sa femme le suivait avec hésitation. Arrivé sur place, Roger fut surpris d'y trouver un plancher de bois franc bien fini qui recouvrait toute la surface de la grande pièce sans fenêtre. Le plafond très haut se trouvait à plus de trois mètres.

Son attention fut immédiatement portée vers un des murs. Des lettres rouges y apparaissaient. En braquant leurs deux torches électriques, Roger et son épouse lurent avec stupeur un message très inquiétant. Les mots *À l'aide! Au secours!* se lisaient distinctement. Les lettres semblaient avoir été écrites avec du sang. Au moment où ils émettaient leurs commentaires, les bruits coutumiers retentirent avec force autour d'eux. Roger et sa femme descendirent en vitesse sans se poser de questions et s'empressèrent de fermer la trappe derrière eux.

Roger téléphona à l'agent d'immeubles et lui fit part des curieux phénomènes qui se passaient dans sa maison. Son interlocuteur prit immédiatement un rendez-vous avec lui pour aller voir de lui-même ce qui se passait.

Le lendemain, le courtier arriva à l'heure convenue. Roger le conduisit au grenier. Les lettres rouges avaient disparu. Elles avaient été remplacées par des symboles inconnus dont le sens demeurait mystérieux. Les nouvelles inscriptions étaient blanches. Il ne restait aucune trace du message rouge sang.

Roger s'attendait à entendre les bruits insolites, mais rien ne vint briser le calme qui les enveloppait. Le silence semblait s'amuser à faire mal paraître Roger qui ne pouvait expliquer ce qui se passait.

Suite à l'insistante invitation de Roger, le courtier prit le temps de prendre un café. Roger espérait qu'il soit témoin des fameux bruits ou qu'il puisse apercevoir lui-même l'ombre inquiétante qui se promenait dans la maison. Tout demeura bien calme pendant le temps que dura la présence de l'agent immobilier, qui quitta en recommandant à Roger d'essayer d'enregistrer ce qu'il voyait ou entendait.

Après de multiples tentatives infructueuses pour mettre fin à leurs déboires, Roger et sa femme me contactèrent. Je leur demandai de se présenter chez moi avec des photographies de la maison et une reproduction du curieux idiome qui avait remplacé l'appel à l'aide. Lorsqu'ils arrivèrent chez moi, Roger m'apprit qu'il n'y avait plus aucune inscription dans le grenier. Tout avait disparu sans laisser aucune trace. Je compris alors qu'il devait s'agir de pseudo-matière ectoplasmique qui disparaît d'elle-même après un certain temps.

L'investigation médiumnique nous apprit qu'un Esprit était demeuré coincé dans la maison. Le défunt était en lien avec les anciens propriétaires. Sa mort tragique l'avait brutalement projeté dans l'au-delà, et son ignorance spirituelle le faisait paniquer dans cet inconnu qu'il ne pouvait pas comprendre. Sa peur l'avait attiré vers ses seuls amis qui habitaient alors la maison de Roger.

Lorsque les propriétaires avaient quitté les lieux, l'Esprit n'avait pu les suivre. Depuis, il demeurait littéralement prisonnier de ce lieu autrefois si accueillant. Sa confusion d'après-mort demeurait vive et l'empêchait de profiter de l'aide qui se présentait, mais qu'il ne comprenait pas. Il avait donc cherché du secours auprès de Roger, mais il n'avait réussi qu'à provoquer de la peur et à accentuer son isolement.

Après avoir fait une prière ensemble, j'expliquai à Roger et à sa femme ce qu'ils devaient faire pour aider le défunt inconnu à retrouver son calme intérieur et à écouter les conseils des Esprits lumineux que la prière dirigerait vers lui. Ils suivirent scrupuleusement mes recommandations et le calme revint définitivement au bout de quelques jours.

L'Esprit n'avait donc jamais eu de mauvaises intentions envers Roger et sa famille. Son ignorance spirituelle le portait simplement à augmenter son angoisse qui l'isolait inlassablement des possibilités à sa portée.

J'avais déjà vu bien d'autres cas semblables où des manifestations avaient des allures menaçantes, mais qui n'étaient que l'expression maladroite d'un simple appel à l'aide d'Esprits peu évolués ne cherchant qu'à se libérer d'une situation *post mortem* qu'ils ne pouvaient pas comprendre. Toutes ces manifestations démontraient l'importance de nous élever en spiritualité et de bien préparer notre retour que nul d'entre nous ne pourra éviter.

* * *

Nous avons mentionné précédemment que le caractère de la personne pouvait jouer un grand rôle dans la façon de réagir et de s'adapter dans l'au-delà. Or, il s'agit là d'une autre cause possible du blocage d'après-mort aux possibilités de l'au-delà et à l'accès au bilan de vie. Ainsi, la personne qui se ferme continuellement de son vivant aux connaissances nouvelles ou qui s'entête à renier la dimension spirituelle peut persévérer dans la même attitude dans son après-mort. Elle risque alors de se priver de l'aide précieuse dont elle pourrait bénéficier. Si le défunt présente en plus des tendances à l'impatience et à la colère qu'il n'a pas su réprimer ou qu'il n'a jamais respecté les personnes différentes de lui, il risque de s'isoler rapidement dans une situation très désagréable qui durera le temps nécessaire à son éveil intérieur et à son ouverture sur le nouveau monde dont il fait désormais partie. Certains défunts peuvent demeurer figés dans leur entêtement de négation pendant une période pouvant durer plusieurs années. L'aide des Esprits bienveillants demeure toujours disponible, mais ils doivent attendre que le défunt soit en mesure de l'accueillir. Voyons un cas positif qui s'est bien terminé grâce au bon tempérament du défunt, mais qui aurait pu prendre des allures fort regrettables.

SURPRIS PAR LA MORT

À vingt-huit ans, Henrick se voyait encore invincible face aux difficultés que la vie pouvait lui réserver. Sa vaillance doublée d'une superbe énergie physique héritée de son père lui faisait envisager les plus beaux défis. Henrick n'hésitait pas devant des semaines de soixante heures de travail. Étourdi par ses nombreux projets, il investissait la plus grande partie de ses journées dans tout ce qui pouvait combler ses attentes.

À travers ses nombreuses occupations, il trouva le temps de se marier avec Francine, jeune femme spirituellement mature qui lui apporta un certain équilibre dans sa vie. Avant d'unir leurs destinées, ils avaient convenu qu'ils auraient plusieurs enfants et qu'ils se mettraient à la tâche le plus tôt possible.

Lorsque Francine annonça à Henrick qu'elle était enceinte, une joie immense enveloppa le jeune couple. Francine pensa à en remercier Dieu, mais Henrick ne prit pas le temps de s'y attarder, trop obnubilé par ses tendances matérialistes. Il se disait qu'il avait largement le temps de voir à cet aspect à un moment plus opportun. La grossesse se passait bien. Henrick travaillait beaucoup. Francine devait souvent le remettre à l'ordre en lui rappelant qu'il manquait de beaux moments avec elle.

À une semaine de l'accouchement, Francine reçut un lugubre appel téléphonique. Un policier lui annonçait que son époux venait de décéder dans un tragique accident de travail. Il était mort sur le coup, sans avoir eu le temps de réagir. Francine ne pouvait croire à un tel revirement de sa vie. Tout s'écroulait.

Les trois jours passés au salon funéraire furent très éprouvants. Francine faisait fi des conseils de ses proches qui lui disaient qu'elle devait se reposer. Elle tenait à rester près de la dépouille de son homme pendant ces derniers instants où elle pouvait encore contempler les restes de celui qu'elle avait tant aimé.

La nuit suivant les funérailles, Francine reçut la visite de son défunt mari. Henrick semblait paniqué. Il lui demandait de l'aide. Il lui dit qu'il y avait plusieurs personnes méchantes qui tentaient de lui faire du mal. Il se voyait seul parmi tous ces êtres malveillants.

À ce moment, Francine sentit un contact physique bien réel. Henrick l'agrippait par les pieds comme pour revenir à elle dans le monde des incarnés. Francine sentait nettement les mains de Henrick qui serraient son étreinte. Après un bref instant, les doigts sur elle se mirent à glisser comme si une grande force tirait Henrick pour qu'il revienne dans une autre dimension. En criant, Francine demanda à Henrick ce qui se passait. Elle n'eut aucune réponse. Henrick lâcha prise. L'empreinte tactile demeura présente pendant un moment, puis le calme revint. Le silence laissa toute la place au tic-tac cadencé de l'horloge murale qui, dans sa grande indifférence, battait impitoyablement chaque seconde, éloignant un à un les moments du passé.

L'expérience traumatisa profondément Francine qui s'inquiétait pour le sort de son défunt mari. Elle le pensait en grande difficulté, confronté à des Êtres maléfiques dans un monde étrange dont il ne connaissait rien.

Les premières contractions lui rappelèrent impérativement qu'elle devait remettre à plus tard tous ses soucis. Son bébé s'apprêtait à naître et lui aussi réclamait toutes ses forces et toute sa présence. Francine accoucha trois jours plus tard. Tout se déroula sans problème. Elle eut un joli poupon resplendissant de santé dont les traits rappelaient beaucoup ceux de son père qu'il ne connaîtrait jamais dans sa vie terrestre.

Lorsque Francine me confia cette expérience, quelques années s'étaient déjà écoulées. Elle vint à moi pour mieux comprendre ce qui s'était passé, mais surtout pour s'assurer que Henrick avait trouvé la paix dans sa nouvelle forme d'existence. Francine ressentait souvent une forte impression de présence autour d'elle. Elle craignait que ce soit Henrick qui ne parvenait pas à se dégager.

Les informations qui furent autorisées apportèrent un éclairage intéressant. Lors de son décès, Henrick fut profondément ébranlé par ce qui lui arrivait. La surprise de sa mort dans un contexte aussi particulier l'avait entraîné dans une profonde négation de cette épouvantable situation. Il refusait de mourir ainsi en abandonnant Francine à elle-même avec leur bébé qu'il ne pourrait connaître. Il protestait avec rage contre toute cette injustice. Il rejetait toutes les approches bienveillantes de son Ange gardien et des Esprits initiateurs venus l'accueillir. Il leur criait de partir, leur disant qu'il n'était pas mort. Il les mettait au défi de l'empêcher de retourner près de sa femme qui devait accoucher dans les prochains jours. Cette attitude agressive éloigna les Esprits venus l'aider, mais attira à lui les Esprits du bas astral qui se délectaient de la scène. Ce que Henrick ne savait pas, c'est qu'en demeurant si près de Francine dans un tel état de pensée, il occupait directement l'espace des Esprits retardataires dont il se mettait à la portée. Ces Entités lui exprimèrent d'ailleurs assez tôt leur méchanceté. C'est là que Henrick tenta de revenir dans notre monde en faisant appel de Francine. La douloureuse expérience lui fit vite comprendre qu'il ne parviendrait jamais à aider Francine de cette manière. Lorsque Henrick réalisa enfin son impuissance et qu'il perdit toute sa rage, les Esprits lumineux purent revenir jusqu'à lui. Ils lui expliquèrent son statut de défunt et tout ce que cela impliquait pour lui.

Les Esprits lumineux accompagnèrent Henrick près de Francine, le protégeant contre l'action malveillante de quelques Esprits sombres retardataires qui s'enrageaient de le voir se prendre en mains. Henrick put assister à la naissance de son rejeton. Encore bien ancré dans sa mentalité d'incarné, il fut flatté de voir que l'enfant avait beaucoup de ressemblances avec lui, c'est-à-dire avec son corps dont il n'avait maintenant plus la possession.

La nuit suivante, il lui fut accordé d'échanger avec l'Esprit de son enfant. Francine l'accompagnait. Elle n'en garda malheureusement aucun souvenir. Ils échangèrent pendant un certain moment, puis durent se quitter, le corps du petit réclamant sa nourriture terrestre.

Henrick fut très soulagé de voir qu'il pouvait continuer à côtoyer les siens. Il suivit scrupuleusement les conseils que les Esprits lumineux lui prodiguaient. Il entra dans les ouvertures de Lumière qui se présentèrent à lui, sachant qu'il devait élever ses vibrations périspritales et travailler à son adaptation d'après-mort.

Le contact médiumnique qui permit de recevoir toutes ces informations prit fin sur cette note d'amour et d'espoir. Elle faisait comprendre encore une fois la grandeur de la générosité divine.

Francine suivit mes conseils de prière pour inviter Henrick à prendre sa place et à se consacrer à sa progression vibratoire. Plus tard, il pourrait lui signifier par la voie des rêves où il en était rendu dans son cheminement.

* * *

Une autre cause bien évidente du blocage *post mortem* aux possibilités de Lumière réside dans la méchanceté que nous pouvons entretenir et même cultiver pendant notre vie terrestre. Il est peut-être normal de pouvoir encore identifier des signes de cette faiblesse dans notre propre vie, puisque nous ne sommes rendus qu'à un niveau inférieur de l'échelle d'évolution spirituelle, mais il faut bien comprendre que nous sommes ici pour nous bonifier et combattre ces tendances au mal jusqu'à leur complète disparition. Or, le maintien des mauvaises intentions dans nos rapports avec autrui nous confère une incompatibilité vibratoire avec l'amour inconditionnel qui s'offre à nous dans notre après-mort. Nous nous condamnons donc, par nos actes et nos intentions malveillantes, à nous priver de l'extraordinaire processus d'accueil qui peut nous conduire au bonheur. Il faut toujours se rappeler que la mort ne mettra aucunement fin à notre façon d'être et de penser et que nous perpétuerons au-delà de la mort corporelle toutes les composantes de notre personnalité. Nous ne voyons ici qu'un seul exemple de ce type de blocage, mais nous verrons plus loin les traits particuliers de leurs auteurs.

UN GRAND MONSIEUR ÂGÉ

Estelle fit appel à moi pour un problème qu'elle vivait depuis quelques années. Francis, son fils de sept ans, affirmait depuis qu'il était tout petit qu'un Esprit apparaissait dans sa chambre pendant la nuit lorsqu'il avait le malheur de s'éveiller. Il le décrivait comme un homme de grande taille, qui semblait âgé, mais Francis ne pouvait vraiment l'affirmer, car des vers blancs bien vivants recouvraient tout son corps et laissaient peu de place sur son visage. Les annélides, très nombreuses, grouillaient dans ses yeux.

L'Esprit ne lui adressait jamais la parole. Il se contentait de se montrer et disparaissait dès qu'il avait réussi à inspirer suffisamment de peur pour que Francis se mette à pleurer.

La simple pensée de la vision d'horreur lui inspirait la crainte dès la tombée de la nuit. Estelle avait bien cherché à mettre fin au phénomène, mais toutes ses tentatives étaient demeurées vaines.

Lorsqu'il commença à fréquenter l'école, Francis manifesta certaines difficultés dans son comportement. Les interventions concertées du personnel et d'Estelle eurent raison du problème, mais il arrivait encore au garçonnet d'exploser littéralement lorsqu'il était à la maison. Son caractère changeait radicalement, comme s'il devenait une autre personne. Voyant que la situation ne semblait pas vouloir s'améliorer, Estelle fit appel à un psychologue qui procéda à une évaluation de l'enfant. L'intervenant conclut que Francis avait beaucoup d'imagination et que l'Esprit dont il parlait n'était que pure invention. Il affirmait que Francis avait monté toute cette histoire pour attirer l'attention et que son comportement inacceptable poursuivait le même but.

Estelle fut grandement insatisfaite de cette conclusion qui lui parut un peu trop facile. Francis lui semblait foncièrement bon et honnête. C'était comme si une transformation s'opérait en dehors de son contrôle et qu'il devenait une autre personne. Quant à ses peurs nocturnes, la réaction de panique qu'elle observait depuis tant d'années ne pouvait la faire douter de la véracité de ce que son enfant lui rapportait.

En questionnant Estelle, j'obtins d'importantes informations qui m'indiquèrent deux pistes intéressantes qu'il fallait étudier. D'abord, je sus qu'elle avait fait régulièrement du Ouija lorsqu'elle avait une vingtaine d'années. Elle avait cessé cette dangereuse activité par crainte des manifestations qui s'étaient faites de plus en plus envahissantes autour d'elle. Elle me dit également que ces manifestations se répétaient encore à l'occasion. Elle éprouvait alors une grande fatigue qui pouvait se prolonger pendant plusieurs jours.

J'appris ensuite que son conjoint s'était suicidé lorsque Francis avait trois ans. Une profonde dépression reliée à la consommation de prétendues drogues douces l'avait poussé au geste irréparable, laissant Estelle seule pour voir à ses propres besoins et à ceux de l'enfant.

Je demandai à Estelle de me faire parvenir une photo d'elle, du jeune Francis et de son défunt mari. Je lui confiai en même temps l'importante tâche de prier son Ange gardien pour qu'il m'aide à obtenir les informations qui pouvaient résoudre son problème.

Nous pûmes rapidement éliminer le défunt. Il souffrait beaucoup dans l'au-delà, mais il commençait à percevoir des lueurs dans son cœur. Il ne retenait aucune amertume envers les siens et regrettait profondément d'avoir gaspillé du précieux temps dont il s'était rendu coupable par sa légèreté et son égoïsme. Je me centrai donc sur les lointaines expériences de médiumnité dont Estelle m'avait parlé.

Les photos montraient clairement la présence de l'Entité décrite par Francis. L'Esprit se montra dans toute sa noirceur. Il se voulait impressionnant, mais je ne sentis aucune réelle menace envers moi.

Je demandai à Dieu de me protéger et d'autoriser mes Amis de Lumière à me donner les informations dont j'avais besoin pour qu'Estelle et Francis puissent poursuivre leur route terrestre dans la paix et l'harmonie.

Je fus grandement surpris d'apprendre qu'il y avait un certain lien entre les deux pistes que j'avais retenues. Lorsque Estelle s'amusa à jouer au Ouija plusieurs années auparavant, elle ouvrit sans le savoir une brèche d'énergie pseudo-matérielle qui la reliait en permanence aux Esprits qu'elle invoquait et qui se présentaient à elle sous de fausses identités. Un lien subtil s'était tissé tel un fil qui permettait aux Esprits hypocrites de l'atteindre en tout temps. Lorsqu'elle cessa ses activités d'apprenti médium, les manifestations cessèrent, mais le lien négatif demeura bien en place. Estelle était toujours reliée au bas astral. Comme elle ne priait jamais et qu'elle négligeait sa spiritualité, sa porte leur était ouverte et ils en profitaient dans la pleine mesure que leur avait donnée son imprudence.

Ce sont ces mêmes Esprits retardataires qui stimulèrent son conjoint à se suicider. Comme la drogue qu'il consommait abaissait le niveau vibratoire de son périsprit, ils avaient le champ libre pour l'atteindre directement dans ses pensées. Ils savaient très bien que le malheureux n'avait pas les acquis pour leur résister et ils s'amusèrent à l'entraîner dans la mort parmi eux dans les zones de l'astral de souffrance.

L'Esprit aux vers blancs qui hantait les nuits du jeune Francis provenait donc de cette source. Lorsqu'il s'était montré un bref moment lors de la lecture de photo, il aurait bien aimé que cela ne se fasse pas, mais les Esprits de Lumière venus nous aider l'avaient obligé à trahir sa présence. C'était bien un Esprit malicieux. Il avait conservé l'hypocrisie et la lâcheté qui avaient caractérisé ses dernières incarnations. Voyant la médiumnité de Francis, il s'en était pris à lui. Il inspirait directement l'enfant à piquer des colères et à se désorganiser pour la moindre frustration. L'Esprit cherchait à empoisonner l'existence d'Estelle. Elle avait eu l'audace de mettre fin à leurs échanges de jadis et elle devait encore en payer le prix.

J'avais déjà vu ce genre de vengeance exercée par des Esprits sombres invoqués par le Ouija que les utilisateurs ignorants tentent de chasser. La *Prière pour mettre fin aux hantises* que je donne dans deux de mes livres antérieurs s'était alors avérée d'une très grande efficacité. J'expliquai donc à Estelle ce qu'elle devait faire et lui conseillai de ne pas négliger la dimension spirituelle dans sa vie. Elle était très concernée par cet aspect et elle devait sérieusement en tenir compte.

Les manifestations cessèrent rapidement, et Estelle fut heureuse de m'en faire part, mais je lui rappelai que le lien subtil que ses expériences de jeunesse avaient créé était peut-être encore intact et qu'elle devrait donc toujours se montrer très vigilante.

$$* * *$$

Le suicide est une autre triste cause de ce blocage d'après-mort qui se rencontre malheureusement de plus en plus souvent chez nos défunts. Comme nous l'avons vu abondamment dans tous mes autres ouvrages et particulièrement dans mon dernier livre, le suicide constitue une grave erreur dont les conséquences sont très lourdes pour son auteur. Mettre fin volontairement à nos jours constitue un véritable rejet de la bonté divine qui avait bien voulu nous donner la possibilité de nous reprendre en main dans notre progression spirituelle. C'est comme si nous lancions au visage de l'être aimé le cadeau d'amour qu'il nous a donné.

Nous avons vu que la miséricorde divine était sans limites et que nous étions tous pardonnés à l'avance par Dieu. Mais nous savons maintenant qu'un gros problème de pardon peut apparaître à notre propre niveau face à soi-même. Or, le suicide, comme le meurtre sous toutes ses formes, entraîne une difficulté particulière à se libérer de la culpabilité qui en découle et qui génère beaucoup de dettes à affranchir. Le suicidé se plonge donc par sa mort volontaire dans un douloureux processus de libération et de rachat qui peut s'échelonner sur de nombreuses incarnations de souffrance.

Il en assume les regrettables conséquences dès les premiers instants de son après-mort. Une grande partie des suicidés se retrouvent directement dans l'astral inférieur de notre monde d'incarnation. Ils s'y projettent eux-mêmes par leurs propres pensées. Ils y végètent dans un contexte de pseudo-matière opaque qui reconstitue le lieu de leur mort. Ils y demeurent jusqu'à ce qu'ils comprennent qu'ils doivent continuer la route qui mène jusqu'à Dieu.

Dès son arrivée dans l'outre-tombe, le suicidé retrouve la pleine connaissance de son plan de vie et des leviers que l'avenir lui réservait. Il reçoit l'écho des souffrances qu'il a engendrées. Des sentiments de honte, d'impuissance et de regret accentuent le chagrin dont il croyait se libérer. Une indescriptible sensation de brûlure provoquée par l'écoulement de son fluide animalisé demeuré intact depuis la rupture volontaire de sa corde d'argent amplifie le malaise général de son état sans repos qui lui semble infini.

Évidemment, nous comprenons bien que cette situation lui bloque complètement l'accès aux sublimes possibilités de l'au-delà. Il y parviendra, mais le processus nécessitera une importante libération intérieure que plusieurs n'atteignent qu'après une très longue période. Ceux qui s'en sortent plus vite sont ceux qui peuvent bénéficier de la prière de leurs survivants et qui s'ouvrent à leur propre pardon. Les conseils des Esprits bienveillants peuvent alors les atteindre et les guider vers les solutions qu'ils devront envisager.

Mes expériences médiumniques m'ont déjà mis en présence de suicidés qui demeuraient près des leurs. Ils semblaient moins envahis par la noirceur qui attirait les autres dans les zones sombres du bas astral, mais ils n'en demeuraient pas moins aussi malheureux. Leur incapacité à se prendre en mains les isolait de toutes les possibilités qu'ils ne pouvaient percevoir.

Le premier cas que je partage avec vous donne une bonne idée du genre de blocage que les suicidés peuvent subir.

UNE GRAVE MALADIE

Jacinthe avait connu une vie conjugale très difficile. Aussi, douze ans après la mort de son époux, elle croyait encore fermement qu'elle ne s'unirait plus jamais à un autre homme. Sa leçon avait été sévère et elle en conservait d'amers souvenirs qui l'éloignaient de tous ceux qui l'approchaient.

Son plan de vie n'avait cependant pas encore dit son dernier mot. Jacinthe rencontra quelqu'un lors d'une activité sociale qu'elle ne pouvait éviter. Malgré ses ferventes résolutions, elle se laissa charmer par cette nouvelle connaissance qui lui paraissait bien convenable. Au fil des mois, elle trouva de plus en plus dommage de mettre fin à cette agréable compagnie qui meublait sa trop longue solitude. Elle laissa donc parler son cœur et accepta de partager sa vie avec son nouvel élu.

Jacinthe connut trois années de bonheur. Il arrivait à son bien-aimé d'exprimer parfois une jalousie agaçante, mais il ne faisait rien qui aurait pu la faire vraiment souffrir.

La lune de miel prit fin brusquement lorsque son nouvel époux apprit qu'il était gravement malade. Il souffrait d'un mal sournois qui pouvait l'amener à subir une grande perte de son autonomie. L'homme dévasté par la sombre nouvelle ne pouvait supporter l'idée de perdre ses moyens et de dégénérer lentement vers la mort.

Un après-midi, en arrivant de faire ses emplettes, Jacinthe trouva son bien-aimé étendu sur le plancher du sous-sol. La scène était horrible. Il y avait du sang partout. Le désespéré s'était fait exploser la tête à l'aide d'un fusil de fort calibre. Il ne restait plus rien de son visage.

De difficiles années suivirent ce drame qui avait gravé de douloureuses images dans la mémoire de Jacinthe. Souvent, l'affreuse scène remontait à la surface, ravivant des émotions qu'elle tentait d'endormir pour toujours. Après cette longue période où le temps semblait s'être arrêté, Jacinthe connut un autre homme, Pierre, dont elle tomba amoureuse.

Dès que le nouveau venu aménagea dans la maison de Jacinthe, des manifestations commencèrent. Des bruits de pas lourds venaient troubler leur sommeil. De grands coups impressionnants retentissaient dans les murs à toute heure du jour et de la nuit. Jacinthe pouvait à peine dormir. La présence invisible l'éveillait dès qu'elle sombrait dans le sommeil. Son conjoint était paralysé par la peur et parlait de partir, d'autant plus qu'il retrouvait la paix dès qu'il quittait la maison.

Évidemment, Jacinthe fut vite convaincue que le suicidé lui exprimait sa jalousie et qu'il cherchait à l'éloigner de son nouveau compagnon de vie, mais notre investigation médiumnique apporta une importante nuance.

Le défunt était bien l'auteur de cette hantise qui empoisonnait l'existence de Jacinthe, mais il s'agissait beaucoup plus d'un appel à l'aide que d'une crise de jalousie. Depuis son décès, l'Esprit du suicidé était resté coincé dans la maison. Il y demeurait comme dans un tombeau. Ne percevant qu'un vaste néant tout autour, il ne pouvait pas sortir de ce lieu. Jusqu'à l'arrivée de Pierre, la pensée de Jacinthe était complètement tournée vers lui, ce qui apaisait les souffrances soutenues qui le grugeaient littéralement dans tout son être. Le défunt voyait la douleur qu'il avait engendrée autant pour lui que pour sa bien-aimée. L'écoulement de son fluide animalisé le faisait grandement souffrir. Plus encore, dans sa lucidité retrouvée, il voyait que l'avenir réservé par son plan de vie n'était pas aussi terrible qu'il l'avait cru. Il avait tout brisé en croyant se libérer et il n'avait réussi qu'à se condamner davantage.

L'union de pensée avec Jacinthe était donc une véritable bouée de sauvetage pour lui, et l'arrivée de Pierre l'isolait dramatiquement. Il chercha alors à signaler sa présence à Jacinthe pour qu'elle puisse renouer avec lui.

Jacinthe adressa les prières pour que prennent fin toutes les manifestations, mais elle le fit en demandant aux Esprits lumineux de venir en aide au pauvre suicidé qui semblait laissé à lui-même. Le calme revint définitivement. Jacinthe pria beaucoup pour le désespéré, mais il avait encore de lourdes étapes à franchir avant de retrouver sa liberté.

***

Le cas suivant nous démontre bien dans quel état d'impuissance se plonge le suicidé par sa mort volontaire. Même pour ceux qui peuvent conserver un certain niveau de conscience du vécu de leurs survivants, la capacité d'agir auprès d'eux demeure complètement annihilée. Ils assistent donc passivement à la souffrance dont ils sont directement ou indirectement la cause. Leurs tourments s'en trouvent augmentés et les éloignent encore plus de ce qui pourrait les libérer.

LES MAINS LIÉES

Lorsque Sylvette fit appel à moi, elle supportait la présence indésirable d'un Esprit malveillant qui lui empoisonnait l'existence depuis plus de trente-deux ans. Elle s'était presque habituée à ses intrusions impromptues dans sa vie de tous les jours où l'Invisible malicieux se faisait un malin plaisir à lui gâcher ses joies et accentuer ses peines. Au cours de ces années rendues difficiles, Sylvette, ayant à lutter contre un mauvais sort qui faisait de sa vie un véritable défi, s'était renforcée malgré elle sur bien des rapports.

La béquille psychologique qui permettait à Sylvette de tenir le coup était sa profonde conviction que la hantise qu'elle subissait provenait de son défunt mari. Il s'était suicidé à la suite de plusieurs disputes ravageuses qu'il ne pouvait plus supporter. À peine une semaine s'était écoulée depuis son décès lorsque Sylvette se rendit compte qu'elle faisait l'objet d'attaques sournoises qui ne provenaient pas de notre monde.

Pendant ces trente-deux ans, Sylvette pria régulièrement pour le repos de son défunt mari, mais ses demandes semblaient sans effet. Elle avait beau s'adresser directement à lui, le conseiller sur ce qu'il devait faire, lui ordonner de partir, rien ne parvenait à mettre fin à cette hantise de plus en plus difficile à supporter.

L'échec de ses prières et des interventions médium-

niques qu'elle avait tentées la convainquit progressivement qu'elle ne s'en sortirait jamais. Aussi, lorsqu'elle
arriva chez moi, ne prenant même pas la peine d'espérer régler son problème, elle ne voulut que s'assurer de
l'identité de son assaillant.

Le contact médiumnique ne fut pas facile à établir. Les
premières images me présentèrent le défunt couché dans
son cercueil. Je fus tout de suite surpris que ses mains
ne soient pas visibles. Je décrivis ses habits. Sylvette me
confirma qu'il s'agissait bien de ceux qu'il portait dans sa
tombe. À peine eut-elle terminé son dernier mot que le
défunt se mit à bouger. Il se tourna sur sa gauche et me
montra son dos. Ses deux mains étaient attachées derrière son corps. Je fis part de ce curieux détail à Sylvette
qui m'exprima sa grande surprise. Elle me dit alors que,
dans ses périodes de prière pour mettre fin aux hantises,
elle entendait immanquablement dans ses rêves le mot
attaché dont elle ne parvenait pas à saisir le sens.

Nous reçûmes rapidement la confirmation que son
défunt mari n'avait jamais cherché à se venger d'elle.
Bien au contraire, il voyait clairement depuis sa mort sa
grande part de responsabilité dans leur mésentente. Dès
son arrivée dans l'au-delà, il avait su que son orgueil et son
égoïsme l'avaient aveuglé au point qu'il ne pouvait plus
apprécier l'amour sincère de Sylvette ni voir les efforts
qu'elle déployait pour harmoniser leur union. Son suicide
avait été une grave erreur qu'il ne pouvait malheureusement réparer, et les déboires que sa veuve subissait et
qu'elle lui attribuait le torturaient dans son impuissance
générée par son départ volontaire. Il recevait bien toutes
les prières de Sylvette et désirait fortement lui venir en
aide, mais il avait les mains liées devant les souffrances de
sa bien-aimée dont il se sentait grandement responsable.

Dès que je compris que l'auteur de la hantise n'était pas le mari de Sylvette, je demandai à mon Ange gardien si nous pouvions connaître son identité et savoir comment l'empêcher de semer la souffrance. Jugeant sans doute que le mal avait assez duré en fonction des objectifs d'évolution de Sylvette, les Esprits de Lumière obligèrent le responsable à se montrer. Il s'agissait en fait de trois Esprits très sombres qui m'exprimèrent leur rage à devoir se dévoiler.

Sylvette apprit que, peu de temps après le décès de son époux, elle avait tenté de le rejoindre pendant ses heures de sommeil dans des zones interdites aux incarnés. Elle avait naïvement passé outre aux conseils judicieux des Esprits lumineux venus jusqu'à elle. Non seulement sa tentative s'était-elle avérée inutile, mais encore elle avait ouvert une brèche aux trois Esprits du bas astral qui purent ainsi la suivre jusque chez elle. Comprenant vite la situation qu'elle vivait, ils avaient finement utilisé l'identité du défunt pour laisser libre cours à leurs pulsions malveillantes. Son Ange gardien voyait tout cela et recevait bien ses prières, mais l'infraction des règles immuables commise par sa protégée limitait sa marge de manœuvre. Il ne pouvait intervenir que pour s'assurer que les limites du plan de vie de Sylvette soient respectées.

Sylvette put utiliser la prière pour contrer les hantises qui rétablit définitivement la paix dans son quotidien. Quant à son défunt mari, il pouvait maintenant voir à sa montée. La pente se voulait rude et exigeante, mais il avait suffisamment compris pour réussir les étapes de rachat qui se présentaient devant lui.

Avant de quitter mon bureau, Sylvette me confia qu'elle ressentait la désagréable impression d'avoir été perdante pendant toutes ses années, mais je lui rappelai qu'en réalité, elle en sortait très enrichie, car elle avait su en profiter pour grandir dans sa spiritualité.

CHAPITRE VII

LA SURVIVANCE DE L'AMOUR

Lorsque papa eut terminé son bilan d'incarnation, il devint en pleine possession du souvenir de toutes ses antériorités. Il savait maintenant qui il avait été autrefois et qui il était réellement aujourd'hui. Il voyait d'où il était parti, où il en était rendu et vers où il pouvait se diriger.

Le recouvrement de toutes ces données lui permit de reconnaître tous ceux qui formaient la grande famille d'amour dont il faisait partie. Il vit comme elle s'était agrandie au fil des incarnations et des périodes d'*erraticité* successives. Il revit ceux qui avaient été ses pères, ses mères, ses frères et ses sœurs. Parmi eux, il reconnaissait ceux qui avaient été ses enfants, ses voisins, ses amis. Tous partageaient la même intensité d'amour qui les unissait. Ils formaient une véritable cellule vivante qui était elle-même une partie prenante et constituante de la grande famille humaine du cosmos éternel. Plusieurs partageaient déjà son ciel, d'autres poursuivaient leur route dans la chair formatrice. Tous se rejoindraient plus tard au terme des plans autorisés.

Le renouement avec sa grande famille d'amour de l'au-delà le ramena directement auprès de sa tendre épouse qui venait tout juste de rejoindre dans l'après-mort. Il avait dû la quitter à peine après son arrivée alors qu'elle commençait sa période d'adaptation. Maintenant qu'il avait terminé son bilan de vie, il pouvait l'accompagner dans la découverte de sa nouvelle réalité.

Maman se retrouvait encore en plein cœur du contexte adapté à ses croyances, que nous avons vu précédemment et qui la plongeait dans le scénario d'un ciel contemplatif où les Esprits heureux ne faisaient que louanger Dieu dans Sa grandeur.

C'est en voyant papa la rejoindre qu'elle se questionna sur son absence. La lumière qui se dégageait du périsprit de papa lui faisait bien voir qu'il était aussi beau que ceux qui priaient et chantaient avec elle. Il lui parut donc bien curieux qu'il n'ait pas toujours été avec eux. Ce questionnement ouvrit une porte à des Esprits lumineux qui s'approchèrent d'elle. Une foule de questions vinrent alors à son esprit. Elle comprit subitement qu'il devait y avoir bien d'autres façons de rendre grâce à Dieu et de vivre le bonheur dont elle était tellement méritante.

À cet instant, papa la prit par la main et l'invita à le suivre. Les chants angéliques continuaient à les envelopper de leur effluve céleste, mais ce qu'il y avait autour d'eux se modifiait.

Sans aucun choc, dans le respect total de son rythme d'éveil, maman put redécouvrir le véritable monde de l'au-delà dont elle reconnut progressivement toute la familiarité. Accompagnée de celui qu'elle avait tant aimé, sécurisée par toute la force qu'elle retrouvait de nouveau en lui, elle se laissait guider dans les belles vibrations lumineuses des mondes de bonheur qu'elle côtoierait.

La joie qu'elle ressentait déjà depuis son arrivée s'amplifiait davantage en comprenant qu'elle pourrait continuer à être active et à se dévouer comme elle aimait tant le faire de son vivant.

Trois semaines s'étaient écoulées depuis son retour dans l'au-delà. En pleine possession de sa conscience, maman vint nous faire signe de sa présence, puis retourna dans les vibrations de bonheur.

Lorsqu'elle se rendit compte qu'elle ne pouvait pas réellement partager son temps d'après-mort avec mon père, elle demanda à son Ange gardien ce qu'elle devait faire pour que cela devienne possible. Son Guide lui expliqua alors qu'elle devait d'abord procéder à son bilan de vie. Elle se laissa donc guider par l'élan d'amour qui la reliait toujours à son bien-aimé et suivit judicieusement les conseils qui lui étaient prodigués.

Je ne peux malheureusement vous décrire les activités préparatoires qu'elle dut faire, ni leur durée, mais je pus au moins savoir qu'elle procéda rapidement à son bilan de vie et que par la suite elle rejoignit définitivement mon père, qui avait encore une fois dû momentanément la laisser à son propre cheminement d'après-mort.

Nous verrons plus loin comment ils ont pu reprendre une forme très intéressante de vie commune scellée par l'amour inconditionnel au partage infini.

***

Comme nous le voyons, la mort corporelle ne met aucunement fin à l'amour que nous semons au fil des incarnations. L'attirance spirituelle demeure intacte et continue d'unir les âmes compatibles. La situation vécue par mon père et ma mère nous le démontre clairement pour ce qui concerne les couples amoureux, mais il en est ainsi pour l'amour reliant les parents à leurs enfants, ces derniers à leur fratrie et tous à leurs amis. En fait, l'amour sincère n'a jamais de condition et encore moins celle de l'existence corporelle.

Il est bien certain que la survivance de l'amour apparaît évidente pour le médium qui entre en contact direct avec l'au-delà, mais il existe également d'autres manifestations de cette évidence qui sont à la portée de toute personne qui veut bien en reconnaître le message lorsqu'il lui est envoyé.

Voyons ensemble quelques-uns de ces signes qui démontrent bien que nous continuons d'aimer nos proches au-delà de la mort apparente.

UN MESSAGE INATTENDU

Jeannine m'avait consulté pour avoir des nouvelles de sa mère dont elle n'avait pu terminer le deuil malgré les trois ans qui s'étaient écoulés depuis son décès. Elles avaient toujours été très proches l'une de l'autre. Au plus loin que pouvaient remonter ses souvenirs, Jeannine voyait une fine complicité avec cette mère merveilleuse qui lui servait encore de modèle dans ses relations avec autrui.

Le contact médiumnique s'établit rapidement. Nous apprîmes dès le début tout le bonheur qu'elle vivait dans son après-mort, récoltant en pleine abondance la moisson de ses semences d'amour, de dévouement et de générosité qui avaient caractérisé toute sa vie terrestre.

Nous nous informâmes ensuite du sort que vivaient d'autres défunts restés chers au cœur de Jeannine.

Depuis le début de la séance, une rose bien définie se présentait à moi. Elle était toute blanche. Des filets d'or traçaient le contour de chacun des pétales. On aurait dit une fleur annonçant un mariage. Au début, je croyais qu'il s'agissait d'un message d'amour que le défunt qui se présentait envoyait à Jeannine, mais, comme la même image revenait sporadiquement à chacun des trépassés sur qui je m'informais, je compris qu'elle apportait une autre signification.

Je décrivis donc à Jeannine avec le plus de précision possible la rose qui se montrait à moi. J'en fis même une maladroite esquisse pour mieux concrétiser ce que je voyais. Jeannine ne pouvait malheureusement comprendre le sens à y donner et, comme je ne recevais aucune explication, elle me quitta en apportant cet énigmatique message que nous ne pouvions déchiffrer.

Le lendemain, piqué par la curiosité, l'époux de Jeannine s'informa du déroulement de sa consultation. Elle lui fit part de sa grande satisfaction en lui parlant des messages reçus de ceux qu'elle continuait d'aimer. Elle prit ensuite de quoi écrire et dessina la mystérieuse rose blanche que je lui avais décrite. Elle lui expliqua que l'image de cette fleur était apparue sporadiquement pendant tout le temps qu'avait duré la séance sans en recevoir la moindre explication.

Paul perdit le petit sourire moqueur qui traduisait bien le peu de sérieux qu'il accordait à ce genre d'expérience. L'expression de son visage fit rapidement comprendre à Jeannine que le message s'adressait à lui et qu'il en connaissait tout le sens. Elle le questionna sans attendre, curieuse de décoder cet intrigant symbole.

Paul en était à son deuxième mariage. Il avait vécu quelques années d'un bonheur intense avec une première épouse qu'il n'avait jamais cessé d'aimer. Elle mourut tragiquement dans un accident de la route, le laissant veuf alors qu'il était encore dans la vingtaine. C'est quelques années plus tard qu'il rencontra Jeannine. À cette époque, il ne croyait toujours pas connaître à nouveau l'amour, mais la vie lui avait réservé un second souffle de bonheur. Au début, il envisageait cette autre union avec une certaine crainte dont il fit part à Jeannine avec son honnêteté habituelle. C'est qu'il aimait toujours sa défunte qu'il ne parvenait pas à oublier et craignait que Jeannine puisse en souffrir. Celle-ci accepta cependant la situation. Elle n'y voyait pas un empêchement à vivre leur propre bonheur, mais plutôt l'expression d'une véritable capacité d'aimer au-delà de toutes les limites matérielles. Ils choisirent donc d'unir leurs destinées avec leurs bagages de joies, de peines, de connaissances et d'ignorance qu'ils voulaient à tout prix partager.

Paul expliqua à Jeannine que le dessin qu'elle lui décrivait correspondait à l'image apparaissant sur la carte mortuaire de sa première épouse. Une rose blanche dont la bordure des pétales était soulignée par de la dorure y apparaissait. Envahi par l'émotion, Paul avait décidé de reprendre l'image de cette rose qu'ils avaient choisie ensemble pour le parchemin d'invitation à leur mariage. Il voulait ainsi exprimer à sa défunte que son serment d'amour tenait toujours au-delà de la mort qui les avait temporairement séparés.

Paul avait presque oublié ce détail si important à cette époque lointaine. Le message tout à fait inattendu lui rappelait que, malgré cet amour dorénavant platonique qu'il avait toujours conservé, il pouvait aimer Jeannine avec autant de profondeur et de passion. Il comprit encore plus clairement la grandeur de l'amour dont la source intarissable pourrait unir l'humanité tout entière. Il vit dans toute son évidence que la survie d'après-mort ne mettait aucunement fin aux liens qui nous unissaient ici-bas, et il comprit d'un seul coup que nous avions intérêt à les cultiver dans l'amour.

Lorsque Jeannine me téléphona pour me donner la clé de l'énigmatique message, elle me fit part de la grande reconnaissance que Paul lui demandait de me transmettre en son nom. Cette expérience lui avait confirmé au-delà de ce qu'il croyait possible que ses espérances étaient fondées.

SA MÈRE LUI MANQUAIT

À l'âge de cinq ans, Marie vécut une extraordinaire expérience qui la marqua pour toute sa vie. Le caractère hautement révélateur des liens que nous entretenons avec nos défunts se grava dans sa mémoire avec une grande fidélité. Il allait devenir un élément majeur de sa motivation à surmonter les obstacles et à foncer droit devant elle à chaque étape de sa vie.

Marie vivait dans un orphelinat depuis l'âge de trois ans. Ses parents étaient décédés dans un tragique accident qui la laissait seule dans la vie. Se voir définitivement séparée de ses parents pour le reste de son existence lui imposait une situation tragique et épouvantable dont elle ne pouvait s'échapper.

Son adaptation à la vie austère de l'orphelinat fut très difficile. Se retrouver subitement parmi des étrangers, privée de l'amour dont elle avait été entourée, la plongeait dans un contexte cauchemardesque dont elle ne pouvait entrevoir la fin. Son bonheur d'enfant semblait terminé. Elle pourrait connaître des joies, mais la féerie de son enfance avait été enterrée avec la dépouille de ses parents.

Deux ans s'étaient écoulés depuis son arrivée. Elle avait développé certaines amitiés avec d'autres enfants du même âge. La plupart des religieuses étaient gentilles, mais Marie se sentait toujours à l'étranger, loin de sa vie, privée des siens.

Un soir, alors qu'elle ne parvenait pas à s'endormir, elle pensa à sa mère avec encore plus d'intensité. Elle revoyait son sourire dans toute sa tendresse, entendant à nouveau sa voix douce au timbre calme et patient. L'odeur de son parfum discret, portée par les souvenirs qui ne voulaient pas s'effacer, revenait en elle. Un chagrin bien enfoui remonta jusqu'aux larmes de ses yeux d'enfant. Elle ne put retenir l'émotion qui ne cherchait qu'à sortir. Elle implora sa mère de venir la chercher et de l'amener avec elle dans le ciel de bonheur sans fin.

À cet instant, Marie vit bien clairement sa mère se matérialiser juste à côté de son lit. Elle portait les mêmes beaux vêtements que Marie avait vus sur elle dans son cercueil. Sans dire un mot, sa mère s'approcha. Elle fit un tendre sourire à Marie qui reconnut le bel amour maternel dont elle avait gardé le souvenir. La défunte prit les couvertures qui recouvraient à peine la petite Marie et les remonta jusqu'à son cou. Elle se pencha douce-ment sur elle et lui donna un doux baiser sur le front. Ce contact qui lui manquait tant sécha les dernières larmes qui perlaient sur ses joues. La mère de Marie disparut au moment où la petite s'endormit.

À son réveil, Marie s'empressa de raconter ce qui lui était arrivé. Bien peu y portèrent une véritable attention, mais cela n'avait aucune importance pour elle. Malgré ses cinq ans, la fillette avait bien compris que la mort trompeuse n'était qu'apparente. Elle savait dorénavant qu'elle ne serait jamais réellement seule. Sa mère et son père continuaient de vivre près d'elle dans une dimension invisible et ils continueraient de l'aider dans les années futures.

À partir de cette expérience, la vie de Marie se transforma. Son éveil spirituel décupla au-delà des limites de son jeune âge et la poussa à toujours se dépasser.

Au moment où j'écrivais ces lignes, Marie était déjà plusieurs fois grand-mère. Elle ressentait encore la même émotion en se rappelant cette extraordinaire expérience qui fut un véritable tremplin à la réussite de son plan de vie. Elle en transmit la richesse à ses enfants, puis à ses petits-enfants pour qu'ils sachent eux aussi que la destruction corporelle ne mettait jamais fin aux liens qui nous unissaient pendant la vie et bien au-delà de la mort.

***

D'autres signes peuvent nous demander une certaine analyse pour en saisir le message. Il faut alors ouvrir son cœur pour l'accueillir et faire les réflexions qui pourraient s'imposer pour en comprendre la richesse. Voyons un exemple de ce type de manifestation où le défunt démontre symboliquement la survivance de son amour envers les siens :

IL TIENT SA PROMESSE

Simon avait initié son intérêt pour tout ce qui touche à l'après-mort par les histoires que son père racontait dans les soirées de famille. Celui-ci affirmait avoir reçu dans sa vie la visite de plusieurs défunts venus le saluer avant de partir définitivement dans le monde des morts. Ses talents de conteur retenaient toujours l'attention de son auditoire qui ne se lassait jamais de réentendre ces contes dont se dégageait une surprenante crédibilité.

Chaque fois, sa mère réprimandait son père, lui rappelant qu'il faisait peur aux enfants dont l'imagination amplifiait la portée de toutes ces histoires. Elle disait ne pas porter réellement foi aux propos de son tendre époux qui s'en amusait, mais il arriva souvent à Simon d'observer chez sa mère, surtout le soir, des signes évidents de sa crainte intérieure qu'elle cachait bien.

Simon grandit avec une certaine appréhension des défunts, mais il continua à développer un intérêt grandissant pour les questions spirituelles. Cette passion le dirigea vers de nombreuses lectures. L'accroissement de ses connaissances fit taire progressivement les craintes qu'il entretenait, car il comprit de mieux en mieux que la mort n'était qu'une étape de la vie qui ne détruisait que le corps périssable. L'idée de conserver après sa mort sa pleine personnalité, avec tous ses souvenirs et tous les liens d'amour qu'il tissait dans sa vie terrestre, le rendait plus serein face aux exigences de son quotidien. Il trouvait un sens à tous ses efforts dont il ne perdrait jamais les fruits.

Un jour, Simon reçut une bien mauvaise nouvelle. Son père bien-aimé était gravement malade. L'homme avait réuni ses cinq enfants pour leur faire part de son état. Un grave cancer déjà très avancé ne lui laissait que quelques mois d'espérance.

Simon écouta le discours de son père avec beaucoup d'émotion. Un grand chagrin l'empêchait de lui dire d'emblée tout l'amour qu'il avait pour lui et la grande reconnaissance qu'il ressentait pour tout ce qu'il lui avait apporté.

Un des frères de Simon plongea dans les souvenirs qu'il avait conservés de son enfance. Il parla à son père des belles histoires qu'il leur racontait et qui lui faisaient si peur lorsque venait le temps de s'endormir. Le paternel en sursis prit alors un air très sérieux. Il les regarda un à un et leur affirma devant Dieu que tout ce qu'il racontait était vrai. Il leur précisa que son but n'avait jamais été d'amuser, mais bien d'éveiller en eux la conscience de leur dimension spirituelle. Il n'avait jamais eu le raffinement nécessaire pour en expliquer le processus mis en cause ni la nature exacte des phénomènes qu'il vivait, mais il avait voulu partager, dans la mesure de ses moyens, ses expériences particulières qui tendaient à démontrer la réalité de la survie d'après-mort. En fait, le père de Simon possédait tout simplement une médiumnité que ses proches défunts utilisaient pour lui signifier les liens d'amour qu'ils entretenaient toujours avec lui.

Pour garantir la véracité de tout ce qu'il avait pu raconter, le père de Simon promit à sa femme et à ses cinq enfants qu'il viendrait leur faire un signe après son décès. Ils verraient ainsi que la survie consciente d'après-mort était bien une réalité dont chacun devrait tenir compte dans son quotidien.

Le lendemain des funérailles, alors que tous étaient de

retour à leur demeure, une manifestation bien marquée eut lieu auprès de sa femme et de ses cinq enfants. Simon m'en donna une description précise. Chacun fut témoin dans sa propre maison d'un même événement qui se produisit à quelques minutes d'intervalle.

Comme pour ses frères et sœurs, Simon ressentait encore une grande tristesse, mais un certain soulagement que cette lourde étape soit terminée venait apaiser sa peine. Son épouse et lui se préparaient à se coucher. Soudain, toutes les portes de la maison s'ouvrirent une à une, comme activées par une main invisible. Sans avoir eu le temps de réagir, ils entendirent trois coups très nets retentir dans un mur de leur chambre. D'abord figé par la surprise d'une telle manifestation, Simon commença à réfléchir. Il fit alors un lien direct avec la promesse de son père. Le défunt avait-il tenu parole? Était-il venu exprimer sa survie consciente?

Simon eut très rapidement sa réponse. Sa sœur aînée lui téléphona presque à l'instant. D'un ton paniqué, elle lui raconta nerveusement ce qui venait de se passer chez elle. Toutes les portes de la maison s'étaient ouvertes d'elles-mêmes et trois coups avaient retenti dans le mur de la cuisine où elle se préparait un thé. Elle aussi avait fait un lien direct avec la promesse de leur père. Simon suggéra à sa sœur de contacter les autres pour vérifier s'ils avaient été témoins du même phénomène. Il eut juste le temps de raccrocher que le téléphone sonnait de nouveau. C'était un de ses frères cadets. Semblant émerveillé, il expliqua à Simon ce qu'il venait de vivre. Il avait vu lui aussi les portes qui s'étaient ouvertes toutes seules et avait entendu les trois coups retentir nettement.

Il devenait de plus en plus évident qu'ils avaient fait

l'objet d'une manifestation de leur père qui leur confirmait tout le bien-fondé de ses allégations spirituelles. Finalement, Simon apprit que leur mère et les cinq enfants avaient reçu dans un délai rapproché la même visite de leur père qui leur avait laissé le même message. Le défunt avait voulu s'assurer que la conclusion à en tirer serait bien évidente.

Comme nous l'avons vu précédemment, ce type de manifestation qui demande beaucoup d'énergie est fréquent chez les défunts nouvellement décédés. Deux facteurs en expliquent la raison.

Premièrement, comme nous le savons, le défunt garde souvent un résidu de son fluide animalisé dans sa rate périspritale. Ce carburant des manifestations peut prendre quelques semaines à se dissiper complètement et demeure disponible au défunt qui peut l'utiliser pour agir sur la matière opaque.

Deuxièmement, dans la période qui suit le décès, des émotions intenses sont dirigées vers le défunt qui y trouve une véritable autoroute le conduisant directement dans le cœur des siens. Comme ceux-ci vivent un temps d'arrêt dans leurs obligations routinières, ils deviennent plus disponibles et plus accessibles aux signes parfois subtils que peut produire le défunt. Plus tard, les endeuillés sont beaucoup moins à l'écoute, trop obnubilés par les soucis de leurs préoccupations matérielles.

***

Personnellement, j'ai vécu plusieurs manifestations où le défunt exprimait clairement qu'il continuait d'aimer ceux qu'il avait laissés. Chacune d'elles me fit vivre de profondes émotions qui me donnaient comme un avant-goût du bonheur céleste et encore plus celles qui m'étaient adressées. En voici une fort intéressante où ma sœur Denise vint me livrer un beau message d'amour.

DE LA GRANDE VISITE

Lorsque je vécus ce phénomène, ma sœur Denise était décédée depuis vingt ans. À cette époque, je travaillais sur le manuscrit d'*Au-delà du suicide*. Comme j'étais alors forcément plongé de façon intensive dans le monde des morts, il m'arrivait très régulièrement de penser à ma sœur, décédée si jeune après tant de souffrances.

Un matin d'avril, je m'éveillai brusquement. J'ouvris les yeux et regardai machinalement l'heure sur mon réveille-matin. En tournant mon regard vers le pied du lit, je perçus Denise qui me regardait avec beaucoup de tendresse. Un léger sourire qui lui était distinctif exprimait son bonheur de pouvoir venir me saluer. Sa chevelure était superbe. La blondeur de ses cheveux se mêlait à la brillance de son périsprit, ce qui donnait à l'ensemble une impression de dorures bien vivantes. Ses boucles naturelles roulaient sur ses épaules. Le bleu de ses yeux scintillait comme l'eau de la mer qui frissonne doucement sous un ciel d'été.

Elle portait une magnifique robe blanche d'une coupe semblable à celles qu'elle aimait de son vivant. Des fleurs multicolores aux teintes presque effacées donnaient un air de légèreté au tissu semblant vaporeux. De fines dentelles soulignaient l'encolure et la bordure des manches évasées qui dégageaient les avant-bras.

Denise semblait imprégnée d'une lumière qui émanait de son propre corps spirituel. L'ensemble était extraordinaire. Une forte impression de bonheur se dégageait de toute la scène.

Dès que je vis ma sœur devant moi, je prononçai son nom en mode exclamatif. Là, son sourire s'accentua, comme si elle s'amusait de ma réaction. À la vitesse de l'éclair, je pensai comme il était agréable de la voir ainsi debout sur ses deux jambes, rayonnante de santé, guérie de tous les sévices que lui avait imposés la maladie.

J'eus alors le désir de partager ce moment privilégié avec mon épouse qui dormait profondément. Je lui criai de se réveiller, que Denise était là, mais rien n'y fit. Je vis alors Denise se diriger vers la porte de la pièce. J'aurais voulu la retenir, mais elle sortit et se dirigea vers la chambre d'amis attenante à la nôtre. Elle semblait flotter au-dessus du sol. Tout se passait en douceur, comme l'écoulement des grains dans un sablier.

Je me levai donc à toute vitesse pour la rejoindre. À ce moment, je me rendis compte que mon corps ne m'avait pas suivi. Je pensai retourner pour en reprendre le contrôle, mais je décidai de continuer ma course pour ne rien manquer.

Rendu dans l'autre chambre, je la retrouvai debout devant la grande commode. Elle regardait une statue de la Vierge que j'avais gardée en souvenir de ma mère, qui la gardait toujours près de son lit. Elle témoignait de sa foi envers cette sainte qu'elle vénéra toute sa vie.

Constatant ma présence, Denise se tourna vers moi. Mon attention fut alors portée sur son air de jeunesse. Je réalisai subitement que, même si elle était la plus vieille, un écart marqué s'établissait dans notre apparence. Je paraissais dorénavant beaucoup plus vieux qu'elle dans mon corps charnel qui ne pouvait échapper aux affres du temps. Je lui souris. Elle me sourit à son tour. Toujours dans cette ambiance d'une extrême douceur, elle disparut.

Revenu dans mon corps, je pus éveiller Louise qui, en Esprit, semblait attendre ce moment. Je lui fis part de ce que je venais de vivre. Elle se dit heureuse, mais grandement soulagée de ne pas en avoir pris conscience. Je compris alors pourquoi je n'étais pas parvenu à l'éveiller.

Cette rencontre laissa un souvenir particulier dans mon esprit avec toute sa joie et tout mon émerveillement. Bien sûr, il m'était arrivé de la rencontrer dans l'au-delà et d'avoir des contacts directs avec elle, mais, dans mon for intérieur, cette visite avait un caractère plus intime, comme si Denise s'était manifestée en tant que sœur venue saluer son frère bien-aimé. Au moment où j'écrivais ces lignes, j'avais eu d'autres contacts médiumniques avec elle, mais aucun ne me laissa cette impression du lien spécial entre un frère et une sœur. Ces autres expériences furent certes aussi extraordinaires, mais il s'en dégageait l'expression d'une autre force attractive : celle qui unit deux Esprits en sympathie vibratoire vivant dans deux mondes différents, celle-là même qui lie les grandes familles dans l'au-delà et qui a toujours poussé les Esprits bienveillants à venir aider les chercheurs du spirituel pour partager leur savoir avec nous.

CHAPITRE VIII

LES RETROUVAILLES AVEC LES MONDES VIBRATOIRES DE L'AU-DELÀ

Pendant que maman s'affairait à bien se préparer pour procéder à son bilan de vie, papa continua son propre cheminement. Sous les conseils et la supervision de son Ange gardien et de plusieurs Esprits lumineux dont il partageait les vibrations, il renoua avec les nombreux mondes de l'au-delà qu'il avait retrouvés. Conscient de sa pleine réalité, il pouvait de nouveau mettre à son profil spirituel toutes les forces, les connaissances et les acquis qui lui permettaient maintenant de redevenir un habitant à part entière de l'au-delà.

Cet au-delà était cependant complexe à redécouvrir, car sa matière constitutive, la pseudo-matière, permettait des variantes perpétuelles qui pouvaient donner des visages nouveaux aux innombrables demeures de l'après-mort.

Comme nous tous, il était demeuré, dans une certaine mesure, en contact constant avec certains mondes de l'au-delà pendant ses heures de sommeil, mais il s'agissait maintenant de tout autre chose. Il devait se réintroduire dans un monde vibratoire dont il faisait désormais intrinsèquement partie.

Armé du souvenir de ses *erraticités* antérieures, il reprenait connaissance des deux grandes catégories dans lesquelles pouvaient se regrouper tous les mondes de l'au-delà : les mondes vibratoires permanents et les mondes vibratoires provisoires.

1. LES MONDES VIBRATOIRES PERMANENTS

Cette catégorie désigne les mondes pseudo-matériels dont la conception et la permanence découlent directement des Esprits intermédiaires qui partagent la pensée divine.

Ceux que j'ai pu percevoir faisant partie de cette catégorie étaient principalement constitués de pseudo-matière lumineuse, mais j'en ai également perçu de constitution opaque. Celle de lumière conférait aux lieux un caractère très particulier semblable à celui des images traditionnelles que les religions terrestres peuvent nous donner du ciel. Nous pouvons y retrouver des scènes tout à fait féeriques où la lumière semble faire partie de tout ce que nous pouvons y percevoir. De superbes édifices y prennent place. Leur structure semble toujours construite d'une pierre taillée grisâtre qui leur confère l'apparence des luxueux châteaux terrestres d'autrefois. Dans ces édifices, toutes les pièces intérieures d'importance sont de forme circulaire. Nous pouvons y trouver d'immenses bibliothèques où toutes les connaissances des mondes d'incarnation sont répertoriées. J'y ai également vu de splendides salles de conférences où des Esprits très lumineux venaient enseigner à leurs frères moins évolués qui voulaient grandir sur le chemin qui mène jusqu'à Dieu. Il y a également dans ces mondes de Lumière de superbes scènes extérieures dépassant les plus folles conceptions de nos poètes terrestres les plus romantiques.

Les scènes permanentes de pseudo-matière opaque sont moins féeriques, mais tout aussi agréables. C'est là que le défunt trouve la salle d'évaluation des plans de vie dont nous avons déjà parlé. La grande bibliothèque des plans de vie des incarnés terrestres y siège également. De grandes salles d'exposition montrent des découvertes à venir pour notre humanité de deuxième niveau.

Nous pourrions nous étendre longuement sur les mondes vibratoires permanents, mais je ne veux ici que vous sensibiliser à cette réalité d'après-mort que papa, puis plus tard maman, a dû redécouvrir, comme nous le ferons tous dans notre après-mort.

Je sais qu'il existe d'autres mondes permanents encore plus élevés. Ils sont constitués de pseudo-matière très subtile. Des Esprits très avancés comme les Intermédiaires, que nous connaissons, y vivent en la relation avec les vibrations divines. Je ne peux malheureusement vous en donner de descriptions personnelles élaborées, car je ne pus jamais y accéder.

2. LES MONDES VIBRATOIRES PROVISOIRES

Cette catégorie désigne les mondes pseudo-matériels dont la conception et la durée découlent des besoins temporaires d'un défunt en *erraticité* ou d'un incarné en sommeil. Ces mondes regroupent l'ensemble des zones de vibrations plus ou moins opaques qui constituent le milieu de vie des Esprits. Ces zones comportent plusieurs niveaux allant des plus lumineux aux plus sombres. Chacun d'eux correspond au degré d'avancement des Esprits qui y habitent.

Cette catégorie des mondes provisoires pourrait également se subdiviser en deux, car il y a en fait des lieux vibratoires qui sont partagés par plusieurs Entités de même niveau et d'autres strictement individuels où l'Esprit peut vivre en solitaire pendant une période plus ou moins longue selon son désir ou l'état intérieur qu'il subit.

Les lieux vibratoires partagés sont utilisés pour des échanges en groupe. Les contextes d'accueil, les activités préparatoires et les échanges de sommeil que nous avons vu précédemment sont quelques exemples de leur utilité. Ils ne durent que le temps nécessaire à l'atteinte des buts poursuivis et disparaissent par la suite dans les courants d'énergie de l'au-delà.

Les lieux vibratoires individuels sont les plus nombreux et les plus éphémères. Ils nous sont déjà très familiers, car nous les manipulons pendant nos heures de sommeil. C'est dans ces mondes temporaires que nous constituons les contextes de rêve par lesquels nous encodons des messages symboliques pour nous aider à mieux grandir sous le voile qui fait oublier.

Avant la période préparatoire au bilan de vie, le défunt peut y reconstituer un contexte d'existence qui correspond à ses besoins du moment. Nous en avons eu d'abondants exemples dans mes autres livres où des défunts reproduisaient dans leurs moindres détails des lieux terrestres où ils avaient été heureux. Ils calmaient ainsi leur angoisse avant d'atteindre un degré d'éveil suffisant pour prendre leur véritable place dans l'au-delà. J'en ai personnellement perçu de superbes reproductions lors de lectures de photos qui me permettaient de percevoir leur situation d'après-mort.

Les reconstitutions pseudo-matérielles les plus lugubres que j'ai pu observer concernaient des suicidés.

Ils s'isolaient dans un contexte tout à fait semblable à celui de leur décès volontaire. Certains subissaient la présence constante de l'instrument de mort qui se collait à eux comme s'il faisait partie de leur corps périsprital.

* * *

Mes expériences médiumniques m'ont fait découvrir une utilisation fort originale de ces mondes vibratoires temporaires que le défunt pouvait modeler sous l'effet de sa volonté. Il s'agissait de trépassés qui reconstituaient des contextes évocateurs pour indiquer à leurs survivants leur état d'après-mort. En voici trois exemples qui nous font bien comprendre le procédé :

LA MÊME OCCUPATION

Carla avait perdu son père quelques mois plus tôt. Elle rêvait souvent de lui et il lui paraissait malheureux. Elle me demanda donc de vérifier ce qu'il en était de son Esprit et de voir s'il avait besoin d'aide. J'acceptai de tenter l'expérience en rappelant à Carla que les possibilités de contact étaient limitées, car je devais démontrer beaucoup de prudence pour ne pas nuire à l'adaptation de son père et encore plus s'il vivait des difficultés.

À peine eus-je terminé mes prières de protection que je me retrouvai dans une pièce aux allures très matérielles. Mon attention fut immédiatement portée vers un gros poêle à bois d'un modèle ancien. Lorsque je décrivis l'appareil à Carla, elle s'exclama qu'elle voyait la même chose dans chacun de ses rêves. Le défunt portait une grande salopette qui recouvrait une chemise à carreaux dont les manches étaient retroussées. Le poêle semblait en pleine opération. Le défunt veillait à son entretien comme s'il devait s'assurer qu'il ne s'éteigne jamais.

Carla fut impressionnée par ce que je lui rapportais. C'était comme si je lui décrivais les rêves qu'elle faisait. Le défunt paraissait bien concentré sur son travail et ne semblait pas avoir le temps de faire autre chose.

Je demandai à Carla ce que son père avait eu comme emploi. Elle me répondit qu'il avait longtemps été responsable de l'entretien d'une grosse maison et qu'il avait souvent raconté que, dans les premières années, il veillait à ce que chaque poêle à bois de chacun des étages reste constamment allumé pendant les longs hivers, ce qui impliquait beaucoup de travail et de précautions.

Le pauvre homme me paraissait donc plongé dans une période de sa vie qui l'avait sans doute beaucoup marqué. Il revivait les mêmes efforts et les mêmes tensions dans un contexte pseudo-matériel qu'il avait reconstitué. Le défunt n'était donc pas malheureux comme Carla le croyait, mais plutôt très pris par un travail exigeant qu'il prolongeait peut-être sans s'en rendre compte.

Je conseillai à Carla de prier l'Ange gardien de son père de revenir près de lui pour qu'il comprenne que tout son travail était désormais bien inutile. Je lui dis qu'il devait prendre conscience de sa mort et découvrir les nombreuses possibilités qui s'offraient à lui. Je conseillai également à Carla de se fier au bon jugement de son Ange gardien. Le défunt avait vécu une très bonne vie terrestre, et rien n'expliquait cette exigeante condition qu'il s'imposait.

C'est là qu'on me fit comprendre que le père de Carla avait grandement souffert dans les dernières années de sa vie où son corps avait été sévèrement diminué. Il n'avait jamais parlé de ses souffrances intérieures, mais cette période lui avait imposé une humiliation qui l'attristait profondément. En mourant, il avait retrouvé la pleine liberté de ses mouvements. C'est ainsi qu'il avait repris le contexte où il avait connu le maximum de sa force physique pour déguster l'énergie retrouvée. Le défunt n'était donc vraiment pas malheureux. C'était sa façon de profiter du retour à la santé.

Carla fut grandement soulagée de recevoir cette consolante information qui me surprit autant qu'elle. Je voyais encore une fois comme chaque retour est adapté à chacun selon ses pensées, ses connaissances, ses valeurs, son histoire et sa culture. Je reconnaissais la sagesse divine qui veillait à ce que les Esprits méritants ne souffrent pas de leur retour pendant leur adaptation d'après-mort jusqu'au véritable éveil au bonheur des mondes lumineux.

UN MESSAGE SUBTIL

Je connaissais Solange depuis la publication de mon premier livre. Elle avait suivi le cheminement de mes recherches par la lecture de mes ouvrages tout en continuant de s'impliquer dans différentes activités religieuses catholiques. Loin de percevoir les deux enseignements contradictoires, Solange y trouvait un précieux complément qui lui permettait de répondre à toutes ses questions.

Ses activités faisaient donc en sorte qu'elle côtoyait des prêtres et des religieux avec qui elle tissa au cours des années de solides liens d'amitié.

Lorsque Solange me consulta, elle voulait prendre des nouvelles de l'un d'eux, décédé subitement depuis une trentaine de mois. Elle savait que nous ne pouvions pas invoquer directement le défunt avant le délai de trois ans, mais elle m'avait déjà vu prendre simplement des nouvelles de personnes récemment décédées sans risquer de nuire à son adaptation.

Solange me présenta la photo du défunt sans me révéler qu'il avait été prêtre. Elle me dit simplement qu'il avait été un bon monsieur.

Quelques secondes après avoir touché la photographie, je vis un prêtre officiant une cérémonie devant un autel. Tout se passait à l'ancienne, comme avant les changements apportés par le Concile Vatican II. Le prêtre portait une longue aube cintrée recouverte d'une large chasuble blanche où apparaissait une grande croix sur la partie dorsale que je percevais. Comme le manuterge, elle était bordée de fils d'or. Il se tenait debout devant l'autel, les bras à demi tendus et les mains ouvertes tournées vers le haut.

Je venais de décrire ces détails à Solange qui m'écoutait silencieusement lorsqu'elle échappa un rire joyeux. J'ouvris les yeux et lui demandai pourquoi elle riait. Elle me dit qu'elle venait de recevoir la réponse qu'elle attendait.

L'ami défunt dont elle voulait prendre des nouvelles avait toujours rejeté les apparats de la prêtrise. Il disait que cela éloignait les gens. Il en était assez convaincu pour avoir demandé dans ses dernières volontés que sa dépouille soit traitée sans apparat particulier comme celle de tout bon catholique qui a simplement fait son possible dans sa vie terrestre. Solange avait toujours admiré cette façon de penser, mais, comme il était de la vieille école, elle s'inquiétait des conséquences que cela pouvait avoir dans son adaptation d'après-mort.

Les images reçues calmèrent toutes ses inquiétudes. Pour Solange, il devenait bien clair que dans l'au-delà, dans la pleine lucidité de la Lumière, tous ces détails philosophiques perdaient leur importance devant la richesse du cœur et la sincérité des bonnes intentions.

DES NOUVELLES DE LA FAMILLE

Denis avait patiemment attendu le délai de trois ans depuis le décès de son frère pour me demander de prendre de ses nouvelles. Contrairement à ce qui avait été convenu, il arriva chez moi en compagnie de Marcel, son autre frère aîné. Marcel avait accepté avec une certaine crainte l'invitation de Denis de l'accompagner dans sa démarche, car il en était à sa première expérience de ce genre et ne savait pas vraiment à quoi s'attendre. Comme je le connaissais bien et que ses motifs étaient bons, je l'accueillis avec plaisir.

Dès le début de la séance, la présence de Marcel s'avéra importante. Après les prières d'usage, leur frère défunt se montra dans les milieux pseudo-matériels où il se trouvait. Il me fit voir un magnifique paysage forestier où il séjournait depuis son décès. Il y était comme en vacances. Il dégustait les bons moments qu'il aurait sans doute voulu connaître sur Terre.

Aux guidons d'un véhicule tout-terrain, il roulait bon train, sans casque protecteur, comme il le faisait de son vivant. Il me conduisit au pied d'une superbe chute où se jetait une rivière tumultueuse. Lorsque je décrivis la scène, Denis me dit que cela ne lui rappelait rien de ce qu'il avait connu avec son frère.

Marcel prit alors la parole. Il nous confia que le défunt l'avait déjà conduit à cet endroit. La description que j'avais donnée correspondait à ses souvenirs. Le disparu aimait se retirer dans ce coin paradisiaque où il retrouvait la paix intérieure. C'était son havre secret où il se réfugiait en solitaire.

À ces mots, nous comprîmes que le défunt nous exprimait ainsi le bien-être qu'il ressentait dans son au-delà bien adapté à sa conception du repos. Il aurait sans doute pu accéder à un bonheur beaucoup plus subtil, mais, jusque-là, ce paradis à sa mesure lui suffisait pour trouver le contexte réparateur dont il avait besoin.

Toute la séance se déroula au-delà des demandes de départ. Non seulement le défunt invoqué nous donna-t-il de ses nouvelles, mais d'autres membres de la famille se présentèrent pour faire comprendre la continuité de leur présence auprès de Denis et de Marcel.

Encore là, heureusement que Marcel était présent pour cette partie de l'échange, car les Entités que je décrivais du mieux que je pouvais ne signifiaient rien pour Denis. Il était trop jeune de leur vivant pour en avoir gardé suffisamment de souvenirs. Seul Marcel, plus âgé, reconnut les défunts qui se présentaient sous des traits bien précis qui les identifiaient. Chaque fois, le défunt modelait la pseudo-matière pour se faire reconnaître. C'est ainsi que Marcel put identifier sa grand-mère qui me fit voir sa superbe chevelure, d'une longueur impressionnante, l'ayant longtemps caractérisée du temps de sa jeunesse.

Le contact dura plus d'une heure. En quittant mon bureau, Marcel se dit bien satisfait de l'utilité de sa venue qui n'avait pas été convenue au départ. Il nous apparaissait clair qu'elle avait été jugée nécessaire par ceux-là mêmes qui désiraient se manifester.

Il se passa quelque chose de particulier après leur départ de chez moi. Le phénomène ne cadre pas nécessairement avec la présente étape de notre réflexion, mais il vaut la peine d'être mentionné.

Vers vingt et une heures, Denis se sentit envahi par une irrésistible envie de dormir. Il lutta un instant contre le sommeil qui devint de plus en plus envahissant. Il céda finalement à la fatigue, se coucha et s'endormit jusqu'au matin. Il s'éveilla frais et dispos, comme si rien ne s'était passé.

Dans l'après-midi, Marcel vint chez lui pour parler de leur soirée. Denis fut alors grandement surpris d'entendre que son frère avait vécu la même envie de dormir et à la même heure que lui. Denis m'en parla plus tard pour en comprendre le sens.

Les deux frères avaient été incités à dormir pour retourner au plus tôt dans les sphères de l'au-delà. Certains défunts qui entretenaient des liens privilégiés avec eux désiraient échanger plus directement. Comme le contact était déjà établi, l'occasion était idéale pour le faire et ils voulaient bien en profiter. Denis et Marcel ne gardèrent aucun souvenir direct de leur échange, mais leur Esprit avait sûrement bien enregistré les judicieux conseils dont ils pouvaient profiter sous le voile qui fait oublier. Ils avaient cependant retenu l'essentiel de leur expérience, soit que la vie d'après-mort nous réservait un contexte d'existence entièrement adapté à notre réalité intérieure.

***

Comme nous pouvons le voir, les mondes vibratoires de l'au-delà sont multiples et nous nous retrouverons sans doute dans un contexte global très différent de ceux que nous avons pu connaître dans le passé. L'adaptation à cette réalité ne semble cependant pas très exigeante pour le défunt bien préparé à vivre son après-mort, du moins si je me base sur les informations reçues de Denise, de mes parents et de nombreux autres que j'ai pu connaître lors de mes consultations passées. Je dois cependant vous dire que j'ai vu certains défunts récalcitrants qui résistaient fortement devant les efforts d'adaptation nécessaires à leur bonheur d'outre-tombe. Dans la plupart des cas, ils récoltaient le fruit de leur négligence d'incarnation à modeler leur caractère, à étouffer leurs mauvais penchants et à taire leurs préjugés de sceptiques orgueilleux.

Que ce soit pour les mondes vibratoires permanents ou provisoires, leur accès est toujours directement déterminé par le niveau vibratoire de notre périsprit. Ainsi, comme nous l'avons vu au chapitre III, nous pourrons accéder aux mondes correspondants à notre degré d'évolution et aussi à tous les autres qui seront inférieurs, mais il nous sera tout à fait impossible d'entrer dans les mondes plus évolués tant que nous n'aurons pas suffisamment élevé notre propre vibration. C'est ce qui explique le plus souvent que des défunts ne puissent pas partager leur bonheur d'après-mort avec des gens qu'ils continuent pourtant d'aimer. Il leur est possible de se rencontrer pendant certaines périodes, mais ils ne peuvent vivre ensemble les mêmes expériences. Ce n'est que plus tard, après d'autres réincarnations, qu'ils pourront de nouveau partager leur ciel lorsque le moins avancé aura rejoint les vibrations plus subtiles de l'être aimé.

* * *

La notion de coexistence de différents mondes vibratoires de l'au-delà pouvant occuper le même espace m'était particulièrement familière, car plusieurs expériences médiumniques m'avaient fait constater sa réalité même dans notre monde matériel. D'autres médiums ont également partagé avec moi leurs constats similaires, comme cette pauvre dame qui me consulta pour comprendre ce qui lui arrivait.

DES SCÈNES D'ANTAN

Entourée de son mari et de ses enfants qui lui donnaient le plein retour de son amour, Madeleine menait une vie bien tranquille. Sa vie spirituelle se résumait au respect des règles de la religion catholique qui répondait bien à ses attentes. Elle ne se compliquait pas l'existence, se contentant avec sagesse de simplement faire son possible tous les jours que Dieu lui prêtait.

Madeleine n'avait jamais vécu d'expérience médiumnique. La seule connaissance qu'elle en avait lui parvenait de ses quelques lectures qui avaient rapidement satisfait sa curiosité.

Son questionnement prit beaucoup plus d'intensité lorsqu'elle commença à percevoir autour d'elle des scènes qui semblaient provenir du passé. Tout survenait à l'extérieur de chez elle, dans un environnement qu'elle habitait depuis plusieurs dizaines d'années et qui n'avait jamais fait l'objet d'aucun phénomène sortant de l'ordinaire.

Elle vécut sa première expérience de perception du curieux phénomène à la plage, près de sa demeure. Elle se promenait pieds nus sur le sable chaud. Les cris des goélands remplissaient l'air agréablement réchauffé par le soleil d'été dont elle voulait profiter du moindre rayon. Les petites vagues successives de la marée montante cadençaient ses pas qui s'enfonçaient tout doucement dans le confortable tapis doré. L'odeur salée de l'air marin assaisonnait le parfum des algues brunes qui se recouvraient lentement de l'eau rafraîchissante. Madeleine se laissait emporter par cette ambiance délicieuse dont elle voulait retenir tous les instants.

Soudain, elle vit un peu plus loin, juste devant elle, un homme qui regardait vers l'horizon. Elle ne comprenait pas comment il avait pu se rendre si loin sur la plage sans qu'elle l'ait aperçu. En l'observant avec plus d'insistance, elle fut grandement surprise par son habillement. L'inconnu semblait vêtu de vêtements venant d'une autre époque, comme ceux qu'elle voyait dans les films historiques. Madeleine voulut en avoir le cœur net et décida de s'approcher du curieux personnage.

À sa grande surprise, l'homme disparut subitement. Elle s'empressa de se rendre jusqu'à l'endroit où il se tenait. Sa stupéfaction grandit davantage en ne retrouvant aucune trace de pas sur le sable pourtant bien meuble. Madeleine prit peur et décida de retourner chez elle.

Lorsqu'elle raconta ce qu'elle avait vu, son mari se moqua joyeusement d'elle. Il la rassura sur sa peur bien inutile en argumentant sur les tours que l'imagination pouvait jouer à des personnes aussi rêveuses qu'elle. Madeleine ne chercha pas à le convaincre, mais elle garda la profonde certitude qu'elle avait bien perçu cet homme mystérieux qui était venu et disparu comme par enchantement.

Quelques semaines plus tard, alors que Madeleine avait presque oublié le curieux phénomène, un autre personnage du passé fit son apparition. Madeleine marchait sur le trottoir qui borde la rue menant à sa maison. Le soleil commençait à baisser derrière les montagnes de l'autre côté du grand fleuve.

L'été montrait ses meilleurs jours. Les fleurs déployaient leurs arômes sucrés embaumant l'air que chaque respiration faisait déguster. Les rouges-gorges chantaient leurs plus belles compositions devant les lombrics sortis prendre l'air avant la pluie du lendemain. Madeleine se laissait porter par toute cette beauté lorsqu'elle perçut une jeune fille un peu plus loin. Celle-ci était vêtue de vêtements anciens, comme l'inconnu de la plage. De longues tresses blondes tombaient sur son dos. L'adolescente faisait du patin à roulettes. Madeleine percevait très bien le son des petites roues métalliques. Elle s'approcha rapidement et put nettement percevoir les quatre roulettes sous chacun des patins enlacés sur les sandales blanches de la petite fille. Il s'agissait bien d'un ancien modèle qu'elle avait déjà vu sur de vieilles photographies. La fillette accéléra et s'engagea dans le détour de la rue. Madeleine courut pour se rapprocher, mais la jeune patineuse avait disparu sans laisser de traces.

Retournée chez elle, Madeleine fit part à son mari de ce qu'elle venait de vivre. Il se montra aussi sceptique, mais un certain doute commença à pointer dans son analyse cartésienne. C'était un homme intelligent et il savait bien que Madeleine ne s'amuserait pas à inventer des balivernes pour épater la galerie. Il la questionna et conseilla à sa femme de bien noter tout ce qu'elle lui décrivait.

Quelques jours passèrent. Madeleine s'interrogeait sur la raison de ces curieuses apparitions. Elle pensa consulter sa mère en songeant qu'elle avait peut-être déjà été témoin d'un phénomène semblable. Elle avait habité ce patelin bien avant elle, et le coin était peut-être propice à ce genre d'apparitions.

Sa rencontre ne donna malheureusement aucun résultat, mais, en sortant de la maison de ses parents, Madeleine aperçut un autre homme du passé qui marchait lentement sur le petit chemin donnant sur la grande rue. Il semblait âgé d'une soixantaine d'années. Ses cheveux gris ne présentaient aucun éclat. De gros favoris enca-draient son visage sérieux aux traits harmonieux. Le col relevé de sa chemise blanche contrastait avec son habit sombre aux allures de redingote. L'homme d'antan ne semblait pas s'apercevoir de la présence de Madeleine, mais il lui donnait des frissons dans le dos. Il lui évoquait le portrait d'un entrepreneur de pompes funèbres venu cueillir la matière première de ses œuvres d'art. Repre-nant le contrôle de ses émotions, Madeleine fit quelques pas en direction du mystérieux inconnu, mais il disparut sur-le-champ, comme s'il ne voulait pas se laisser approcher.

Cette troisième apparition décida Madeleine à en par-ler autour d'elle. Elle craignait que le phénomène prenne de l'ampleur et qu'il constitue un danger pour les siens et tous ceux de son village. Personne d'autre n'avait été témoin de ces phénomènes, mais un voisin qui connaissait mes ouvrages lui conseilla de me consulter sur le sujet.

Le témoignage de Madeleine m'intéressait particu-lièrement, car elle n'était pas la première personne à me rapporter ce genre d'expérience. S'agissait-il d'une réminiscence du passé incrustée dans les énergies de l'endroit? Madeleine avait-elle perçu quelques séquences d'un hypothétique monde parallèle coexistant avec le nôtre? Faisait-elle l'objet d'apparitions de défunts demeurés prisonniers d'un lourd passé les empêchant de se dégager? Il était bien difficile de trouver spontanément la juste réponse. Je retins donc la dernière question et procédai avec Madeleine aux prières pouvant aider ces êtres venus lui apparaître. La piste était sans doute la bonne et les prières furent sûrement efficaces, car je ne reçus jamais plus de nouvelles de Madeleine par la suite.

Il m'arriva à deux reprises d'être personnellement impliqué dans de pareilles apparitions. Dans les deux cas, je me voyais directement au centre de la scène. Je percevais des personnages et des lieux d'une autre époque où une activité humaine se déroulait comme dans notre monde. Les personnages que je voyais semblaient indifférents à ma présence, sauf un seul d'entre eux qui me donna la nette impression qu'il m'avait aperçu. L'expérience fut cependant plutôt désagréable, autant pour lui que pour moi, et mit fin brusquement à ma présence dans son monde, qui me parut bien réel.

* * *

D'après ce que j'ai pu comprendre de la coexistence des mondes vibratoires de l'au-delà, tout se passerait un peu comme les ondes radio qui nous entourent. Leur différence de fréquence et d'amplitude leur permettrait de se côtoyer et d'occuper le même espace sans détruire leur propre Entité. Il en serait de même pour nous et les mondes spirituels dont la fréquence et l'amplitude sont différentes des nôtres et de celles des autres mondes qui les entourent.

Certains parmi les moins évolués peuvent ainsi nous côtoyer à notre insu, comme je l'ai souvent vu avec les Esprits retardataires du bas astral. Leur niveau vibratoire, proche de celui de la matière opaque dans laquelle nous vivons, leur conférerait une grande facilité à agir dans notre monde et à nous influencer. Dès qu'ils disposeraient du fluide animalisé dont nous sommes tous porteurs, le pas à franchir leur serait alors très court pour parvenir jusqu'à nous.

CHAPITRE IX

DES LIENS ÉTROITS ENTRE LES VIVANTS ET LES MORTS

En reprenant sa place dans les nombreux mondes vibratoires de l'au-delà, papa reprit conscience de l'étroite relation qui cimentait dans un ensemble global tous les Esprits de ces mondes pseudo-matériels, d'abord entre eux, puis avec tous leurs frères temporairement incarnés pour compléter des apprentissages essentiels.

Dans un premier temps, il observa ces liens étroits entre lui-même et ceux qu'il retrouva tout de suite après sa mort. Peu de temps après avoir renoué avec sa grande famille de l'au-delà, il s'aperçut que ces liens s'étendaient à beaucoup d'autres Esprits. Ensuite, l'exploration des zones vibratoires inférieures, où erraient les plus ignorants dans leurs souffrances, lui fit voir jusqu'à quel point ceux-ci n'étaient jamais laissés à eux-mêmes. L'ensemble plus évolué se souciait de leur reprise en mains. Ils leur émettaient des énergies de réconfort. Ils les invitaient par une émission soutenue de pensées d'amour à se placer bien humblement sous la tutelle de Dieu, qu'ils priaient même d'autoriser les plus lumineux à agir directement auprès d'eux. En voyant la joie qui se répandait dans tout l'ensemble lorsque l'un d'eux sortait enfin de sa torpeur spirituelle, papa prit conscience que la progression vers Dieu concernait toute la famille cosmique des Esprits, au même titre que chaque Entité qui la composait. Enfin, en recevant les pensées de ceux qu'il avait dû laisser sur la Terre et en voyant le plein retour d'amour qu'il émettait, il comprit que ces liens étroits qu'il observait autour de lui s'étendaient dans la même mesure jusqu'au monde des vivants.

Ces liens étroits qui unissent les vivants et les morts sont constamment observés dans chaque manifestation de nos frères de l'au-delà. Ces manifestations nous démontrent effectivement que nous ne sommes aucunement coupés du monde des défunts. Nous subissons leur proximité et souvent leur influence qui, malheureusement, n'est pas toujours à notre avantage.

Voyons donc ensemble comment se confirme cette étroite relation en procédant simplement à l'analyse de plusieurs manifestations où des défunts ou même des Esprits de vivants agissent directement auprès des incarnés.

Pour faciliter notre réflexion, nous regrouperons l'expression de ces liens en deux classes principales. Dans la première, nous aborderons les manifestations qui expriment les liens motivés par l'intention du défunt et, dans la deuxième, celles qui démontrent les liens motivés par la nécessité découlant du cheminement.

1. Liens motivés par les intentions du défunt

C'est dans ce premier regroupement que nous pourrions répertorier la plus grande partie des manifestations vécues par les médiums et le commun des mortels. Comme nous le verrons, celles-ci expriment clairement les liens qui unissent les incarnés aux habitants de l'au-delà. Pour les besoins de notre analyse, nous subdiviserons ces liens en deux catégories qui se distingueront facilement d'elles-mêmes par leur propre nature. Nous examinerons d'abord les liens à caractère négatif, où des défunts malveillants cherchent à perpétuer le mal qu'ils ont entretenu de leur vivant, puis les liens à caractère positif, beaucoup plus nombreux, où nous verrons l'aide précieuse dont nous pouvons bénéficier de ceux qui ont déjà trouvé la route qui mène jusqu'à Dieu.

1. Les liens à caractère négatif

Toutes les manifestations de cette catégorie proviennent d'Esprits sur l'éveil spirituel desquels il reste beaucoup de travail à faire. Leurs auteurs, malgré leur situation de défunts, ne sont pas en mesure de bénéficier des avantages qui sont à leur portée. Trop aveuglés par leurs pulsions et leur tendance égoïste à faire le mal, ils continuent à vivre de façon très limitée, comme ils le faisaient avant leur mort. Leur enveloppe périspritale est très sombre et très opaque, ce qui leur confère de grandes possibilités d'action dans notre monde matériel dès qu'ils disposent d'une quantité suffisante de l'énergie vitale d'un vivant. Leurs rapports avec nous sont largement inspirés par l'égoïsme et la malveillance. Certains d'entre eux peuvent démontrer une grande intelligence qui les aide à ourdir des ruses très machiavéliques. Ce sont des Entités semblables qui, à travers l'histoire humaine, furent identifiés sous les noms de Belzébuth, le démon, le diable, le malin, la bête, Lucifer et bien d'autres du même ordre.

***

Voyons d'abord un exemple de manifestation où ressort clairement leur dépendance morbide au fluide vital dont seuls les vivants sont porteurs.

SA MÈRE RÉCEMMENT DÉCÉDÉE

Jusqu'à la mort de sa mère, Claire ne s'était jamais souciée de tout ce qui touchait à la spiritualité et encore moins à la survie d'après-mort. Elle appliquait presque instinctivement les principes moraux inculqués par son éducation familiale et religieuse. Un peu insouciante des questions fondamentales sur l'existence, elle n'en menait pas moins une vie honnête qui laissait transparaître sa générosité et toute sa bonté.

Ce n'est qu'au milieu de la trentaine que le questionnement spirituel surgit dans ses pensées. Bien ancrée dans les préoccupations matérielles typiques de son âge, elle s'y éveilla brusquement par le décès inattendu de sa mère.

Lorsqu'elle reçut l'appel téléphonique de son père lui annonçant la mauvaise nouvelle, elle resta figée un bref instant, ne sachant plus pendant quelques secondes si elle rêvait ou si elle sortait à peine d'un cauchemar.

La nouvelle eut l'effet d'un coup de poing en plein visage. Abasourdie, elle reprit lentement ses sens. Des questions lui venaient à l'esprit, mais des sanglots étouffaient les mots qu'elle ne pouvait plus prononcer. Les quelques secondes de silence inquiétèrent son père qui n'en menait pas tellement plus large à l'autre bout de la ligne téléphonique. C'est le timbre de sa voix tremblante qui incita Claire à prendre sur elle-même et à se montrer à la hauteur de la situation, comme elle avait si bien su le faire jusqu'à ce jour.

La route pour se rendre à l'hôpital lui parut interminable. Chaque feu de circulation semblait avoir indûment prolongé la durée du signal rouge. Ses pensées se bousculaient dans sa tête. Ses souvenirs, sa négation, sa révolte et son chagrin s'entrechoquaient dans un désordre illogique peu rassurant.

Son père l'attendait à l'entrée de l'urgence. Ils s'enlacèrent dans les larmes, qui semblaient chercher à s'entremêler sur leurs joues crispées, comme pour exprimer leur profonde sympathie face à cette lourde épreuve faisant désormais partie de leur vie.

La vue du cadavre inerte étouffa chez Claire les derniers élans d'un naïf et vague espoir qui se pointait contre toute logique, comme pour la maintenir à flot. Elle avait déjà vu des gens mourir, mais c'était la première fois qu'elle réalisait que nos pauvres corps n'étaient rien de plus que des véhicules temporaires jetables après usage.

Après les obsèques, Claire se rapprocha de son père. C'est lui qui l'initia à la connaissance spirituelle. Il lisait un de mes livres lorsqu'elle le questionna sur le sujet. Les réponses d'espoir qu'elle entendit l'incitèrent à approfondir la question. Elle entreprit à son tour de lire les cinq ouvrages que j'avais publiés. Son esprit cartésien la poussait cependant à remettre en question bien des informations et beaucoup de témoignages de faits vécus qu'elle découvrait au fil des pages, qui se succédaient à un rythme soutenu. Plus tard, ses doutes s'écroulèrent brusquement lorsqu'elle connut son premier contact conscient avec l'au-delà qui nous entoure.

Claire dormait à poings fermés. Le tumulte des dernières semaines qui avait accompagné les infatigables exigences du quotidien l'avait épuisée, et son corps cherchait à récupérer ses forces en profitant de chaque heure de sommeil que Claire pouvait lui donner.

Cette nuit-là, Claire venait tout juste d'entendre les douze coups de minuit lorsqu'elle sentit une présence très insistante tout près du lit. Comme elle était tournée sur le côté, le visiteur se tenait derrière elle. Sans avoir le temps de réfléchir, elle entendit la voix de sa mère qui lui disait de ne pas se retourner. Une grande émotion envahit toutes ses pensées. Son cœur accéléra brusquement. Son sang se mit à circuler à une grande vitesse dans tout son corps. Son cerveau s'électrisait littéralement. Quel bonheur d'entendre de nouveau la voix de sa mère bien-aimée!

Sans avoir le temps de dire quoi que ce soit, Claire sentit une main féminine lui toucher doucement le dos. Elle se revit toute petite lorsque sa mère la bordait ainsi pour la réconforter les nuits où elle sortait paniquée de ses cauchemars d'enfant. La main répétait les mêmes gestes sécurisants. Se sentant tout en confiance, Claire la laissa faire quelques instants.

Subitement, une peur l'envahit. Elle se souvint d'un passage qu'elle avait lu dans *Quand l'au-delà se manifeste* sur les emprunts d'identité que certains Esprits malveillants pouvaient faire pour s'emparer de l'énergie vitale de leur victime. Elle se retourna brusquement. À sa grande horreur, elle perçut une masse très sombre à la forme humaine bien distincte. L'Esprit noir ne semblait pas avoir de visage, du moins ne pouvait-elle aucunement le percevoir. Claire poussa un cri d'effroi. Elle hurla à l'Entité de quitter impérativement sa maison. Le Trompeur disparut sur-le-champ. Claire se leva et s'empressa d'allumer toutes les lumières de la maison. À bout de fatigue, elle se recoucha. À son grand soulagement, elle se rendormit rapidement malgré la forte lueur du plafonnier qui servit de garde jusqu'au matin.

Le lendemain, dès son réveil, Claire se sentit fatiguée. Comme affaiblie, elle se traîna littéralement pendant toute la journée. Elle mit tout cela sur le compte de la nuit mouvementée qu'elle avait vécue. Elle s'en accommoda en pensant que cette fatigue l'aiderait à mieux s'endormir lorsqu'elle se recoucherait.

Les jours passaient, mais la fatigue persistait sans raison valable. Elle avait pourtant repris confiance en elle et le calme semblait revenu. Elle avait renoué avec le rythme coutumier de ses nuits, et ses jours n'étaient pas plus exigeants qu'à l'habitude.

C'est en parlant de son expérience avec une collègue de travail en qui elle avait confiance qu'elle comprit ce qui lui arrivait. Sa collègue avait déjà vécu une situation où un Esprit sombre lui avait dérobé de l'énergie vitale, et les symptômes que Claire décrivait ressemblaient beaucoup à ce qui lui était arrivé.

Claire décida donc de me contacter. C'est là que je pus lui confirmer qu'elle réagissait effectivement à une importante ponction de son fluide vital que l'Esprit sans scrupule lui avait volé en passant par son chakra de la rate périspritale. J'expliquai à Claire les prières qu'elle devait utiliser, et nous procédâmes à ce qu'il fallait faire pour qu'elle retrouve un équilibre dans sa santé physique. Claire ressentit quand même une fatigue relative pendant encore quelques semaines.

* * *

L'ignorance spirituelle des Esprits sombres s'exprime toujours par la méchanceté qui caractérise leurs liens avec les vivants. Ils sont sans scrupules. Dès qu'une porte leur est ouverte, ils entrent dans le quotidien de leur victime et s'y incrustent tant qu'une force de Lumière ne vient pas les déloger.

UNE ARME BIEN PARTICULIÈRE

Lorsque Sylvia prit possession de sa maison, elle était le quatrième acheteur qui en acquérait la propriété en l'espace de six ans. Bien des rumeurs couraient dans le voisinage. Plusieurs se questionnaient sur la raison du défilé de tous ces jeunes couples. On aurait dit qu'ils se défaisaient dans la dispute dès qu'ils commençaient à vivre dans ce lieu de plus en plus particulier.

Sylvia était bien au courant de ce fait, mais, comme elle vivait seule, elle se dit qu'elle ne courait aucun risque de continuer la série. De plus, le prix était fort abordable et elle ne pouvait porter foi à toutes ces balivernes de superstitieux.

Les premiers mois furent calmes. Il lui arrivait parfois de trouver des objets à des endroits différents de ceux où il lui semblait les avoir rangés, mais elle mettait tout cela sur le compte de la fatigue qui la rendait sans doute de plus en plus distraite. Elle appréciait sa nouvelle demeure où semblait régner une paix agréable à l'image de tout le quartier.

Elle dut subitement mettre un sérieux doute sur le rôle de son manque de concentration lorsqu'un matin elle constata que, dans la pièce adjacente à sa chambre, sa lourde commode en bois massif avait changé de place. Le gros meuble de frêne se retrouvait dans le coin opposé de celui où elle l'avait fait déposer par les déménageurs. Une peur instantanée envahit toutes ses pensées. Des voleurs s'étaient-ils introduits chez elle pendant son sommeil? Mais comment auraient-ils pu déplacer une si lourde masse sans faire de bruit? Et pourquoi? Sylvia s'empressa de vérifier les serrures de ses portes et fenêtres, mais tout semblait bien en ordre.

Rendue à son travail, elle parla du curieux événement à des collègues, mais leurs sourires retenus lui firent rapidement comprendre que toute cette histoire était ridicule et qu'il valait mieux garder tout cela pour elle.

Les jours de calme qui suivirent lui firent oublier qu'il se passait peut-être des choses peu ordinaires dans son logis. Elle dut cependant se rendre à cette évidence lorsqu'elle commença à percevoir des chuchotements dans différents coins de la maison. Partout où elle se déplaçait, elle entendait des voix à peine audibles. C'était comme si un petit groupe de personnes se tenait dans un coin de chacune des pièces et parlait de très loin. Sylvia fit automatiquement un lien direct avec les anciens propriétaires qui s'étaient succédé avant elle. Des questions fusèrent dans sa tête. Y avait-il vraiment des présences invisibles dans cette demeure? Cherchaient-elles à la chasser de sa propriété comme elles l'avaient peut-être fait avec les autres? Qui étaient ces êtres? Cherchaient-ils à demeurer seuls en ce lieu? Pourquoi?

Avec toutes ces pensées, Sylvia quitta sa maison sur-le-champ. Elle se rendit directement chez un libraire pour se procurer des ouvrages susceptibles de lui apporter les connaissances qui lui manquaient concernant ce genre de phénomène. Puis, elle prit un rendez-vous avec un médium dont lui avait déjà parlé une de ses amies. Elle put le rencontrer le jour même, et ils convinrent qu'il se rendrait chez elle le lendemain soir.

La nuit fut calme et silencieuse. La journée du lendemain se passa sans problème. Le médium arriva à l'heure convenue.

Contrairement à ses attentes, il ne se passa rien de particulier pendant tout le temps de la présence de son invité. L'homme sentit de fortes vibrations négatives incrustées dans toute la maison, mais il ne perçut aucune Entité. Il pria avec Sylvia pour leur faire quitter les lieux, mais aucune réaction ne se fit sentir. C'était comme si les Invisibles avaient quitté la place en attendant que le médium reparte de leur repaire.

La nuit fut beaucoup plus agitée. Éveillée par des bruits impressionnants, Sylvia perçut devant son lit trois Esprits très sombres qui la regardaient. Ils semblaient sortis de nulle part. Une rage indescriptible émanait de tout leur être. Un feu incandescent sortait de leurs yeux. Aucun trait de leur visage n'était perceptible. Ils semblaient s'être ligués contre la présence de Sylvia.

Se découvrant subitement un courage qu'elle ne se connaissait pas, elle leur ordonna de partir de chez elle et de la laisser en paix. Un rire gras sortit de l'un d'eux. Les trois Entités disparurent à l'instant même en s'enfonçant dans le plancher de la chambre. Une véritable colère s'était emparée de Sylvia. Elle leur cria malgré leur départ qu'elle était chez elle et que c'était à eux de partir.

Réconfortée par sa propre audace et sa détermination, Sylvia put se rendormir jusqu'au matin.

En rentrant de son travail, Sylvia s'arrêta dans une petite boutique pour se procurer un crucifix sur pied et, le soir, elle le déposa sur sa table de chevet comme un protecteur qui veillerait sur elle.

Les Esprits malveillants revinrent en force pendant la nuit. Comme la veille, un bruit étonnamment tonitruant sortit brusquement Sylvie de son sommeil. Elle comprit immédiatement ce qui se passait. En ouvrant les yeux, elle retrouva les trois comparses qui ne semblaient pas du tout avoir le cœur à rire. L'un d'eux lui ordonna de quitter immédiatement leur maison. Les couvertures de son lit furent brusquement déplacées par des mains invisibles et l'un des trois assaillants tenta de la prendre par un pied, sans doute pour la sortir de sa couchette. Sylvia leur cria de partir, mais ils semblaient complètement insensibles à ses ordres. Sylvia saisit alors le crucifix sur sa table de chevet et le leur lança de toutes ses forces. Les trois malveillants quittèrent les lieux par le même stratagème que la veille.

Le lendemain, Sylvia tenta de retrouver le crucifix qu'elle avait utilisé comme une arme contre ses agresseurs, mais n'en retrouva aucune trace. Elle fouilla sous les commodes, derrière tout ce qui longeait les murs, sous le lit et dans tous les coins. La pièce de laiton avait disparu.

Les jours et les nuits qui suivirent furent calmes. Sylvia se dit qu'elle avait réussi à vaincre ces Êtres maudits, mais ce sentiment ne dura malheureusement pas très longtemps.

À sa grande stupeur, Sylvia fut à nouveau sortie du sommeil par le bruit infernal qui annonçait l'arrivée des Indésirables. Dès qu'elle ouvrit les yeux, elle perçut les trois malfaisants qui la regardaient au pied du lit. Un des Esprits semblait tenir quelque chose dans ses mains.

En regardant plus attentivement, Sylvia distingua le

crucifix qu'elle leur avait lancé. Dès cet instant, les trois Noirs du bas astral s'avancèrent rapidement vers elle. Ils passèrent à travers le lit, comme s'ils ne ressentaient aucune résistance matérielle. Rendus tout près d'elle, ils poussèrent brutalement l'objet contre sa poitrine. Sylvia eut l'impression qu'il s'enfonçait en elle et pénétrait dans sa gorge et son œsophage. Une douleur très vive et insupportable la terrassait là où se dessinait toute la forme du crucifix. Sylvia sentit nettement qu'ils le tenaient la tête vers le bas. Craignant d'en mourir, se sentant paralysée devant tant de méchanceté, Sylvia pensa enfin à prier. Elle demanda l'aide de Dieu et de son Ange gardien dont elle avait presque oublié l'existence. Dès cet instant, les agresseurs lâchèrent prise et quittèrent les lieux.

Sylvia se retrouva comme dans un état de choc. Elle pleurait sans pouvoir se contrôler. Ses membres tremblaient et elle avait peine à respirer. Ce n'est qu'au lever du jour qu'elle put retrouver un certain contrôle d'elle-même. Incapable de travailler, elle prit congé pour la journée. Elle en profita pour tenter de trouver une personne-ressource qui pourrait l'aider. C'est finalement une amie qui avait lu mes livres qui lui conseilla de faire appel à moi.

J'avais déjà cessé de donner des consultations, mais je pus l'aider avec l'assistance de mes Amis de Lumière. Sylvia dut d'abord redécouvrir la force de la prière et toute son importance. Elle appliqua une approche rigoureuse qui donna finalement les résultats recherchés. Les Esprits se montrèrent coriaces, mais la détermination et la qualité spirituelle de Sylvia finirent par avoir raison de leur malveillance.

Cette douloureuse expérience fit comprendre à Sylvia que les attaques de haine ne pouvaient pas se combattre par la haine et la violence du cœur, mais par l'amour, seule force pouvant affronter efficacement les énergies négatives.

***

Il peut arriver que ces Esprits ignorants établissent des rapports avec des incarnés qu'ils connaissent déjà. Si ces gens sont leurs débiteurs de vieilles dettes du passé, leur haine peut prendre une grande ampleur. Ils laissent alors libre cours à leur méchanceté qui semble ne jamais pouvoir étancher leur soif de vengeance.

UNE DAME TERRIFIÉE

Normande me téléphona à une heure assez avancée. Je venais de me coucher et je faisais mes prières. Depuis plusieurs semaines, la pauvre dame était la cible de manifestations qui prenaient de plus en plus d'ampleur. Elle avait consulté deux médiums et même un prêtre pour lui venir en aide, mais aucune intervention ne semblait pouvoir venir à bout des Êtres malveillants qui s'en prenaient à elle.

Tout avait commencé par de brèves apparitions d'ombres furtives qui se montraient un court instant, comme pour la préparer à vivre la peur. Normande se sentait très inconfortable face à ces premiers signes d'Êtres invisibles dont elle avait toujours nié la réalité. Elle ne comprenait d'ailleurs aucunement la raison de ces présences, elle qui n'avait jamais été témoin d'un quelconque événement ayant pu lui faire penser à leur possible existence. Elle menait une vie bien ordinaire avec son petit train-train quotidien. Elle ne s'était jamais intéressée aux phénomènes paranormaux ni à la question de la survie d'après-mort, même après le décès de son mari.

Rien dans sa vie n'avait pu stimuler le déclenchement de ces désagréables apparitions.

Plus sa peur grandissait, plus les phénomènes prenaient de l'ampleur. Lorsqu'elle me téléphona, elle venait de vivre sa plus traumatisante expérience, laquelle lui avait fait craindre le pire.

Dans les derniers jours, les ombres furtives s'étaient montrées avec beaucoup plus d'insistance, comme si elles avaient voulu s'imposer davantage. Une nuit, Normande fut éveillée par des mains invisibles qui la touchaient partout sur le corps. Elle sentait nettement leur forme et leur densité. Ces mains d'un autre monde la tâtonnaient comme si elles cherchaient quelque chose. La peur la fit bondir de son lit. Elle ouvrit toutes les lumières et sortit de sa chambre. Elle attendit que le jour se lève pour se rendormir sur le sofa du salon.

À son réveil, Normande ressentit de vives douleurs dans tout son corps. Leur intensité grandissait dans les endroits précis où les mains furtives s'étaient attardées. Elle souffrait de partout, comme si elle avait été frappée sur tout son corps. Les douleurs persistèrent pendant toute la journée.

Le soir, épuisée, elle s'endormit sur la causeuse en regardant une émission télévisée. Elle fut brusquement éveillée par une ombre très opaque qui passa devant son visage. En ouvrant les yeux, elle vit un bras très noir juste devant elle, à quelques centimètres de son visage. Normande cria à cette chose de partir et lui ordonna de la laisser tranquille. Le bras opaque disparut. À son grand soulagement, elle retrouva le calme pour la nuit.

Le soir suivant, Normande décida de recoucher dans sa chambre. Son expérience du salon lui avait démontré que la pièce de la maison n'avait pas d'influence dissuasive sur ces Entités qui l'attaquaient et elle se dit qu'il valait mieux supporter tout cela dans le confort de son lit où elle pourrait mieux récupérer ses forces même avec peu de sommeil.

À peine endormie, Normande fut éveillée par les Êtres malveillants qui lui manifestèrent bruyamment leur présence. En ouvrant les yeux, elle aperçut des cercles rouges qui bougeaient devant elle et montèrent jusqu'au plafond. Normande les observait avec un calme qui la surprenait. Subitement, un Esprit se matérialisa devant elle. Là, ce fut l'horreur. Elle vit un homme pendu par les pieds qui se balançait la tête en bas juste au-dessus de ses couvertures. Il était attaché au ventilateur fixé au plafond de sa chambre. Le personnage la regardait avec une expression démoniaque. Normande eut le réflexe de sortir de la pièce, mais d'autres Esprits se matérialisèrent au pied du lit. Ils semblaient vouloir lui barrer la route. Paniquée, Normande retrouva assez de sang-froid pour leur crier de partir et pour se mettre à prier. Les Entités indésirables disparurent. C'est là que Normande prit mes coordonnées sur le bout de papier qu'un de ses amis lui avait donné et qu'elle se décida à me téléphoner sur-le-champ pour me faire part de ce qu'elle vivait.

L'investigation ne fut pas facile. Il fallait reculer dans une de ses vies antérieures pour expliquer ce qu'elle vivait. Dans un lointain passé, Normande avait fait un grand tort à des personnes qui l'avaient trahie. Sa manière de réagir à la trahison était peut-être justifiée aux yeux de cette époque, mais son orgueil, sa sévérité et son intransigeance avaient étouffé toute sa pitié. La démesure qu'elle avait exprimée avait profondément marqué ces gens qui en avaient grandement souffert. Peu évolués, ils avaient développé à leur tour une soif de vengeance qu'ils avaient amenée dans l'après-mort. Ils cherchaient depuis ce temps à retrouver Normande, l'auteure de leurs souffrances dont ils avaient oublié les causes. Maintenant qu'ils avaient réussi, ils se consacraient à lui redonner le change de sa fougue.

Heureusement pour Normande, sa vie actuelle avait toujours été empreinte d'amour et de bienveillance. Malgré son athéisme, qu'elle aimait exhiber comme un signe d'intelligence, elle avait intuitivement appliqué les principes d'évolution qui en faisaient une personne bienveillante et honnête. Malgré les apparences, les Esprits vengeurs avaient donc été modérés dans leur élan malveillant par l'Ange gardien qui veillait au respect des limites de son plan de vie. Ils avaient quand même pu la faire souffrir, mais dans une certaine mesure qui découlait uniquement du mal qu'elle leur avait fait et qu'elle n'avait pas su se pardonner.

En sachant la raison de cette hantise, nous pûmes faire des prières bien adaptées à la situation, et le calme revint rapidement dans la vie de Normande.

Elle en retira trois grandes leçons : elle comprit d'abord qu'il ne fallait pas nier ce qu'on ne connaissait pas. Elle voyait comme il était ridicule de rejeter ce qui n'allait pas dans le sens de sa propre opinion sans avoir pris la peine de connaître les autres points de vue et de les avoir analysés en toute objectivité. Elle saisit ensuite à quel point il était important d'éviter de faire souffrir son prochain. Elle avait vu jusqu'à quel point chaque action portait ses propres conséquences autant pour soi-même que pour les autres.

Enfin, elle réalisa que le pardon de nos propres fautes et de celles d'autrui devait se faire pour nous permettre d'évoluer. Il était maintenant clair à ses yeux que tout le mal que nous faisions et que nous subissions n'était que l'expression de notre ignorance temporaire. Les possibles remords et les éventuels désirs de vengeance perdraient dorénavant tout leur sens maintenant qu'elle savait que nous n'étions ici que pour grandir.

***

Certains semblent agir sans autre motif que de faire le mal. Voir souffrir les Esprits qui ont eu le courage de revenir dans la chair constitue un spectacle dont ils sont friands. Si nous n'avions pas nos plans de vie qui limitent leur marge de manœuvre, cette pauvre Terre deviendrait rapidement inhabitable pour plusieurs d'entre nous.

IL TRAVERSAIT LA ROUTE

Fabienne retournait chez elle après une épuisante journée de travail. La route était longue et difficile. Une grosse tempête hivernale rendait la chaussée glissante et la visibilité nulle par endroits. La conduite devenait parfois hasardeuse, d'autant plus que le trafic routier était devenu très intense en raison de la lenteur de la circulation. Des bourrasques soulevaient la neige folle dont les flocons semblaient vouloir se serrer les uns contre les autres, laissant à peine la place à la lumière du jour qui déclinait rapidement.

Fabienne roulait depuis une bonne demi-heure lorsqu'elle distingua les feux d'urgence d'une voiture qui s'immobilisait devant elle. Le conducteur qui la précédait avait dû s'arrêter en voyant une autre automobile effectuer une sortie de route spectaculaire. Le véhicule avait rebondi à plusieurs dizaines de mètres de l'autre côté du fossé qui bordait la route toute blanche. Heureusement que la personne au volant n'avait pas freiné pendant sa sortie, car elle aurait pu effectuer plusieurs tonneaux.

Fabienne s'immobilisa immédiatement en actionnant à son tour ses propres feux d'urgence. La manœuvre était risquée, mais elle ne pouvait laisser à eux-mêmes des gens qui étaient peut-être blessés. En s'arrêtant, Fabienne aperçut un Esprit très sombre s'éloigner de la voiture accidentée. Il portait une grande cape noire sur ses épaules. Un large chapeau également très noir cachait son visage qu'il semblait dissimuler. L'Esprit traversa la route sans se soucier de la circulation qui n'avait aucun impact sur lui. Il entra ensuite dans le petit bois qui longeait une grande partie du chemin. Fabienne fut très surprise d'assister à une telle scène. Elle avait déjà été témoin de quelques apparitions, mais jamais en de pareilles circonstances. La situation était d'autant plus surprenante qu'elle distinguait à peine le paysage autour d'elle.

L'automobile accidentée était mal en point, mais l'unique passager n'avait pas de blessures sérieuses. Légèrement choqué, il dit à ses sauveteurs qu'il ne comprenait pas ce qui s'était passé. Il maîtrisait très bien la conduite de son véhicule lorsqu'il eut subitement l'impression d'en perdre le contrôle. Il n'avait pourtant fait aucune manœuvre qui aurait pu déclencher l'enchaînement des mouvements successifs qui le firent sortir de la route.

Fabienne songea à l'Esprit noir qu'elle avait vu. Elle se dit que le pauvre homme avait peut-être été victime d'une action malicieuse d'un Être qui lui voulait du mal. Elle demanda au premier bon Samaritain s'il avait vu quelqu'un traverser la route avant de sortir de sa voiture. Il regarda Fabienne avec un air surpris en lui rappelant qu'avec une visibilité aussi réduite, il n'aurait même pas pu distinguer un orignal. Fabienne comprit qu'elle avait réellement perçu un Esprit par ses facultés médiumniques et qu'elle ne devait rien rajouter à la conversation.

Lorsqu'elle me fit part de ce qu'elle avait vécu, je fis un lien direct avec une autre curieuse apparition qui s'était manifestée dans la même portion de route quelques années auparavant. C'est mon épouse qui en avait été témoin. Le phénomène m'avait particulièrement intéressé, car Louise ne faisait que très rarement l'objet de manifestations, sa crainte souvent bien justifiée l'éloignant de cette dimension trop incertaine à ses yeux.

Nous étions en plein cœur de l'été et roulions sur cette même route. Nous suivions plusieurs voitures qui circulaient à une vitesse régulière. Tandis que nous négociions une longue courbe que prenait la route pour contourner un joli bosquet, Louise vit l'un des véhicules tourner à gauche et entrer dans le petit bois qui longeait la route. En passant devant l'endroit où l'auto s'était engagée, elle s'écria qu'il n'y avait aucune entrée. Je lui demandai de quoi elle parlait. Elle fut alors surprise d'apprendre que je n'avais pas vu de voiture quitter la route pour entrer dans le bois. Il faut dire que la circulation dense m'obligeait à une constante vigilance et monopolisait mon attention. Louise m'expliqua qu'elle avait réellement vu une voiture grise, plutôt terne et qui semblait bien réelle, tourner à gauche et entrer dans la petite forêt, mais qu'elle venait de constater que la largeur du fossé et la densité des arbres rendaient la chose tout à fait impossible. Je pensai immédiatement que Louise avait aperçu une matérialisation de l'au-delà qui existait dans un niveau vibratoire où le contexte se distinguait du nôtre tout en empruntant certaines similitudes.

L'expérience était intéressante et nous retournâmes plus tard sur la même portion de route. Il n'y avait effectivement aucune possibilité de faire la manœuvre qu'elle avait vue. Il ne restait donc qu'à attendre que le phénomène se reproduise pour tenter d'y voir plus clair.

L'expérience de Fabienne me confirmait qu'il y avait effectivement certaines particularités en ce lieu, mais, surtout, elle me démontrait que des Esprits malveillants pouvaient utiliser des conditions semblables pour engendrer des souffrances chez certains incarnés. Je voyais encore une fois l'importance de la prière pour s'assurer de la pleine protection dans notre monde peuplé d'Êtres invisibles dont tant de personnes ignorent l'existence.

***

Prendre connaissance de ces liens à caractère négatif peut nous inspirer une crainte malheureusement justifiée, mais il faut bien comprendre que ces Esprits ignorants ont besoin d'un terrain propice pour agir. Comme nous venons de le voir, dès que la victime s'ouvre à sa propre spiritualité et qu'elle fait appel aux forces de Lumière, ils ne peuvent plus entretenir le lien négatif avec notre monde d'incarnés. Ils doivent se replier sur eux-mêmes ou profiter de la présence des Esprits lumineux pour s'amender et reprendre la montée, comme nous avons probablement eu à le faire nous aussi dans une période où nous étions moins éclairés.

La prolifération actuelle de la drogue dans le monde n'est pas de très bon augure par rapport à ces liens à caractère négatif que l'au-delà moins avancé cherche à entretenir avec nous. Du point de vue spirituel, sur un plan strictement technique et même mécanique, la

drogue provoque un important abaissement de la vibration périspritale, même si elle se cache sous le vocable
trompeur de drogue douce. Il s'ensuit une harmonisation
immédiate des vibrations de l'incarné consommateur avec
celles des Esprits sombres qui ne cherchent qu'à l'utiliser.
Le drogué devient alors une véritable radio réceptrice qui
laisse libre cours à toutes les manipulations imaginables
des Esprits malveillants du bas astral. Ils peuvent ainsi le
pousser à devenir leur instrument du mal dans le monde
matériel qu'ils peuvent atteindre directement à travers lui.
Combien d'actes méchants ont pu être commis de cette
manière! Heureusement, la présence et l'intervention des
Esprits de Lumière nous assurent une protection dans la
pleine mesure de notre désir réel de monter vers Dieu,
car, dès que les forces de Lumière agissent, ces frères
encore trop ignorants pour comprendre l'appel de Dieu
deviennent totalement impuissants à maintenir le lien
avec nous. Voyons un bel exemple qui nous le démontre
avec évidence.

TROIS ESPRITS EN COLÈRE

Michel et sa femme avaient fait appel à mon aide dans
un élan de dernier espoir. Esthel subissait régulièrement
des attaques de hantise qui la faisaient grandement souffrir. Des Esprits très sombres s'en prenaient à elle. Ils lui
dérobaient ses énergies vitales par toutes les ouvertures
de son corps. Ils utilisaient ensuite le précieux carburant
animalisé pour se manifester bruyamment dans la maison
et empoisonner les jours et les nuits du couple épuisé.
Michel n'était jamais visé directement, mais ils lui imposaient un rôle de spectateur impuissant qui le faisait souffrir autrement. Les Esprits malveillants s'amusaient à leurs
dépens depuis une longue période, et toutes les tentatives
pour les éloigner avaient lamentablement échoué.

Lorsque Esthel et Michel me décrivirent ce qu'ils vivaient malgré les interventions qui s'étaient avérées vaines, je compris qu'il s'agissait d'un de ces cas où seules les croix de protection pouvaient venir à bout du problème. Cette intervention exceptionnelle exigeait de ma part beaucoup de concentration et une ferveur particulière dans les prières que je devais adresser à chacune des croix que je signais directement sur le corps de la victime. J'utilisais alors une huile préalablement traitée par des invocations spéciales qui m'avaient été enseignées directement dans l'astral de Lumière. Les croix créaient une véritable barrière sur les points où l'Esprit malveillant pouvait ancrer les racines de sa connexion fluidique. J'appliquais ce procédé dans les rares occasions où les prières ne parvenaient pas à éloigner les assaillants qui profitaient d'une ouverture de plan de vie pour s'en prendre à leur victime. Ces ouvertures découlaient le plus souvent des vies antérieures ou encore de certaines périodes d'*erraticité*. La victime s'y était alors rendue elle-même coupable de hantise. Dans des cas plus rares, il arrivait que la personne hantée l'ait provoquée dans sa vie actuelle par d'imprudentes invocations de l'au-delà. Nous avons donc appliqué le procédé qui semblait nécessaire.

La nuit suivante, Michel fut éveillé par un bruit insolite. Il ouvrit les yeux et regarda en direction des claquements secs qui provenaient d'un coin de la chambre. Il vit trois Esprits très noirs en sortir. Ne semblant pas tenir compte de la présence de Michel, comme s'ils ignoraient qu'il les voyait distinctement, ils se dirigèrent directement du côté d'Esthel. Leurs traits sombres exprimaient beaucoup de colère. Michel eut l'impression qu'ils étaient fort mécontents de la démarche qu'Esthel avait entreprise pour mettre fin à leur manège.

Lorsqu'ils furent tout près de sa compagne, Michel vit un dôme lumineux se former au-dessus d'elle. Esthel semblait enveloppée d'une Lumière protectrice. Les trois Esprits malveillants tentèrent de la toucher comme ils le faisaient toujours, mais ils ne purent franchir les limites de la couverture d'énergie. Ils s'enragèrent et tentèrent à plusieurs reprises de réussir leur manœuvre, mais en vain. Ils ne pouvaient plus l'atteindre. Les croix de protection se montraient très efficaces.

Heureux de constater leur échec, Michel remercia Dieu et tous les Esprits lumineux qui avaient contribué à aider sa femme. À cet instant, les trois Esprits en colère se tournèrent vers Michel. Une peur indescriptible s'empara de lui. Son corps se figea littéralement lorsqu'il comprit qu'ils voulaient maintenant s'en prendre à lui.

Ils s'approchèrent et le frappèrent violemment aux jambes. À chaque coup ressenti, tout le corps de Michel se soulevait de son lit. Il sentait bien l'impact, mais était surpris de la faiblesse des coups portés. Malgré les mouvements de son corps, il avait l'impression que ses assaillants ne pouvaient pas le blesser, comme si leur force de frappe était neutralisée par une autre force encore plus grande.

Devant leur second échec, les trois Esprits se retirèrent en passant par la salle de bains. Après qu'ils eurent disparu, ils firent claquer la porte qui sembla se fermer d'elle-même.

Ébranlé par la peur, Michel put enfin éveiller Esthel qui ne s'était rendu compte de rien. Il lui raconta nerveusement ce qui venait de se passer. Ils firent la prière que je leur avais donnée pour se prémunir contre les hantises. Tout demeura calme pour le reste de la nuit.

Michel me téléphona tôt le matin pour me faire part de la venue de ces visiteurs et des merveilleux résultats qu'il avait observés. Il avait constaté que les possibilités d'actions des Esprits du bas astral devenaient très limitées dès que la protection divine se manifestait. Je lui expliquai que, de plus, ces Entités retardataires ne pouvaient s'en prendre qu'aux incarnés qui leur avaient ouvert les portes par leur imprudence ou par de lointaines erreurs du passé. C'est pour cette raison que les Esprits noirs ne s'en étaient jamais pris directement à lui et que leur attaque de la nuit précédente s'était avérée aussi vaine malgré tous les efforts.

Michel me remercia de nouveau pour l'aide qu'ils avaient obtenue, mais aussi pour l'éveil spirituel qui lui avait fait comprendre l'importance de s'harmoniser avec nos Amis de Lumière dans un monde si vulnérable à l'action malicieuse des Esprits sombres qui nous côtoient.

2. Les liens à caractère positif

Les liens établis sous des motifs de bienveillance sont beaucoup plus nombreux que ceux que nous venons de voir. Nous en entendons cependant beaucoup moins parler, car le plus souvent ils sont beaucoup moins impressionnants. Leur importance n'en demeure pas moins cruciale pour la plupart d'entre nous. Ce sont des liens d'amour qui s'expriment par des signes plus ou moins sensibles et qui proviennent de défunts ou d'Esprits plus avancés voulant soutenir un incarné. Nous profitons tous quotidiennement de cette aide précieuse même si, souvent, nous n'en prenons aucunement conscience.

Pour bien comprendre ces liens étroits qui nous unissent à l'au-delà dans la bienveillance, nous aborderons diverses manifestations qui en confirmeront la pleine réalité. Nous les regrouperons selon la catégorie d'Esprits que nous rencontrons le plus souvent dans les expériences médiumniques terrestres.

Les Anges gardiens

Une catégorie d'Esprits bienveillants que nous connaissons maintenant assez bien désigne les Anges gardiens. Nous en avons d'ailleurs déjà parlé. Ce sont des Esprits guides lumineux qui assurent l'application de notre plan de vie sur Terre. Ils participent à notre préparation d'incarnation, nous accompagnent pendant notre vie et nous aident à prendre notre place dans notre après-mort. Nous pourrions discourir longtemps sur eux, mais nous avons déjà vu leur importance et le rôle majeur qu'ils pouvaient jouer dans notre quotidien.

Voyons donc simplement quelques situations qui nous démontrent la grande proximité qu'ils entretiennent avec nous. La première nous vient d'une jeune femme qui fit la subite découverte de son existence. La seconde provient d'une expérience où je fus directement impliqué vers la fin de la période de consultation.

MESSAGES CONFIRMÉS PAR L'AU-DELÀ

Jusqu'à ses dix-huit ans, Marielle n'avait jamais vécu de phénomène médiumnique susceptible de lui confirmer l'existence hypothétique d'Entités invisibles qui pouvaient nous côtoyer dans notre quotidien. Elle en avait entendu parler dans des films, dans des lectures et lors de certaines conversations entre amis, mais elle ne s'était jamais vraiment interrogée sur la véracité de tous ces dires et encore moins sur l'utilité d'en recevoir la confirmation.

C'est lors d'un séjour à la campagne que la dimension spirituelle vint à elle pour s'imprégner définitivement dans sa vie de tous les jours.

Marielle séjournait chez sa grand-mère depuis quelques jours. Elle dégustait le bon air de la campagne où l'été prenait un charme savoureux. Elle se replongeait dans son temps d'enfance, se remémorant les belles vacances estivales où elle venait dans ces mêmes lieux au visage inchangé.

Marielle s'était rendue dans le potager. Elle adorait prendre soin des plants de tomates, surtout lorsque venait le temps d'enlever les drageons de ces herbacés alors garnis de fleurs. Elle aimait sentir qu'elle contribuait concrètement à la production des petits fruits dont elle était gourmande.

Soudain, un lourd grondement se fit entendre au loin. En levant la tête, Marielle vit de sombres nuages avancer vers elle; elle se dit intérieurement qu'il y aurait un fort orage. Évaluant mal la vitesse de la dépression, elle crut avoir le temps de terminer son travail. Marielle se retrouva rapidement sous la pluie battante. Elle courut vers la maison. Le voile du ciel assombri sembla se déchirer d'un formidable éclair juste au moment où elle ouvrait la barrière métallique du petit jardin. Marielle fut directement frappée par la foudre. La force électrique pénétra par sa main et ressortit par son pied. Sa grand-mère qui l'attendait sur la véranda poussa un cri de frayeur. Elle courut à son aide. Marielle était toujours consciente, mais une vive douleur l'empêchait de marcher. Elle se mit à pleurer comme lorsqu'elle était enfant. Sa grand-mère appela du secours et Marielle fut conduite à l'hôpital le plus proche.

Physiquement, Marielle s'en tira avec une brûlure qui guérit rapidement, mais le syndrome de stress post-traumatique que l'expérience avait provoqué fut beaucoup plus long à soigner.

La décharge électrique eut cependant un effet encore plus particulier. Il déclencha une médiumnité qui, jusque-là, était demeurée complètement silencieuse. Marielle commença à entendre une voix féminine très douce qui ne se manifestait qu'à des moments où elle avait besoin d'un conseil judicieux.

Au début, la situation prenait des airs agaçants, mais Marielle s'adapta progressivement, y trouvant finalement de précieux avantages. Avec les années, un sentiment d'amitié se développa chez Marielle avec l'Être invisible qui l'assistait avec beaucoup de bienveillance. Elle en vint même à l'appeler familièrement *sa petite voix*.

C'est beaucoup plus tard que la petite voix conseilla à Marielle de me rencontrer. En fait, nous nous vîmes à quelques reprises. Chaque fois, je pus recevoir des informations qui concernaient autant le passé de Marielle que son avenir plus ou moins rapproché. Des conseils pour Marielle m'étaient inspirés. Je lui transmettais ce que je recevais avec la conviction que tout cela l'aiderait grandement dans son cheminement terrestre.

Au début, je trouvais curieux que l'Esprit qui lui parlait ne lui donne pas lui-même toutes ces informations, mais mon Esprit guide me fit comprendre que c'était alors beaucoup plus facile pour cet Esprit de passer par mon intermédiaire. C'est là qu'il me confia que la petite voix était celle de son Ange gardien.

Deux ans plus tard, Marielle me donna de ses nouvelles. Une grande partie de ce que je lui avais dit se réalisait. Son Ange gardien lui rappelait sporadiquement les informations reçues chez moi et les utilisait pour mieux la conseiller. Marielle se vit même confirmer des aspects importants de sa vie antérieure que j'avais pu lui dévoiler. Ils donnaient un sens logique aux difficultés qu'elle rencontrait sur sa route et éclairaient toute sa réflexion spirituelle.

Il n'était pas dans mes habitudes de révéler tant d'informations aux personnes qui me consultaient. Chaque fois, je craignais, avec raison, que le risque soit trop grand de générer ainsi plus de mal que de bien. Avec Marielle, je dépassai dans une certaine mesure les limites de ma prudence, mais j'eus finalement raison de me fier au bon sens des Esprits lumineux qui le jugeaient à propos, car le temps m'en confirma clairement la pertinence.

UN PRODUIT À ÉVITER

Joanie m'avait consulté pour un problème de douleur aux jambes que la médication ne parvenait pas à contrôler. Il y avait bien des médicaments qui pouvaient lui enlever la douleur, mais elle en perdait l'acuité intellectuelle dont elle avait impérativement besoin pour son travail. Elle devait donc se résigner à vivre avec beaucoup d'inconfort pour pouvoir répondre aux exigences de son quotidien.

Pendant la prière faisant appel à l'assistance des Esprits de Lumière, le mot *fixatif* s'écrivit bien lisiblement devant moi. Il était comme écrit à l'encre noire sur un fond lumineux. Dès que ma prière d'invocation fut terminée, je demandai à Joanie si elle avait changé récemment de fixatif. Surprise, elle me répondit par l'affirmative. Depuis deux jours, elle utilisait un nouveau produit dont une copine lui avait vanté les mérites. Sachant qu'on ne m'avait pas montré le mot inutilement, je lui demandai si elle n'avait pas observé de récents problèmes d'allergie ou autres. Les yeux grands ouverts, elle me confia que, depuis deux jours, elle éprouvait beaucoup de difficulté à respirer. Elle songeait même à consulter, craignant le début d'une grippe maligne. Je lui fis part du mot que je venais de voir. Joanie fit le lien instantanément entre son nouveau fixatif et ses problèmes respiratoires.

Joanie se montra émerveillée par un tel phénomène. Je venais de recevoir de son Ange gardien l'information dont elle avait besoin pour lui éviter des difficultés qui avaient été jugées inutiles. Il avait bien voulu profiter de notre rencontre pour lui apporter son aide.

Je reçus des nouvelles de Joanie peu de temps après. Ses difficultés respiratoires s'étaient rapidement estompées dès qu'elle avait cessé d'utiliser son nouveau fixatif. Malheureusement, son problème de jambes persistait. Il y avait eu une accalmie pendant quelques jours, mais la douleur avait repris son cours comme une nécessité qu'elle ne pouvait contourner.

J'appris alors de son Ange gardien que ces douleurs exprimaient un mal plus profond. Elle vivait des difficultés dans sa vie de couple et devait répondre à un haut niveau d'exigences à son travail. Les deux éléments combinés entretenaient un désordre récurrent dans ses énergies périspritales, ce qui permettait à la maladie de s'installer facilement dans son corps de chair qui n'avait plus la force vitale suffisante pour y résister. Joanie devait donc d'abord faire un grand ménage dans sa vie en y remettant de l'ordre, de l'amour et de la lumière divine pour conserver les énergies reçues et en maintenir l'abondance.

Je transmis ces informations à Joanie qui y trouva beaucoup de bon sens. Avec l'aide de la prière, elle entreprit une démarche où elle introduisit son époux qui voulut bien collaborer. Ils identifièrent les éléments à corriger, les attitudes à éviter et l'assaisonnement d'amour à redonner aux heures de leurs journées. Ensemble, ils parvinrent à de surprenants résultats.

Pour Joanie, les douleurs aux jambes diminuèrent beaucoup, mais revinrent sporadiquement comme pour lui rappeler chaque fois le cap qu'elle devait garder. Sa victoire ne faisait cependant aucun doute, car elle bénéficiait de l'assistance de son Ange gardien qui veillait à ce que tout se fasse dans le plein mérite de ses efforts et dans le respect intégral de son plan de vie.

* * *

À chacune des manifestations d'un Ange gardien, sa connaissance de nos pensées intimes et de nos plans de vie ressort avec évidence. Nous voyons alors pourquoi il peut tant devenir efficace lorsque vient pour lui le temps d'agir. Les deux situations suivantes nous montrent bien cette connexion directe qui existe entre nos propres pensées et cet Esprit guide anonyme.

UNE COUPE NOIRE

Lucienne venait me consulter une fois l'an. Elle disait qu'elle venait mettre à jour son cheminement spirituel. Nous en profitions parfois pour vérifier et renforcer la circulation de son fluide vital lorsqu'elle le sentait à propos.

Lucienne était très proche de sa spiritualité. Grande adepte de la prière, elle avait le souci constant de mettre

Dieu dans son quotidien par l'application des grands principes de l'amour inconditionnel.

Au début de chaque rencontre, nous faisions l'indispensable prière qui faisait appel à l'assistance des Esprits lumineux. Souvent, il m'arrivait pendant cette prière de recevoir de l'Ange gardien des messages qui exprimaient toujours la grande intimité des liens nous unissant à ce précieux Guide invisible qui nous accompagne.

Lucienne et moi nous tenions debout. Je récitais à haute voix la prière d'invocation que Lucienne redisait intérieurement. À peine avions-nous commencé que je perçus le cône de lumière dorée qui se présentait habituellement pendant ce type de prière, mais cette fois des anneaux superposés le formaient en couches régulières. Chacun d'eux émettait une superbe lumière dorée qui nous entourait.

Je vis alors une coupe apparaître devant moi. Elle semblait très opaque, voire matérielle. Sa couleur noire contrastait fortement avec le cône doré lumineux qui nous enveloppait. La coupe semblait reposer sur une surface fixe, telle une tablette que je ne pouvais percevoir. Je décrivis la coupe à Lucienne. À ces mots, une force invisible sembla pousser lentement le récipient jusqu'à ce qu'il disparaisse complètement. On aurait dit que le vase avait glissé en dehors de mon champ de vision.

Lorsque j'expliquai à Lucienne ce qui venait de se passer, elle remercia Dieu. Elle me dit qu'elle Lui demandait depuis plusieurs jours d'éloigner la coupe de souffrances qui se présentaient à elle. Elle craignait fortement de ne pas pouvoir en boire le contenu et elle invoquait le ciel de lui éviter la lourde épreuve si cela pouvait aller dans le sens de la volonté divine.

Lucienne trouva extraordinaire de m'avoir montré une coupe noire alors que c'était l'expression qu'elle avait utilisée dans ses prières, mais elle voyait encore plus grand le fait d'avoir été exaucée.

Les jours suivants confirmèrent qu'elle avait effectivement évité les souffrances tant appréhendées. J'étais aussi impressionné que Lucienne, mais l'image que j'avais perçue prenait une signification encore plus profonde à mes yeux. Je voyais encore une fois comme nos prières et nos pensées atteignent bien ceux que nous invoquons, mais surtout je vivais une autre confirmation de la bienveillance de l'Ange gardien qui veille sur nous dans la fragilité que nous impose le voile qui fait oublier.

UN SUBLIME APPEL À L'AIDE

Après plusieurs années de bonheur et de prospérité, la vie d'Armande prit une tournure dramatique qui la plongea rapidement dans une existence peu enviable. La mort subite de son mari la laissa seule avec ses trois enfants encore en bas âge. Elle reprit donc le marché du travail, mais la maladie se mit de la partie, lui causant de graves séquelles qui la rendirent inapte à l'emploi. Son état physique et son équilibre psychologique déclinèrent davantage lorsqu'elle se vit acculée à l'extrême limite: celle qui l'obligeait à vivre de l'assistance sociale. C'est qu'après avoir épuisé toutes ses ressources financières, elle ne pouvait plus subvenir aux besoins de sa petite famille. Elle dut donc se résoudre à faire les impensables démarches qui s'imposaient.

Son amour-propre en prit un grand coup. Elle qui

s'était vu ouvrir les portes de l'aisance matérielle se voyait parmi les démunis sur qui elle avait déjà jeté un regard dédaigneux.

Après une douloureuse période de révolte, Armande se tourna vers Dieu. Cette attitude de sagesse lui fit redécouvrir les enseignements spirituels que ses parents lui avaient donnés dans sa tendre enfance. Elle chercha à comprendre les raisons de ce changement radical qui s'était imposé à elle et à ses enfants. Elle devait trouver des réponses. Pourquoi la vie pouvait-elle se montrer si bonne et si prometteuse et devenir si cruelle et sans issue? Pouvait-elle espérer que le mouvement soit réversible?

Son élan spirituel la dirigea vers de nombreuses lectures qu'elle n'aurait jamais pensé parcourir un jour. C'est ainsi qu'elle découvrit l'effet réel de la prière, l'existence des plans de vie et la présence maintes fois rapportée de l'Ange gardien.

À travers les déboires qui se prolongeaient, Armande se mit à prier. Renforcée par toutes les nouvelles connaissances spirituelles qu'elle s'appropriait, elle persévérait à croire que Dieu veillait sur elle et qu'elle s'en sortirait.

Ne voyant aucun signe d'amélioration après une année de prière soutenue, Armande commença à penser que toutes ces invocations étaient inutiles. Le doute surgit progressivement en elle et diminua son ardeur. Cette attitude négative éveilla son angoisse qui avait laissé toute sa place à l'espoir. Dans un grand élan du cœur, elle implora son Ange gardien de lui faire un signe de sa présence.

C'était le soir. Les enfants dormaient à poings fermés. Assise dans sa cuisine, Armande s'adressait à ce Guide inconnu dans un sublime appel à l'aide. Alors qu'elle s'était presque résignée à son silence, une lumière apparut sur le mur en face d'elle. Elle crut d'abord que c'était un effet de la petite lampe qui tamisait la pièce à peine éclairée, mais un bref coup d'œil lui fit rapidement comprendre qu'il en était bien autrement. La lumière semblait venir de nulle part. En la regardant avec plus d'attention, l'intensité lumineuse prit de l'ampleur, puis devint de plus en plus étendue. Elle finit par recouvrir une grande partie du mur. Ébahie par un tel phénomène, Armande reprit ses prières à son Ange gardien. Elle vit alors un Ange se dessiner progressivement sur le mur. Il était tout blanc et très lumineux. La forme devint de plus en plus précise. De grandes ailes apparurent de chaque côté du personnage, puis Armande distingua nettement son visage. L'Esprit lumineux la regardait avec beaucoup d'amour et de tendresse. Il lui fit un beau sourire lorsque Armande lui demanda s'il était bien son Ange gardien. Elle lui dit merci, et l'apparition disparut. Le mur reprit immédiatement sa grisaille.

Armande se pinça pour s'assurer qu'elle n'avait pas rêvé. Une grande sensation de bien-être avait inondé toute son âme. Des larmes incontrôlables coulaient sur ses joues. Elle venait de recevoir directement du ciel la confirmation qu'elle n'était pas seule et que tout ce qu'elle vivait avait sa raison d'être. Le bonheur indescriptible qu'elle ressentait contrastait avec le malheur qui l'entourait. Une grande Lumière s'était enflammée en elle, celle qui guiderait désormais ses pas sur le chemin de la pleine réussite de son plan de vie.

Armande me rencontra peu de temps après avoir vécu cette extraordinaire expérience. Elle voulait en savoir davantage sur les raisons de tous ses déboires.

Nous pûmes recevoir de fort intéressantes informations qui lui donnèrent beaucoup de force pour le présent et d'espoir pour l'avenir. Je ne peux malheureusement vous en dire davantage sur la suite de notre rencontre, car je ne reçus jamais plus de ses nouvelles. Je pris cela comme étant le signe qu'elle s'était véritablement prise en mains dans son autonomie spirituelle et je remerciai Dieu de bien vouloir exaucer ses prières.

***

L'action de l'Ange gardien ne se limite pas seulement à nos heures de jour. Sa disponibilité et sa générosité continuent directement dans le monde astral pendant nos heures de sommeil. Le témoignage de Mireille, qui conserva le plein souvenir d'une de ses expériences, nous apporte une bonne idée du genre d'assistance qu'il peut alors nous apporter.

UN RETOUR DU PASSÉ

Lorsque Mireille fit appel à moi, elle subissait l'assaut d'Esprits sombres du bas astral qui s'en prenaient autant à elle qu'à ses deux enfants. C'est lorsqu'elle comprit que ceux-ci étaient également visés qu'elle se décida à m'écrire.

Mireille n'en était pas à ses premières expériences de manifestations négatives. Depuis longtemps, elle avait dû lutter contre des assaillants qui l'attaquaient autant dans ses rêves que dans son quotidien. Elle s'en sortait par la prière qui l'aidait à garder son équilibre intérieur, mais elle ne pouvait supporter de voir ses enfants subir les mêmes souffrances qu'elle avait connues.

Les Esprits noirs atteignaient ses enfants par la voie

des rêves. Chaque fois, au même moment, les deux enfants entraient dans une phase cauchemardesque où des scènes d'horreur identiques les entraînaient dans des expériences traumatisantes. La peur augmentait ensuite d'intensité lorsqu'ils constataient, à leur réveil, qu'ils avaient curieusement vécu les mêmes aventures. Des têtes coupées ensanglantées meublaient leurs rêves. Des Esprits décapités venaient à eux, s'amusant à remettre et à enlever leur tête. Beaucoup de sang coulait autour d'eux. Une ambiance de violence et de mort vécue chaque nuit laissait une très désagréable impression pour toute la journée.

Mireille subissait le même sort, mais, en plus, elle voyait des ombres longer les murs de sa chambre dès son réveil. Elle fut même victime d'une ponction de son fluide vital directement dans sa rate périspritale par l'ouverture vaginale, ce qui lui laissa l'horrible impression d'avoir été violée.

Après les prières d'usage et les interventions appropriées, je conseillai à Mireille de demander la permission divine d'approfondir les causes de ces indésirables expériences dans l'astral de Lumière pendant ses heures de sommeil.

À sa grande surprise, sa demande fut exaucée après quelques semaines de prières.

Elle venait à peine de s'endormir lorsqu'elle perçut un bel Esprit lumineux qui s'approchait d'elle. Mireille comprit immédiatement que l'Entité était venue la chercher. L'Esprit de Lumière lui était très familier, bien qu'elle ne réussît pas à se souvenir où elle l'avait déjà rencontré. C'est un peu plus tard, en l'accompagnant dans l'au-delà, qu'elle comprit qu'il s'agissait de son Ange gardien. Il s'était montré à elle à l'époque où elle avait deux ou trois ans. Beaucoup d'amour émanait de cet être. Une lumière blanche fluorescente enveloppait tout son corps vaporeux.

Sans prononcer un seul mot, l'Ange gardien fit comprendre à Mireille qu'il la conduirait dans une vie antérieure où elle comprendrait la raison de tous ses malheurs.

Ils arrivèrent à un grand escalier à l'apparence de pierres blanches qui tournait à trois cent soixante degrés. Une grande ouverture y donnait accès. Mireille eut le réflexe d'y monter, mais l'Ange gardien lui indiqua qu'elle devait plutôt descendre, là où se trouvait le cumul des vies antérieures. Mireille se souvient qu'elle descendit deux paliers pour arriver à leur destination. Une grande ouverture semblable à celle où ils étaient entrés donnait sur chacun des paliers.

Mireille suivit l'Ange gardien. Il la dirigea dans une grande pièce où elle vit se dérouler une vie antérieure. Elle se trouvait comme au centre de la scène. Les événements se passaient autour d'elle. En s'observant agir dans le passé, elle se reconnaissait, bien que son apparence fût très différente.

Leur temps semblait compté. L'Ange gardien lui montra rapidement ce qui pouvait l'intéresser. C'est là qu'elle vit qu'elle avait déjà hanté une femme et son enfant pour se venger. Elle avait ainsi exprimé une haine envers ses victimes, haine inutile qui, elle le voyait clairement, n'avait jamais eu sa raison d'être. Un grand chagrin obscurcissait sa pensée. Son Ange gardien lui projeta alors un bel effluve d'amour et lui signifia qu'ils devaient quitter les lieux.

Rendue au palier de départ, Mireille voulut monter

plus haut pour voir l'avenir, mais son Ange gardien lui dit qu'elle oublierait alors toute cette expérience astrale.

Mireille fut ramenée à son corps charnel en sommeil avec tous ses souvenirs qui demeurèrent assez longtemps dans sa mémoire pour les noter et ne pas les oublier.

Pendant les jours suivants, Mireille demanda pardon à Dieu pour ses fautes antérieures. Je lui précisai, plus tard, que c'était elle qui devait se pardonner pour se libérer de ses souffrances, car Dieu l'avait fait avant même qu'elle commette ses fautes découlant de son ignorance passée.

Son Ange gardien lui avait donné la clé de sa libération. Il ne lui restait qu'à s'en servir pour ouvrir son cœur et se libérer de ce lointain passé.

Les Esprits protecteurs

En analysant les liens à caractère positif qui découlent des intentions du défunt, nous retrouvons une autre catégorie d'Esprits bienveillants qui pourrait faire l'objet d'une abondante documentation : les Esprits protecteurs assistent et complètent le travail de l'Ange gardien dont la marge d'action est parfois fort limitée par nos mauvaises façons de réagir d'hier et d'aujourd'hui. Les défunts que nous pourrions qualifier d'Esprits protecteurs sont les parents, les amis et les personnes significatives qui possèdent l'autorité et la volonté d'apporter sa contribution directe à des incarnés avec qui ils entretiennent de solides liens d'amour. Ce ne sont pas tous des Esprits nécessairement très avancés, mais ils ont tous suffisamment grandi vers Dieu pour comprendre l'importance de l'entraide et de la générosité.

Les Esprits protecteurs peuvent s'impliquer dans toutes les sphères de notre incarnation. Ils n'agissent cependant qu'avec la permission divine. La prière demeure donc très importante pour favoriser leur bienveillante intervention. Mes expériences médiumniques m'ont permis de voir des Esprits protecteurs agir directement pour contrer des hantises dont un de leurs proches était victime. Ils ne pouvaient cependant agir que grâce à l'autorité morale que leur conférait un niveau d'élévation suffisant pour le faire. Je voyais chaque fois comme il était important de s'élever le plus possible de notre vivant si nous voulions espérer aider les nôtres après notre mort. Voyons un exemple de deux Esprits protecteurs venus aider leur fille aux prises avec de telles situations :

UNE OMBRE PRÈS DE SON LIT

Candide vivait des contacts médiumniques depuis sa tendre enfance. Elle avait hérité de cette faculté de sa mère qui s'était toujours montrée extrêmement discrète sur ce sujet, de peur de passer pour une femme déséquilibrée. Aussi, lorsque Candide lui faisait part de ses craintes, elle trouvait toujours une oreille attentive qui l'aidait à mieux intégrer ses rapports bien involontaires avec les Invisibles.

Candide avait fait appel à moi dix ans avant de vivre l'événement que je vous rapporte ici dans notre réflexion spirituelle. Elle avait alors eu maille à partir avec une Entité retardataire qui hantait le logement qu'elle habitait depuis peu. Il s'en prenait à elle pour qu'elle quitte les lieux. La prière contre les hantises avait réussi à faire entendre raison à cet Esprit errant qui put progressivement reprendre sa montée.

Par la suite, Candide connut une longue période de

calme. Il lui arrivait de percevoir de belles lumières et des Esprits lumineux venus la saluer, mais rien de désagréable n'accompagnait ces manifestations qu'elle qualifiait de contacts d'amour.

En dix ans, bien des choses avaient changé. Ses parents étaient décédés. Elle habitait maintenant la maison qu'ils lui avaient léguée. Sa vie n'était toujours pas facile, mais elle continuait courageusement sa progression spirituelle à travers son quotidien.

Après cette période d'accalmie, Candide fut profondément déçue d'apercevoir de nouveau une ombre noire qui rôdait dans sa chambre pendant la nuit. Chaque fois qu'elle s'éveillait, elle pouvait voir une forme humaine sombre qui disparaissait dès qu'elle se rendait compte de sa présence. Au début, comme la manifestation ne semblait pas agressive, Candide n'éprouvait qu'une peur relative. Elle ordonnait à l'Esprit de partir, il disparaissait et elle se rendormait aussitôt.

Candide ne pensa pas tout de suite à utiliser la prière qui s'était jadis avérée très efficace. Sans doute qu'elle ne se sentait pas encore réellement menacée, mais les choses changèrent assez rapidement.

Une nuit, Candide sortit de son sommeil. En ouvrant les yeux, elle perçut l'ombre noire qui la visitait depuis quelques nuits. Elle lui ordonna de partir, mais, contrairement aux autres fois, il se montra insensible à son commandement. Candide ressentit subitement une grande peur. Elle comprit que l'Esprit pouvait devenir menaçant. Ses idées se figèrent. Elle ne pensa même pas à demander de l'aide.

L'Esprit sembla vouloir profiter de la situation et il s'approcha rapidement de son lit. Candide le voyait tout près. Elle aurait voulu se sauver, crier, mais son corps ne lui obéissait plus. Candide sentit alors une main très opaque la pousser sur la tête. Elle distinguait nettement les ongles longs de l'Entité. Elle eut l'impression que l'Esprit cherchait à pénétrer dans son crâne. Sa chevelure ployait sous la pression de la main malveillante.

Son instinct de survie éveilla subitement tous ses sens et toute sa pensée. Elle cria à l'Esprit de partir et demanda à haute voix l'aide des Esprits de Lumière. Elle récita dans ses mots la prière contre les hantises qui revint à sa mémoire.

C'est là qu'elle vit son père et sa mère apparaître dans sa chambre. Ils étaient tout lumineux. Une grande détermination se lisait sur leur visage. L'Esprit noir disparut sur-le-champ.

Candide se mit à pleurer. Elle ne savait trop si c'était dû à la peur ou au plaisir de revoir ses parents, mais elle ne pouvait retenir ses larmes.

Son père et sa mère la regardaient avec beaucoup d'amour. Sa mère lui dit qu'elle n'avait plus rien à craindre, qu'ils la protégeaient, mais elle ajouta que Candide ne devait jamais négliger la prière pour maintenir un lien permanent avec les vibrations subtiles des Esprits lumineux. Les deux Esprits lui soufflèrent un baiser et disparurent comme ils étaient venus. L'Esprit noir ne se remontra jamais plus par la suite.

Candide me dit qu'elle garderait toujours un souvenir très vivant de cette fameuse nuit. Lorsqu'elle m'en fit part, elle m'expliqua qu'elle avait compris l'importance des Esprits protecteurs qui se retrouvent souvent parmi nos proches défunts. Cette expérience médiumnique lui avait confirmé non seulement leur existence et l'efficacité de leur travail auprès de nous, mais aussi l'importance de maintenir un lien d'amour avec eux par la pensée et la prière.

* * *

Certaines interventions d'Esprits protecteurs nous démontrent non seulement un pouvoir d'action directe dans notre monde d'incarnés, mais aussi une étroite connaissance des résultats qui peuvent en découler. Nous comprenons alors l'intimité qu'ils peuvent partager avec l'Ange gardien dans ses connaissances des événements prévus sur notre route et la marge de manœuvre applicable dans les balises de notre plan de vie.

DE GRANDES INQUIÉTUDES

À treize ans, Justin débordait d'énergie. Il était un véritable boute-en-train autant à la maison qu'à son école. Pour plusieurs, il apportait le rayonnement qui pouvait embellir une journée.

La nouvelle de son hospitalisation apporta la consternation parmi tous ceux et celles qui le côtoyaient. Grand sportif, il n'avait jamais laissé penser qu'il pourrait tomber malade.

Justin s'était plaint toute la journée d'un curieux malaise dans une jambe. Le mal avait commencé subitement et gagnait de plus en plus en intensité. Au début, Carole, sa mère, pensait qu'il pouvait s'agir d'un effet de sa croissance, mais l'escalade de la douleur lui inspira finalement une grande inquiétude.

Heureusement, elle put consulter en milieu de soirée un médecin qui examina Justin et confirma la pertinence de ses craintes. Justin fut conduit d'urgence à l'hôpital et passa plusieurs examens. Le praticien soupçonnait la présence de la bactérie mangeuse de chair. Comme il fallait peut-être agir vite, il en avertit immédiatement sa mère qui ne put retenir ses larmes.

Pendant qu'ils appliquaient le protocole d'intervention, Carole se mit à prier sa défunte mère qui avait été très proche de Justin. La dame était décédée depuis plus de cinq ans. Son départ avait grandement affecté Justin. Ils étaient comme deux âmes sœurs que la vie avait réunies pour quelques années. Une grande complicité s'était tissée entre eux, et Carole se dit qu'elle pourrait sûrement l'aider.

Elle sortit de son sac à main une photo de la défunte qu'elle gardait depuis son décès. Elle la tint très fort et la pria de protéger Justin, son petit-fils bien-aimé. Elle pria ainsi sans relâche jusqu'à ce que l'on vienne lui donner des nouvelles de son enfant. On lui apprit alors que tout semblait se stabiliser.

Vers deux heures de la nuit, on lui expliqua que Justin était sous sédatif et qu'il valait mieux qu'elle retourne chez elle se reposer jusqu'au matin. L'infirmière lui fit comprendre que son enfant aurait plus besoin de sa présence plus tard et qu'elle aurait avantage à récupérer ses forces. Devant le gros bon sens de ces propos, Carole accepta de suivre la suggestion et se coucha dès son retour chez elle.

Elle tenait toujours la photo de sa défunte mère et continuait de la prier. L'attente du sommeil peu invitant semblait interminable. Soudain, elle sentit une présence dans sa chambre. Apeurée, elle ouvrit les yeux. À cet instant, elle vit sa défunte mère au pied de son lit. Elle était radieuse. Une superbe lumière fluorescente l'entourait. Carole fut surprise de reconnaître les vêtements que sa mère portait à son enterrement. La défunte la regardait avec douceur et lui souriait. Elle lui adressa la parole comme elle le faisait lorsqu'elle la consolait. Elle dit à Carole de ne pas s'inquiéter et indiqua qu'elle veillait sur Justin et qu'il s'en sortirait sans aucune séquelle.

Carole eut à peine le temps de la remercier qu'elle tomba dans le sommeil. Quatre heures plus tard, elle s'éveilla. Elle s'empressa de se lever. Sans prendre le temps de déjeuner, elle se prépara rapidement et partit pour l'hôpital.

En arrivant, elle reçut de très bonnes nouvelles. Justin avait rapidement récupéré. Tous les symptômes avaient disparu. Ils le gardèrent en observation pendant quelques jours, mais le mal avait définitivement été éliminé.

Lorsque Carole rapporta à Justin ce qu'elle avait vécu, il était encore bien jeune du haut de ses treize ans, mais il comprit que sa grand-mère était toujours vivante et qu'elle veillait sur lui comme aux plus beaux jours.

***

Les interventions des Esprits protecteurs peuvent parfois s'apparenter grandement à celles de l'Ange gardien. Nous observons cette particularité lorsqu'ils agissent pour stimuler le cheminement spirituel de leur protégé. Ils travaillent alors étroitement en fonction des objectifs inscrits dans le plan de vie de l'incarné qui ne donne pas les efforts suffisants pour s'engager sur la voie de la réussite. Lorsque les Esprits protecteurs interviennent à ce niveau, ils coordonnent leur action avec celle de l'Ange gardien qui y trouve un précieux complément à son propre travail. D'après l'analyse que j'ai pu faire de ce type de manifestations, les Esprits protecteurs agiraient ainsi lorsqu'un protégé doit réussir son plan de vie pour suivre dans sa montée la famille de l'au-delà à laquelle il appartient. C'est comme s'il ne pouvait plus se permettre de retard et devait impérativement se prendre en mains pour rattraper les autres qui auraient déjà réussi ce qu'il doit surmonter à son tour. Voyons un exemple de ce type d'action posée par un Esprit protecteur qui fit même d'une pierre deux coups.

PEUR DE LA PATERNITÉ

Eugénie me fit part généreusement de son expérience pour que je puisse la partager avec vous. Son témoignage nous démontre clairement l'action bienveillante que certains défunts peuvent poser dans nos vies d'incarnés.

Eugénie fréquentait Carl depuis près de trois ans. Ils projetaient de se marier après la fin de leurs études. Leurs rêves prirent fin brusquement un matin de juin lorsque le jeune amoureux fut emporté dans un tragique accident de la route.

Le départ de Carl marqua profondément Eugénie. Elle n'aurait jamais cru qu'il puisse mourir aussi tôt avec son corps si fort et si imposant. Sa chevelure rousse lui faisait d'ailleurs souvent penser à un immense flambeau qui ne s'éteindrait jamais.

Eugénie traversa une longue et difficile période où les pleurs étaient souvent à l'ordre du jour. Elle ne pouvait se faire à l'idée que l'amour de sa vie appartienne désormais à un autre monde qui l'éloignait pour toujours.

Plaçant ses espoirs dans une possible survie d'après-mort où ils pourraient se retrouver, Eugénie se mit à lire plusieurs ouvrages qui traitaient du sujet. C'est ainsi qu'elle sut qu'elle pouvait demander à Carl de la soutenir dans sa peine et de l'aider à s'adapter à l'impitoyable sort qui la frappait.

Plus tard, elle pria pour le rencontrer en astral de Lumière pendant ses heures de sommeil. Sa demande fut exaucée après quelques semaines.

Carl la reçut dans un contexte qu'Eugénie ne parvenait pas à distinguer, mais, se centrant sur son amoureux enfin bien vivant devant elle, elle n'y accorda pas beaucoup d'importance. Elle fut surprise du contact très physique qu'elle ressentait en le prenant dans ses bras. Il avait conservé sa stature imposante, et ses cheveux semblaient toujours enflammés. Les retrouvailles conscientes permirent à Eugénie d'exprimer sa peine et la profonde blessure qui la faisait atrocement souffrir.

Carl se montra beaucoup plus serein et répondit à Eugénie dans un grand calme. Il lui signifia le bonheur réel qu'il avait trouvé dans son monde subtil malgré les sombres pensées qu'il recevait d'elle sans répit. Il lui promit de toujours rester près d'elle et de la protéger dans les limites permises. Il lui rappela que sa vie à elle devait suivre son cours, son départ ne devant pas survenir avant plusieurs dizaines d'années. Ils se quittèrent sur cette séquence, se redisant leur amour qui se voulait éternel.

Après cette expérience, Eugénie reprit son équilibre.

Elle était rassurée de savoir Carl heureux et réconfortée par la certitude qu'ils se retrouveraient un jour.

Plusieurs années plus tard, Eugénie fit la connaissance d'un autre homme. Ce n'était pas le grand amour comme celui qu'elle avait connu, mais elle l'aimait d'une autre façon. Sa présence la rendait heureuse et il manifestait de belles qualités qu'elle appréciait. Lui semblait follement amoureux d'elle.

Après un an de vie commune, Eugénie tomba enceinte. Elle vécut la nouvelle comme un cadeau que le ciel lui envoyait. Elle envisageait la venue du petit être avec tout l'amour dont son cœur débordait.

Son conjoint ne démontra pas autant d'enthousiasme. L'annonce de la grossesse sembla plutôt avoir engendré un effet de choc. Pendant les semaines qui suivirent, il se distança de plus en plus d'Eugénie qui en souffrait beaucoup. Il était paniqué devant la paternité qu'il devait assumer. Encore imprégné des effluves de l'adolescence qu'il prolongeait, il avait trop retardé à envisager son statut d'adulte avec toutes ses responsabilités.

Devant la situation qui risquait de mal tourner, Eugénie se mit à prier l'Esprit de Carl de l'aider à résoudre ce sérieux problème. Elle le pria avec insistance, sans relâche, avec toute la ferveur qu'avait conservée son amour pour lui.

Une nuit, les pleurs de son conjoint la sortirent du sommeil. Assis au bord du lit, il se tenait la tête et pleurait à chaudes larmes. Eugénie s'empressa de lui demander ce qui se passait. Il put répondre en contenant avec peine ses émotions. Il venait de rêver d'un gros roux qui se moquait de lui. Il le décrivit comme un homme de grande stature qui avait des cheveux rouge feu. L'individu riait de sa réaction puérile face à la venue du bébé. Eugénie l'accompagnait et elle aussi se moquait de lui. Les paroles qui lui furent adressées l'avaient éveillé au non-sens de sa réaction. Il avait réalisé tout son égoïsme et son ingratitude envers Eugénie qu'il aimait pourtant en toute sincérité. Se tournant vers Eugénie, il lui demanda pardon pour son attitude et s'excusa également auprès de son bébé à naître qui ne demandait qu'à être aimé.

Carl avait très bien joué son rôle d'Esprit protecteur en agissant ainsi dans les limites permises par le plan de vie de chacun. Les prières répétées d'Eugénie lui avaient fait obtenir l'autorisation dont il avait besoin pour agir auprès d'elle. Il en avait immédiatement profité pour appliquer l'intervention qu'il avait jugée la plus opportune. Eugénie remercia chaleureusement Carl, son premier amour, toujours présent dans son cœur. Il lui avait permis de connaître le bonheur auquel elle avait droit tout en permettant à son nouveau compagnon de grandir avec elle.

* * *

L'intervention des Esprits protecteurs peut prendre un caractère vraiment impressionnant. C'est qu'ils peuvent agir dans le monde de la matière de façon beaucoup plus efficace que l'Ange gardien qui, souvent, est trop épuré pour pouvoir densifier suffisamment son périsprit pour le faire. Leur action protectrice peut alors devenir de véritables déclencheurs de la soif du spirituel stimulée par l'évidence d'une intervention bienveillante du monde invisible.

Voyons quelques exemples de cette action concrète dont ils peuvent être les auteurs. Les trois cas que j'ai retenus ont permis d'éviter des accidents de la route qui auraient pu avoir de graves conséquences s'ils avaient été inscrits sur la liste des événements inévitables des incarnés concernés.

DES MAINS INVISIBLES

Suzie travaillait loin de chez elle. Elle devait donc utiliser son automobile pour parcourir le long trajet qui la séparait de son gagne-pain. Elle empruntait une route secondaire qui lui faisait épargner de précieuses minutes qu'elle pouvait utiliser à mieux préparer ses enfants pour l'école. Le chemin était peut-être moins carrossable, mais il lui évitait la grosse circulation dont les bouchons imprévisibles risquaient toujours de la mettre en retard.

Suzie avait un problème de vision qui l'obligeait à porter des lunettes pour conduire dans l'obscurité. Elle n'avait aucune peine à bien voir le jour, mais, dès que la lumière perdait son intensité, sa vue s'embrouillait et elle percevait difficilement les objets éloignés.

Un soir, elle brisa accidentellement la monture de sa seule paire de lunettes. Son mari lui offrit de la reconduire à son travail le lendemain, mais, comme c'était l'heure avancée et que la météo annonçait du beau temps, elle décida de partir sans ses lunettes. Elle se dit qu'elle n'en aurait quand même pas besoin, puisqu'elle avait largement le temps de revenir sous la clarté du jour.

La fin de sa journée ne se passa malheureusement pas comme elle l'avait pensé. Des imprévus à son travail l'obligèrent à prolonger ses heures. Elle partit donc beaucoup plus tard, mais ne s'en inquiéta pas réellement en calculant qu'elle arriverait quand même chez elle avant la noirceur.

Suzie roulait depuis une dizaine de minutes lorsque des nuages très sombres se pointèrent à l'horizon. Ils semblaient se déplacer rapidement. Après quelques instants, un violent orage éclata, et Suzie se retrouva sous une pluie torrentielle et un ciel noir. Elle avançait avec peine, car sa visibilité devenait de plus en plus limitée. Le soleil caché semblait avoir fait place à une nuit précoce. Les essuie-glaces balayaient le pare-brise sans venir à bout de l'eau qui ruisselait sans cesse.

À l'instant où Suzie songea qu'elle devait se stationner jusqu'à la fin de l'orage, des mains invisibles s'emparèrent du volant et braquèrent vers la droite. Suzie n'eut même pas le temps de réagir. Elle freina de toutes ses forces. La voiture s'immobilisa sur-le-champ. Entre les bourrasques de vent, Suzie aperçut sur sa gauche deux énormes blocs de ciment gisant sur la chaussée qui bloquaient la route. Sans lunettes, avec la pluie et le ciel obscurci, Suzie n'avait pu voir le panneau d'avertissement qui avisait les conducteurs de la situation.

Son cœur battait à vive allure. Elle sentait ses jambes ramollies. Suzie avait passé à un cheveu de subir un grave accident. Sans l'intervention de l'Être invisible qui avait pris le contrôle du véhicule, Suzie aurait foncé contre les énormes blocs de béton et se serait sûrement infligé de graves blessures.

Envahie par les émotions, Suzie se mit à pleurer. Elle remercia Dieu et l'Entité qui venait de la protéger malgré son imprudence. Elle pensa ensuite à ses proches qu'elle aurait pu rejoindre beaucoup plus tôt qu'elle ne l'aurait cru.

Se voyant incapable de conduire dans de pareilles

conditions, Suzie attendit sagement que l'orage se calme avant de reprendre la route. Elle arriva finalement chez elle en pleine brunante sans connaître d'autres incidents.

Suzie fut profondément marquée par cette expérience. Elle avait fait l'objet d'une intervention directe d'un Esprit protecteur de l'au-delà qui veillait sur elle. Comme son plan de vie ne prévoyait pas les souffrances qui auraient pu découler d'un accident à ce stade-ci de son incarnation, l'Esprit protecteur avait eu toute la latitude pour intervenir.

Mais Suzie savait qu'il aurait pu en être bien autrement. Enrichie de cette surprenante expérience, Suzie devint beaucoup plus prévenante. Elle était la preuve vivante que nous étions entourés d'Esprits invisibles qui pouvaient jouer un grand rôle dans l'écoulement de notre vie et comprenait maintenant qu'il fallait les aider à favoriser notre propre sort. De plus, elle prierait désormais avec une plus grande ferveur, car, en ayant bénéficié d'une telle influence positive, elle savait par le fait même qu'elle devait éloigner les Invisibles beaucoup moins bienveillants qui pouvaient semer le malheur.

UN MALAISE AU VOLANT

Depuis le début de son mariage, Héléna connaissait une vie difficile qui contrastait avec les belles années de bonheur vécues auprès des siens. Aveuglée par les impératifs de son plan de vie, elle s'était éprise d'un homme qui ne lui apporterait que des déceptions. Son époux portait en lui une haine profonde qu'il dissimulait adroitement sous les traits trompeurs d'un personnage sociable et d'agréable compagnie. Éblouies par les apparences, plusieurs personnes de son entourage enviaient son sort qui cachait une réalité insoupçonnée.

Pour mieux supporter ses souffrances, Héléna priait Dieu et son Ange gardien de lui venir en aide. Elle grandissait dans cette épreuve qu'elle n'avait pas vue venir, espérant que l'homme de sa vie finirait par comprendre que seuls l'amour et la tendresse pouvaient apporter le bonheur.

Après quelques années d'espérance déçue, elle décida de rompre, mais, même à distance, elle continuait de subir le négatif que lui projetait son ex-compagnon. C'est en voulant se protéger de cette influence négative qu'elle chercha à s'informer sur la dimension spirituelle. Elle découvrit alors mes ouvrages et put me rapporter cette expérience extraordinaire qu'elle avait vécue.

Depuis sa séparation, Héléna prenait de plus en plus conscience de la présence bienveillante de plusieurs Entités qui l'accompagnaient dans son quotidien. Des sensations de chaleur marquaient souvent leur présence. Elle les priait de bien vouloir l'aider dans sa progression spirituelle tout en demandant la protection divine pour se prémunir contre les attaques des Esprits malveillants dont elle connaissait l'existence. Elle savait que son Ange gardien et des Esprits protecteurs pouvaient réellement l'aider, mais elle n'aurait jamais cru que cette aide pouvait prendre un caractère aussi concret dans sa vie.

Héléna souffrait d'hypotension engendrant des chutes subites de sa pression artérielle qui se manifestaient le plus souvent par de pénibles étourdissements. Heureusement, elle ne s'était jamais évanouie, ce qui aurait pu la placer en situation de danger.

Sa médication contrôlait assez bien le problème, mais, un jour, Héléna aurait certainement vécu une difficile expérience sans l'intervention directe d'un Esprit protecteur.

Comme tous les soirs, Héléna revenait de son travail au volant de sa voiture. Le paysage habituel dévoilait son trajet telle une effeuilleuse répétant mécaniquement les mêmes gestes.

Héléna ressentait beaucoup de fatigue. Après une journée exigeante, elle avait bien hâte de retrouver le confort de sa maison. Cependant, un malaise lui fit subitement relâcher sa vigilance. Une voiture, à cet instant, sortit brusquement d'une petite ruelle. Héléna devait impérativement freiner, mais son corps ne répondait plus. En un éclair, elle se retrouva assise sur le siège du passager. Elle tourna instinctivement son regard vers la gauche et aperçut son corps qui effectuait une habile manœuvre. Elle avait évité de justesse un terrible accident. N'eût été de cette prouesse, la voiture d'Héléna aurait frappé de plein fouet le côté de l'autre automobile qui quitta rapidement les lieux sans encombre.

Continuant sa route, Héléna ne comprenait pas ce qui se passait. Elle voyait son enveloppe charnelle conduire sa voiture alors qu'elle était bien assise sur le siège d'à côté. En s'observant un peu mieux, elle se rendit compte qu'elle était en sortie extracorporelle et qu'un autre Esprit avait pris le contrôle de son corps. La voiture roula ainsi jusqu'à la maison en respectant toutes les règles du parcours. Lorsque les quatre roues furent immobilisées devant chez elle, Héléna retourna subitement dans son corps physique dont elle reprit spontanément le contrôle.

Elle fut grandement impressionnée par cette expérience. Elle venait de vivre en toute conscience la preuve concrète que des Esprits bienveillants pouvaient intervenir directement dans son quotidien pour répondre à ses demandes d'aide lorsque son plan de vie leur donnait la marge de manœuvre suffisante pour le faire. Elle voyait également comme ce même plan la protégeait des souffrances jugées inévitables même s'il l'avait amenée à subir des peines qu'elle cherchait encore à éloigner.

Héléna avait bénéficié de l'aide d'un Esprit protecteur qui veillait sur elle. Ses efforts maintenus par la prière et son souci de grandir vers Dieu avaient ouvert les portes à cette Entité qui avait pu agir dans le cadre de son plan d'incarnation. Cette action protectrice avait également eu un effet chez les occupants de l'autre voiture qui en avaient bénéficié autant qu'elle. Peut-être que, pour eux, il ne s'agissait que d'un rappel à faire preuve d'une plus grande prudence sous toutes ses formes, mais, sans le savoir, ils avaient bénéficié de la richesse spirituelle d'Héléna et du dévouement de son Ami protecteur.

L'expérience d'Héléna présente deux points d'intérêt particuliers. D'abord, comme nous le disions précédemment, elle nous démontre le type d'aide bien matérielle que nous pouvons recevoir de ceux qui nous entourent dans leur généreux anonymat. Elle nous rappelle également que nous pouvons nous aussi bénéficier de ce même type d'aide sans même nous en rendre compte. Il devient donc très pertinent dans nos prières de remerciement d'exprimer notre reconnaissance autant pour l'exaucement connu de nos demandes que pour toute l'aide directe dont nous bénéficions et dont nous ne prenons pas conscience, soit par ignorance légitime, soit par l'aveuglement découlant de notre négligence spirituelle.

UN HOMME SUR LA ROUTE

Mariette était partie de chez moi vers vingt et une heures. Elle devait rouler plus de cent kilomètres pour retourner chez elle.

Le lourd plafond nuageux rendait la nuit très sombre. La lumière des phares semblait concentrée en un faisceau bien tranché en traversant la noirceur opaque qui créait l'illusion d'un long couloir sans fin. Une douce musique remplissait l'habitacle de la voiture à peine éclairée par les lumières timides qui s'échappaient du tableau de bord. Mariette se laissait emporter sans trop réfléchir. Ses pensées vagabondaient sur des thèmes sans importance, comme pour remplir le temps du trajet qui devait s'écouler.

Mariette roulait ainsi depuis plus de trente minutes lorsqu'elle aperçut tout à coup quelque chose plus ou moins opaque passer devant elle. Elle crut reconnaître une forme humaine toute vêtue de blanc qui traversait imprudemment le chemin. Ses réflexes s'enflammèrent. Mariette freina brusquement. Presque arrêtée, elle regarda rapidement en se demandant où pouvait être cet étourdi téméraire, mais il s'était littéralement volatilisé.

L'incident l'avait complètement électrisée. Elle continua sa route avec plus de vigilance en se demandant comment la curieuse apparition qu'elle avait évitée avait pu disparaître comme par enchantement. Quelques secondes plus loin, elle aperçut juste devant elle un homme au beau milieu de la route. Il déambulait curieusement, comme s'il n'avait pas toutes ses facultés. Comme elle avait grandement réduit sa vitesse, elle put l'éviter aisément. Elle s'immobilisa et lui offrit son aide. L'homme venait tout juste de faire une embardée avec sa voiture. Il avait subi une sérieuse blessure à la tête. Désorienté, il cherchait de l'aide en marchant en pleine noirceur au beau milieu de la route régionale.

N'eût été de l'apparition qui l'avait sortie de sa torpeur quelques secondes plus tôt, Mariette n'aurait sans doute pas été en mesure d'esquiver le pauvre homme. Celui-ci devait une fière chandelle à l'Esprit protecteur qui était intervenu juste à temps pour que Mariette évite une épouvantable collision. À la vitesse où elle roulait, même si elle respectait les limites permises et avec le peu de vigilance de son esprit, le pauvre homme qui s'était involontairement placé en situation de danger aurait connu un bien triste sort. Même pour Mariette, la situation aurait été épouvantable lorsque l'on pense aux séquelles psychologiques que déclenche habituellement ce genre d'accident de la route.

Lorsque Mariette me fit part de ce qui lui était arrivé, elle avait compris l'aide spirituelle qu'elle avait reçue. Je lui conseillai de remercier chaleureusement l'Esprit protecteur qui avait fait en sorte que chacun puisse éviter des empêchements à ses objectifs d'incarnation. Elle et l'inconnu avaient fait l'objet d'une intervention directe, comme il peut parfois nous arriver pour que nous puissions nous réaliser dans la pleine mesure de notre plan de vie.

***

Il m'est déjà arrivé de voir des Esprits protecteurs tenter d'aider un incarné sans suffisamment tenir compte de l'avis de l'Ange gardien. Ils semblaient aveuglés par leur amour qui rendait leur jugement trop subjectif. En toute bienveillance, ils cherchaient à faire éviter certaines souffrances à leur protégé ou à simplement l'écarter de certains événements. Ils jugeaient alors bien sincèrement que les épreuves en cours avaient assez duré. Or, malgré leurs efforts, ils ne parvenaient jamais à atteindre leur but de délivrance si l'Ange gardien évaluait que l'intervention pouvait empêcher ou ralentir l'évolution spirituelle de la personne visée. Voyons l'expérience de Myléna qui reçut bien distinctement d'un Esprit protecteur un signe de cette nature dont elle ne put reconnaître l'inefficace avertissement.

UN AVERTISSEMENT POURTANT BIEN CLAIR

Myléna était déjà familière des phénomènes paranormaux. Sa médiumnité s'était manifestée très jeune et n'avait cessé de se développer avec les années. Elle venait à peine d'entrer dans la trentaine au moment où elle vécut ce phénomène médiumnique où nous voyons un Esprit protecteur tenter de la protéger contre un événement négatif tracé sur sa route.

Myléna avait reçu un appel. Son amie d'enfance lui demandait de l'accompagner dans une démarche d'emploi qui la rendait très nerveuse. Comme cette femme lui avait déjà rendu généreusement bien des services, Myléna ne put refuser. Elles convinrent de se rejoindre chez Myléna tôt dans l'après-midi.

En habillant sa fille, Myléna dut s'accroupir et déposer ses clés d'auto par terre pour venir à bout d'une fermeture éclair récalcitrante. Lorsqu'elle eut terminé, elle chercha à reprendre les clés de sa voiture avant de se relever. Mais elles étaient introuvables. Elle fouilla dans ses poches, croyant les y avoir rangées par mégarde, mais les clés semblaient s'être volatilisées.

Après une fouille judicieuse, elle les retrouva, très surprise, bien accrochées sur le porte-clés fixé près de la porte d'entrée. Elle fit la remarque à son amie que tout cela lui paraissait vraiment bizarre, mais le temps pressait et les deux femmes ne s'attardèrent pas davantage sur le curieux phénomène.

Myléna reprit ses clés de voiture et s'habilla à son tour. Comme ses bottes étaient équipées d'un dispositif de fermeture compliqué, elle dut s'accroupir de nouveau. Elle déposa encore une fois ses clés sur le plancher pour libérer ses deux mains. Puis, elle voulut reprendre ses clés de voiture, mais elles étaient encore une fois introuvables. Surprises, Myléna et son amie regardèrent instinctivement en direction du porte-clés et furent stupéfiées d'y retrouver le trousseau bien à sa place, comme si une main invisible l'y avait accroché.

Myléna eut peur. Elle se dit qu'il s'agissait sûrement d'un avertissement. Elle en conclut qu'elle ne devait pas prendre sa voiture. Son amie lui répondit qu'elles utiliseraient simplement la sienne même si elle était beaucoup moins spacieuse.

En chemin, les deux amies se questionnaient sur la nature d'un tel phénomène. Elles eurent leur réponse quelques instants plus tard.

Leur voiture était immobilisée à un feu rouge. Un bruit de freinage retentit derrière elles, puis un immense véhicule récréatif les tamponna violemment. Le conducteur n'avait pas vu la petite voiture et encore moins le feu rouge. Il s'était donc arrêté beaucoup trop tard et n'avait pu éviter l'impact.

La fillette de Myléna et son amie n'avaient rien, mais Myléna elle-même avait été touchée. Le choc brutal avait causé des dommages à sa colonne vertébrale. De plus, son corps ébranlé avait mal réagi au traumatisme, et une sérieuse maladie du système nerveux apparut par la suite. Myléna en souffre encore aujourd'hui.

Sur son lit d'hôpital, Myléna repensa au signe qui lui avait été donné juste avant de partir. Elle avait mal interprété le message qui lui avait été donné. Le déplacement des clés signifiait qu'elle ne devait pas partir en voiture, la sienne comme les autres. L'avertissement était pourtant bien clair, mais l'événement malheureux qu'elle n'avait pu éviter en faisait ressortir l'évidence beaucoup trop tard.

Myléna avait été avertie par un Esprit protecteur, sans doute un de ses grands-parents dont elle était très proche. Dans son amour pour elle, il avait cherché à lui éviter des souffrances qu'il devait juger inutiles. Or, il ne pouvait réussir, car nul ne peut échapper aux grandes étapes inscrites dans le plan de vie.

Nous pouvons facilement affirmer qu'il s'agissait d'un Esprit protecteur et non de l'Ange gardien pour deux grandes raisons. D'abord, ce dernier n'aurait pu se manifester de cette manière, car, par son épuration, il n'aurait pas eu la densité périspritale suffisante pour engendrer un phénomène d'appart. Ensuite, son rôle consistant à assurer que le plan de vie de sa protégée soit respecté selon ce qui fut autorisé par Dieu lui-même, il ne pouvait chercher à faire éviter des souffrances qui, par leur réalisation, démontraient leur caractère inéluctable. Ainsi, s'il s'était agi de l'action de son Ange gardien qui aurait été autorisée pour éviter toutes ces souffrances à Myléna, il aurait réussi en lui inspirant directement un message qu'elle aurait facilement compris. Malheureusement pour elle, Dieu, son Ange gardien, les Esprits lumineux et elle-même en Esprit avaient jugé que cette étape difficile était toujours nécessaire pour l'atteinte de ses objectifs d'évolution. La ligne tracée suivit donc son cours, malgré les efforts bienveillants de l'Esprit protecteur qui voyait les choses autrement.

***

Comme nous l'avons déjà vu concernant les Anges gardiens, les Esprits protecteurs peuvent également agir dans l'astral pour continuer à nous apporter leur soutien pendant nos heures de sommeil. Ils y poursuivent le travail d'assistance commencé directement dans notre quotidien. Ils profitent alors de la plus grande lucidité que nous retrouvons dès que nous quittons le voile qui fait oublier. Plusieurs réussissent ainsi à mieux nous orienter dans la direction qui nous convient même si la plupart n'en gardent au réveil qu'une vague intuition qu'ils peuvent même confondre avec leurs propres pensées. Le degré d'efficacité du travail astral des Esprits protecteurs est toujours directement proportionnel au niveau vibratoire du défunt et à celui de son protégé.

L'expérience suivante nous démontre bien ces liens de protection qu'ils continuent d'entretenir avec nous pendant le repos corporel où nous retournons temporairement parmi eux.

UNE CONFIRMATION DU CIEL

Lorsque Élaine me téléphona pour prendre un rendez-vous, elle se montra fort déçue d'apprendre que j'avais cessé de recevoir des gens à mon bureau. Son père était décédé depuis cinq ans et ce n'était que tout récemment qu'elle avait appris mon existence. Reconnaissant un grand souci spirituel dans ses propos, je lui offris de me faire parvenir une photographie du défunt pour tenter d'en obtenir les nouvelles que Dieu voudrait bien nous autoriser. Je reçus la lettre d'Élaine quelques jours plus tard.

Dès le premier contact, je me rendis compte du grand bonheur que vivait le père d'Élaine. D'abord, une superbe lumière apparut. Elle occupait tout mon champ de vision. Elle dégageait une luminosité comme celle que l'on voit chez les Esprits partageant le véritable bonheur de l'au-delà. Je pus alors distinguer l'Esprit du défunt. Il était entouré de plusieurs Entités aussi brillantes que lui. Tous étaient vêtus d'une aube blanche soyeuse. Un grand calme imprégnait la scène d'une sérénité qui m'envahissait littéralement. Les Entités se tenaient debout autour d'une grande table aux pattes surélevées. Sa texture pseudo-matérielle ressemblait à de la pierre blanchâtre. Ils échangeaient des pensées sans prononcer de véritables mots.

Ma présence semblait aller de soi, comme si mon arrivée était attendue. Après un bref instant, le père d'Élaine s'approcha vers moi et me transmit sa joie de pouvoir faire savoir à sa fille bien-aimée qu'il était heureux et qu'elle n'avait aucunement à s'en faire pour lui. Il n'y eut aucun autre message. L'Esprit du défunt semblait considérer que ce que je pouvais rapporter répondrait aux questions de sa fille.

Je téléphonai à Élaine pour lui transmettre la bonne nouvelle que j'avais à lui donner. Elle me confirma que ce que je lui décrivais répondait à toutes ses questions. Elle y voyait l'expression de la grande lucidité divine qui savait reconnaître et récompenser les Esprits justes et bons.

Six mois plus tard, Élaine me rappela. Des membres d'une secte de colporteurs du spirituel étaient passés chez elle et avaient cherché à les convaincre, son mari et elle, qu'il n'y avait rien après la mort, que seuls certains élus reviendraient à la vie après le Jugement dernier. Ces ignorants qui n'avaient rien vu ni connu de l'au-delà discouraient comme des aveugles qui tentent de convaincre leurs semblables que les couleurs n'existent pas.

Leur argumentation fut suffisamment bien tournée pour pouvoir ébranler Élaine dans ses croyances. Son époux allait encore plus loin. Il endossait les propos de ces témoins du vide qui leur avaient affirmé qu'on ne devait voir dans les médiums que des suppôts du diable lui-même.

Une semaine plus tard, Élaine vécut une formidable expérience de voyage astral conscient qui la mit en contact direct avec son père.

À peine entrée dans le sommeil, elle fut mise en présence d'une dame lumineuse toute vêtue de blanc. Son sourire radieux rendait encore plus éclatante la grande douceur de son visage. L'Esprit lui était totalement inconnu, mais Élaine se sentait en confiance, voire heureuse de la rencontrer. La dame lumineuse lui dit qu'elle était venue la chercher pour la conduire vers son père. Elle lui précisa que tout cela avait été rendu possible grâce à la permission divine.

À peine avait-elle entendu ces mots que Élaine perçut quatre Esprits très sombres qui s'approchaient rapidement dans sa direction. Élaine fut alors surprise de constater qu'elle ne ressentait aucune peur. Lorsqu'ils furent tout près d'elle, elle reconnut les traits de son père chez chacun des Esprits noirs. Ils avaient imité son apparence pour mieux la tromper, mais, sans doute pris de remords, ils dévoilèrent presque immédiatement leur dessein malveillant. Ils avaient l'intention de lui voler son énergie vitale par un rituel qui ressemble beaucoup au viol sexuel que ces mêmes Esprits font sur leurs victimes incarnées.

L'Esprit de son père arriva sur le fait. Il cria aux Esprits retardataires qu'ils ne feraient pas de mal à sa fille. Les agresseurs s'enfuirent en toute hâte sans offrir quelque résistance que ce soit. La dame lumineuse leur dit qu'ils devaient rapidement s'élever au-dessus des zones de l'astral terrestre. Élaine les suivit sans dire un mot.

À sa grande surprise, elle se retrouva dans un lieu semblable à celui que je lui avais décrit. Son père lui confirma sa pleine réalité de survie et la plénitude de son bonheur. Il lui expliqua l'importance de continuer son cheminement spirituel tel qu'elle l'avait compris. Il lui rappela qu'elle ne devait jamais se laisser bloquer par les ignorants aveuglés par leur orgueil ou guidés par leur naïveté.

Élaine ne put évaluer le temps réel que dura cet échange extraordinaire, mais elle fut déçue lorsque son père lui dit qu'elle devait maintenant retourner dans son corps de chair. La dame lumineuse apparut aussitôt pour reconduire Élaine dans sa demeure terrestre. Juste avant de s'éveiller, elle sentit une douce caresse sur la joue dont elle conserva la sensation un bref instant après son réveil.

Les Esprits policiers

Les policiers de l'au-delà constituent une catégorie spéciale d'Esprits bien intentionnés qui maintiennent avec nous des liens à caractère positif. Ils regroupent des Entités très évoluées dont la personnalité et l'autorité morale permettent de nous protéger contre l'action malveillante des Esprits retardataires du bas astral de notre planète d'incarnation. Nous les appelons policiers, car leur rôle s'apparente un peu à celui des policiers terrestres qui doivent veiller à l'ordre public. Cependant, contrairement à ces derniers, leur intervention n'est motivée que par l'amour, et leur autorité ne prend sa force que dans leur haut degré d'évolution morale et spirituelle. Ils ne cherchent jamais à accuser ni à condamner. Ils agissent pour permettre à chacun d'évoluer à son propre rythme sans nuire aux autres, dans le respect intégral des plans de vie de chacun.

Leur présence est très importante auprès de nous. Sans eux, plusieurs Anges gardiens auraient beaucoup plus de difficulté à garantir l'application des plans de vie tels qu'autorisés par Dieu.

J'ai pu connaître d'assez près ces Esprits lumineux. Du moins leurs présences et leurs interventions me sont-elles familières, car plusieurs d'entre eux se joignirent très souvent à mon travail spirituel. Ils répondaient généreusement aux prières qui leur étaient adressées lorsque des Esprits mal intentionnés nécessitaient leur présence.

Mes lecteurs réguliers les connaissent également, car j'ai souvent fait état de leur implication et de leur importance. Voici donc, en guise de simple rappel de leur contexte de travail, deux exemples de situation où leur intervention s'avéra nécessaire.

UNE FILLETTE APEURÉE

Toute petite, Karine percevait déjà son Ange gardien qui se présentait surtout le soir lorsqu'elle cherchait à s'endormir. Il apparaissait sous les traits rassurants d'une gentille dame toute blanche et toute lumineuse qui lui souriait. Karine ne ressentait jamais la peur en sa présence, y trouvant plutôt une certaine sécurité qui la réconfortait dans ses craintes enfantines.

À l'adolescence, elle commença à percevoir des ombres noires qui fuyaient furtivement son regard lorsqu'elle détectait leur présence. Comme elle priait beaucoup, un calme relatif régnait quand même dans ses jours et ses nuits.

C'est plus tard, après son mariage, que les choses commencèrent à se gâter. Son époux était un homme qui se désorganisait facilement dès la moindre frustration. Son impatience et sa fougue incontrôlée en faisaient un candidat idéal pour les Esprits malveillants qui s'amusèrent à stimuler la violence qu'ils reconnurent immédiatement dans sa couleur aurique. Karine vécut alors une période infernale. Inspiré par leurs pensées de méchanceté, son époux devint jaloux, impulsif, suspicieux, puis finalement violent dans tous ses propos.

La venue des enfants empira le phénomène. Les années n'apportaient que souffrance et chagrin à Karine qui, démunie, subissait passivement toute cette agression. C'est après la lecture de mon deuxième ouvrage où je parle des manifestations sous forme de hantise qu'elle communiqua avec moi. Elle reconnaissait dans les témoignages certaines ressemblances frappantes avec ce qu'elle vivait, ce qui lui laissait penser que son époux pouvait être stimulé par des Esprits du bas astral.

Elle avait effectivement raison. L'intervention des Esprits policiers de l'au-delà améliora grandement sa situation.

Quelques années plus tard, Karine me rappela. Bien des changements étaient survenus dans sa vie, mais les problèmes de hantise semblaient vouloir recommencer.

Karine était littéralement paniquée. Sa fille Mélissa, à peine âgée de neuf ans, venait tout juste de subir l'attaque d'un Esprit retardataire. Il était dix-neuf heures trente. La fillette venait de se coucher. À peine ses yeux fermés, elle sentit quelqu'un dans sa chambre. En ouvrant les paupières, elle poussa un cri de peur. Un Esprit tentait de se coucher sur elle. Une lueur rouge sortait de tout son corps. Il flottait au-dessus de Mélissa à quelques centimètres de ses couvertures. Des chaînes rouges incandescentes pendaient à ses mains. Le cri de Mélissa fit fuir l'agresseur qui disparut sur-le-champ. Mélissa courut dans la cuisine où se trouvait sa mère et expliqua ce qui venait de se passer. C'est là que Karine m'appela aussitôt.

À sa demande, je parlai à Mélissa. Je la rassurai en lui rappelant que son Ange gardien la protégeait. Mon Guide me fit voir à cet instant que l'Esprit n'avait cherché qu'à lui faire peur et qu'il ne pouvait rien faire d'autre contre l'enfant. En fait, la personne visée était Karine, à qui on voulait empoisonner l'existence. Il s'agissait des mêmes agresseurs qui s'en étaient pris à son époux dont elle était maintenant séparée. Ils avaient reconnu la médiumnité de Mélissa héritée de sa mère et comptaient bien l'utiliser pour parvenir à leurs fins, mais mal leur en prit.

Je conseillai à Karine de recommencer les mêmes prières qu'elle avait déjà utilisées et qui faisaient appel à l'intervention des Esprits policiers de l'au-delà. Je lui recommandai également d'en prolonger la durée. Les Esprits sans scrupule avaient atteint les limites permises en s'en prenant à la fillette qui n'avait pas à vivre ces traumatisantes expériences. Ils furent chassés par les Esprits policiers qui veillèrent à ce qu'ils ne puissent jamais plus recommencer.

UNE HÂTE DE MOURIR
Sarah vivait seule depuis le suicide de son conjoint. L'homme avait connu une fin de vie dépressive où les

moindres déboires de la vie courante prenaient des proportions démesurées. Il aggravait la situation en se réfugiant naïvement dans la sournoise consommation du cannabis dont les effets dépresseurs se dissimulent perfidement sous le visage trompeur d'une fausse relaxation.

Depuis son décès, Sarah se sentait envahie par les mêmes idées sombres que celles de son conjoint avant son geste tragique. De plus, des manifestations d'abord occasionnelles prenaient de plus en plus d'ampleur. Bruits insolites dans les cloisons, déplacements d'objets et pas lourds d'un être invisible semaient la peur dans la pensée de Sarah. Elle en était rendue à dormir avec toutes les lumières allumées. Son sommeil devenait d'ailleurs de moins en moins réparateur, laissait une fatigue s'accumuler lentement et devenir de plus en plus envahissante.

Sarah perdait peu à peu le goût de vivre. Elle pensait constamment à son conjoint qu'elle ne verrait plus. Pendant le jour, des idées très insistantes lui venaient d'aller le rejoindre dans la mort. Sarah ne se reconnaissait plus. Heureusement qu'elle gardait toujours sa pleine lucidité. Les valeurs qu'elle avait intégrées pouvaient ainsi contrer plus facilement les désirs suicidaires qui se faisaient de plus en plus présents.

Sarah me téléphona un soir qu'elle n'en pouvait plus. Une de ses amies lui avait transmis mes coordonnées, et des manifestations encore plus impressionnantes qui lui empoisonnaient de plus en plus l'existence l'avaient finalement décidée à demander de l'aide.

Sarah était convaincue que toutes ces manifestations provenaient de son défunt conjoint qui lui montrait maladroitement sa présence. Elle trouvait que cela pouvait correspondre aux traits de sa personnalité. Elle souhaitait donc comprendre ce qu'il voulait et faire ce qu'il fallait pour retrouver la paix.

L'homme était décédé depuis peu, mais je tentai quand même de prendre de ses nouvelles. J'avertis cependant Sarah que la situation du défunt risquait de n'être pas très rose en raison de la mort par suicide qu'il s'était infligée.

Dès le début du contact médiumnique, je perçus deux Esprits très sombres. Je vis alors qu'ils avaient grandement stimulé le défunt à se suicider. Le conjoint de Sarah avait déjà été un des leurs et avait eu le courage de se réincarner pour se reprendre en main. Mais, ne voulant pas assister à ses réussites, les deux Esprits jaloux avaient profité de sa propension à la drogue pour l'inspirer directement à abandonner ses efforts et se précipiter dans la mort. Comme la drogue abaissait ses vibrations périspritales au même niveau que les leurs, ils pouvaient diriger ses pensées à leur guise, se moquant de l'Ange gardien obligé de respecter la décision de son protégé de s'abandonner à ses faiblesses.

Je vis ensuite que les mêmes Esprits malveillants s'en prenaient maintenant à Sarah. Ils rendaient sa vie impossible en se manifestant bêtement sous l'identité du défunt. Ils lui inspiraient leurs pensées négatives, mais la pleine lucidité de Sarah les empêchait de prendre le contrôle.

Les quelques images que je reçus du défunt furent brèves, mais suffisantes pour que Sarah comprenne ce qu'il vivait. Je vis le pauvre suicidé assis dans un escalier de bois. Il se tenait les deux mains contre la base de son cou. Lorsque je décrivis ses vêtements, Sarah me confirma que c'était les mêmes qu'il portait dans son cercueil. Il s'était replié sur lui-même. Une grande tristesse enveloppait chaque parcelle de son être. Je le sentais renfermé dans des pensées de désespoir. L'idée de mourir lui revenait encore, mais il voyait très bien que tout cela était inutile et ridicule. Il comprenait par ses souffrances qu'il ne pouvait pas mourir, la vie continuant sans cesse au-delà du corps périssable. La scène était triste à voir et encore plus à décrire à Sarah qui constatait que son amoureux n'avait qu'aggravé ses problèmes.

J'expliquai à Sarah ce qu'elle devait d'abord faire pour chasser définitivement les Êtres sombres qui s'en prenaient à elle. Puis je lui dis comment elle pouvait aider le défunt qui croupissait dans les basses vibrations de l'astral inférieur de notre Terre. Elle nota soigneusement mes recommandations en s'engageant à les suivre à la lettre.

Après mon départ, je compris que ses prières porteraient leurs fruits, car je sentis une présence malveillante qui cherchait à s'en prendre à moi. Un des Esprits malicieux qu'on m'avait montrés voulait exprimer son mécontentement. Ceci m'indiquait que Sarah pouvait connaître une brillante réussite. Une ombre noire prit forme sur le plancher de l'endroit où je me trouvais. Aucune lumière ni aucun objet ne pouvaient en être la cause. Je fis donc appel aux Esprits policiers pour qu'ils viennent me protéger. Leur arrivée fut presque instantanée. Dès les premières lueurs que dégageait la brillance de leur périsprit, l'ombre disparut immédiatement, et l'Esprit ne montra jamais plus sa présence.

Après le délai que nous nous étions fixé, Sarah me téléphona. Le calme était revenu chez elle. Elle avait retrouvé ses pensées constructives. Il ne lui restait qu'à continuer de prier pour son conjoint qui devait reprendre sa montée.

Les Esprits guérisseurs

Terminons notre étude des liens à caractère positif motivés par les intentions du défunt en abordant une catégorie d'Esprits bienveillants qui est souvent ignorée malgré le travail constant qu'ils effectuent auprès de nous. Elle regroupe des Entités spécialisées qui veillent au bon équilibre de nos corps de chair. Ils agissent dans les limites imposées par nos plans de vie et nos conditions d'existence qui s'y rattachent.

Ces Esprits sont très lumineux. Leur couleur aurique présente toujours une teinte dorée qui peut prendre divers degrés d'intensité selon leur niveau d'épuration déjà très avancé. J'en ai vu dont la lumière était tellement vive qu'elle en était presque aveuglante.

Ces Esprits maintiennent des liens qui peuvent devenir très forts lorsqu'ils sont entretenus par la prière de l'incarné. Ils aident l'athée comme le croyant, le bon comme l'ignorant, sachant que tous ne font que monter vers Dieu à des degrés différents.

Ce sont des Esprits très généreux dont les dernières incarnations ont laissé place à beaucoup d'oubli de soi et de dévouement. Ils sont très respectueux des choix de chacun, sachant que nous ne pouvons comprendre et agir qu'en fonction des outils que nous possédons.

J'ai personnellement travaillé à soulager la souffrance avec eux pendant plus de dix ans. J'ai donc pu largement percevoir leur grand amour pour l'humain. Leur surprenante efficacité provient de l'autorisation divine sans laquelle ils ne peuvent agir. Leur action est donc très intimement reliée au plan de vie de chacun de ceux qui peuvent bénéficier de leur aide. Leur action curative passe toujours par le périsprit, contrairement aux médecins terrestres qui ne travaillent qu'au plan corporel. Ils peuvent donc atteindre plus facilement le niveau des causes d'où plusieurs dérèglements physiques prennent souvent leur origine.

Les Esprits guérisseurs travaillent le plus souvent directement dans l'astral. Ainsi, nous pouvons les rejoindre pendant nos heures de sommeil et bénéficier de leur aide. Plusieurs le font sans même s'en rendre compte. Le plus souvent, les prieurs attribuent le mérite des résultats obtenus à des défunts qu'ils ont invoqués. Très peu prennent conscience de leur réelle participation à leur bien-être et encore moins se souviennent de leur expérience. Ces Esprits travaillent donc dans le total amour inconditionnel en ne recherchant que le bien de leurs frères incarnés.

Voyons deux témoignages qui illustrent le type de travail qu'ils peuvent effectuer directement sur nos corps de chair ou indirectement par le monde astral.

Le premier nous rapporte l'extraordinaire vécu d'une personne qui a conservé un souvenir précis de leur intervention.

DES BRÛLURES D'ESTOMAC
Jasmine m'avait déjà consulté pour des problèmes d'énergie vitale pendant la période où je recevais les gens. Comme elle en avait retiré de grands bienfaits, elle avait continué d'invoquer les Esprits guérisseurs qui étaient

généreusement intervenus pour elle. Elle les remerciait régulièrement pour la santé qu'elle avait retrouvée et les priait de continuer à la soutenir dans son corps qui avait désormais dépassé la cinquantaine.

Jasmine avait toujours connu une grande intolérance au jus d'orange. Comme elle allait beaucoup mieux depuis une bonne période, elle eut l'idée de vérifier si elle pouvait boire sans problème ce jus d'agrumes dont elle raffolait.

Pendant la soirée, elle en dégusta lentement une quantité raisonnable tout en écoutant son téléroman favori. Tout semblait bien aller jusqu'à ce qu'elle aille se coucher. À peine étendue, les brûlures commencèrent à lui tenailler l'estomac. Elle s'assit dans son lit. Après plusieurs minutes, la douleur diminua. Elle s'étendit de nouveau, mais le calme fut de courte durée. Les affreuses brûlures recommencèrent avec autant d'intensité. Jasmine reprit sa position assise. Le malaise persista encore plus longtemps que la première fois. Dès qu'elle se sentit un peu mieux, elle se recoucha. Elle eut beau changer de position, la douleur reprenait de plus belle et semblait même s'amplifier. Jasmine s'assit de nouveau. Elle se résolut à dormir dans cette position malgré le peu de confort qu'elle lui apportait.

Dès qu'elle eut les yeux fermés, Jasmine se mit à prier les Esprits guérisseurs de venir la soigner. Elle regrettait sa témérité et s'excusait d'avoir trop exigé de leur bonté. Elle se dit qu'elle n'avait qu'à respecter les restrictions alimentaires qu'elle s'imposait et que tout continuerait de bien aller.

À cet instant, une main invisible se matérialisa sur sa

poitrine. La main bien opaque la poussa à se coucher. Jasmine était incapable de bouger. Elle se sentait prise comme dans un étau qui l'obligeait à demeurer immobile. Continuant ses prières, elle sentit les doigts de la main invisible traverser la paroi de sa cage thoracique et pénétrer doucement en elle. Rendus à une certaine profondeur, les doigts se mirent à bouger dans son estomac. Curieusement, Jasmine n'éprouvait aucune peur. Elle ressentait même un grand bien-être. Sans trop s'en rendre compte, Jasmine s'endormit progressivement jusqu'au matin.

À son réveil, elle se sentait remplie d'une formidable énergie. Toute la douleur avait disparu. Elle était tellement convaincue de sa guérison qu'elle but un grand verre de jus d'orange avant de prendre son petit-déjeuner. Elle répéta l'expérience pendant le jour, puis le soir avant de se coucher. Non seulement passa-t-elle une excellente nuit, mais encore elle ne connut jamais plus de problèmes de cette nature par la suite.

Grâce à la ferveur de ses convictions et à la ténacité de ses prières, il lui avait été accordé cette précieuse bonification de ses conditions de vie dont plusieurs autres aspects demeuraient cependant encore bien difficiles.

UNE COMPLÈTE GUÉRISON

Ce fut toute une surprise de recevoir l'appel de Denys. Je n'avais pas eu de ses nouvelles depuis de nombreuses années, au point d'en avoir presque oublié son existence. De son côté, Denys avait suivi de loin mon cheminement. Il se tenait au courant de mes publications et aimait bien en discuter avec ses amis. Il me téléphona pour partager avec moi un témoignage qu'il avait reçu d'une intervenante de la santé qu'il consultait régulièrement.

Denys la connaissait depuis déjà quelques années, mais la nature de leurs rencontres ne favorisait aucunement des échanges sur la question spirituelle. Il fallut un contexte particulier pour permettre à Denys de recevoir les confidences personnelles de Marie qu'il ne connaissait que sous ses traits professionnels.

En entrant dans son bureau, Denys reconnut la couverture d'un de mes livres qui dépassait sous une pile de documents déposés négligemment. Il en profita pour lui demander s'il s'agissait de ma troisième publication où il est question du processus de la prière. Marie lui confirma que c'était bien le cas. Denys lui expliqua qu'il me connaissait et donna des informations qui mirent Marie en confiance. Il lui fit part de son propre cheminement spirituel et de l'importance qu'il y accordait dans sa vie.

À sa grande surprise, Marie lui affirma qu'elle me devait la vie. Elle lui confia qu'elle avait été affectée d'une grave maladie dont l'issue ne pouvait être que la mort. La médecine traditionnelle en soulageait les symptômes, mais devait s'avouer encore impuissante à la vaincre. C'est le spectre de la mort imminente qui poussa Marie à se procurer des livres sur le spirituel. Comme elle avait dû cesser de travailler, elle disposait de beaucoup de temps libre qu'elle préférait réserver à sa préparation au grand départ.

Plus elle lisait mon bouquin et plus elle découvrait l'importance du contact avec nos frères de l'au-delà qui ne cherchent qu'à nous aider. Elle se demandait comment elle avait pu négliger un aspect aussi important de la vie. En cours de lecture, elle se mit à utiliser les outils que j'explique dans le volume. Elle pria Dieu et ceux qui pouvaient l'aider de venir à son secours. À ce moment-là, l'idée de guérison ne faisait pas partie de ses intentions. Elle ne cherchait qu'à recevoir le soutien nécessaire pour réussir la lourde épreuve qui la coupait progressivement du monde des vivants.

Marie n'avait pas encore terminé le dernier chapitre lorsqu'elle observa la régression de certains symptômes typiques à sa maladie. Elle fit un lien direct avec l'aide qu'elle demandait. Un espoir lumineux vint rafraîchir ses pensées qui reprenaient subitement leurs couleurs. Elle remercia les Esprits lumineux dont elle connaissait maintenant l'existence. Elle redoubla l'intensité de ses prières et termina avec un regard encore plus éclairé les dernières pages de sa lecture profitable.

Il semblait à Marie que les jours qui passaient lui redonnaient progressivement des forces. Elle sentait que sa santé se rétablissait réellement. Ses énergies revinrent à un point qu'elle ne se considéra plus malade. Elle consulta le spécialiste qui la suivait. Il ne comprenait pas ce qui se passait. Des examens approfondis confirmèrent que Marie était complètement guérie. Elle ne chercha pas à convaincre qui que ce soit sur l'aspect extraordinaire de sa démarche. Elle se contenta simplement de sa victoire dont elle gardait une vive reconnaissance envers Dieu, les Esprits guérisseurs qui l'avaient aidée et moi-même.

Je reçus ce témoignage avec beaucoup de plaisir, mais je ne pouvais m'accorder un mérite qui ne m'appartenait pas. Je m'informai donc auprès de mon Ange gardien qui me fit comprendre ce qui s'était passé. J'avais certes joué un certain rôle dans cette guérison, mais le véritable maître d'œuvre avait été Marie elle-même qui s'en était remise à la sagesse divine.

En lisant mes écrits, Marie avait ouvert son cœur à la dimension spirituelle. Sa sincérité avait permis à son Ange gardien de la mettre en contact avec des Esprits guérisseurs qui pouvaient agir directement dans l'au-delà. Pour ma part, je fus attiré à elle en Esprit par la lecture qu'elle faisait de mes livres. Je travaillai surtout à cette mise en relation pendant mes heures de sommeil.

La grave maladie de Marie prenait son origine dans son périsprit et était intimement reliée à sa dernière incarnation. Comme son bagage génétique n'avait pu résister à un tel désordre du fluide vital, la maladie s'était insidieusement installée. N'eût été de l'intervention d'en haut, l'issue aurait effectivement été fatale. Les Esprits guérisseurs avaient rapidement compris que Marie pouvait être sauvée par les courants d'énergie réparatrice de l'au-delà de Lumière. Comme elle avait demandé l'aide de Dieu et que son plan de vie le permettait, Marie fut autorisée par Dieu Lui-même à se baigner dans les grands courants réparateurs aux allures d'aurores boréales.

Marie fut littéralement plongée dans des cristaux de Lumière pendant quelques nuits. Le périsprit reprit ainsi son plein équilibre et put fournir au corps charnel la force vitale dont il avait besoin pour retrouver la santé.

En un certain sens, Marie avait donc un peu raison de dire qu'elle me devait la vie, puisque c'est par un de mes livres que le processus de guérison avait pu se déclencher, mais, dans la profonde réalité, c'est d'abord la volonté divine, la sincérité des prières de Marie et le dévouement des Esprits guérisseurs qui en étaient les véritables méritants.

* * *

Nous venons de voir des Esprits guérisseurs intervenir en passant eux-mêmes par le corps de chair du malade, mais ils ne peuvent pas toujours procéder ainsi directement. Ils doivent le plus souvent faire appel à l'assistance d'un incarné dont la structure électrique du système nerveux central leur permet d'introduire de l'énergie réparatrice dans le périsprit de la personne malade. Ils doivent alors choisir un support physique pour emmagasiner l'énergie qu'ils cueillent dans les grands courants de l'énergie réparatrice de l'au-delà. L'assistant incarné, que nous appellerons le médium guérisseur, donnera ensuite une quantité de son propre fluide vital pour animaliser l'énergie emmagasinée, c'est-à-dire pour la rendre compatible avec l'énergie de vie du malade. L'Esprit guérisseur juxtaposera enfin son propre périsprit à celui du médium par qui il pourra atteindre la personne affectée.

En appliquant ce procédé, j'ai pu pendant quelques années aider personnellement des gens qui vivaient des problèmes de santé. Il s'agissait de personnes qui avaient d'abord consulté la médecine traditionnelle et qui n'y avaient pas trouvé de solutions à leurs souffrances. Tous ceux que j'aidais présentaient une caractéristique commune, soit un désordre dans leur périsprit, cette enveloppe de l'Esprit si souvent concernée dans les problèmes de santé. Je servais d'intermédiaire à des Esprits guérisseurs qui se présentaient toujours dans une lumière dorée phosphorescente. Ils travaillaient à partir de la circulation du fluide animalisé en stimulant les chakras, véritables centres de distribution du fluide vital. Pour permettre aux Esprits guérisseurs d'agir sur les corps malades, il fallait utiliser une huile qui devait être appliquée directement sur le corps physique du malade pour atteindre le niveau causal siégeant dans le périsprit. Le procédé était exigeant pour mes propres forces vitales, mais les brillants résultats, parfois même extraordinaires, que je pus observer me motivèrent à servir ainsi pendant toute cette période.

Le fait que je vous rapporte ici réfère donc à cette période qui a cessé depuis plus de six ans au moment où j'écris ces lignes. Nous y voyons une jeune femme, Clara, qui bénéficia du type d'intervention médiumnique que je viens de vous décrire.

UNE LUEUR BRILLANTE ARGENTÉE

Clara m'avait demandé de l'aide pour un problème de santé. La médication prescrite par son médecin calmait bien le mal qui l'indisposait, mais il revenait toujours de plus belle dès qu'elle croyait pouvoir en cesser l'usage. Comme elle avait déjà vécu des expériences médium-niques et qu'elle s'était beaucoup informée sur le sujet, elle espérait résoudre son problème en faisant appel aux Esprits guérisseurs de l'au-delà. Le soir de l'interven-tion spirituelle, quelques heures après notre rencontre, Sébastien, son conjoint, perçut une lueur brillante argentée qui sortait de la zone traitée. Très surpris, il en fit part à Clara qui venait juste de s'étendre sur le sofa du salon. À ces mots, elle porta instinctivement sa main sur la partie malade. Sébastien vit alors la lueur passer entre les doigts de Clara, comme s'il s'agissait d'une lumière bien matérielle à laquelle la main de Clara faisait obstacle. Comme Sébastien n'avait jamais été témoin de ce genre de phénomène, il prit peur. Clara le sécurisa en lui expliquant que ce n'était que l'énergie réparatrice qu'elle avait reçue pour aider son corps à retrouver la santé. La lueur perdit rapidement de son intensité et tout redevint normal.

Sébastien en était peut-être réconforté, mais pas nécessairement rassuré.

Plus tard dans la soirée, la même lueur réapparut. Sébastien, qui était près de Clara, sursauta. À l'instant où elle avait passé sa main à l'endroit d'où était venue la lumière, celle-ci s'était comme rallumée avec la même brillance et la même intensité que la première fois. Sébastien était encore impressionné, mais il prit le temps de bien observer ce qu'il voyait. La lueur était argentée. Elle provenait de l'intérieur du corps de Clara. Elle couvrait une zone bien définie, là où le mal coriace se situait. Sébastien put l'observer pendant quelques minutes. Il avait l'impression qu'un travail s'effectuait dans les cellules de son corps et qu'une énergie s'en dégageait. Clara ne ressentait rien, sauf un grand sentiment de bien-être et de paix intérieure.

Plus tard, Sébastien me décrivit ce qu'il avait vu et les impressions qu'il en avait retenues. Je lui expliquai alors que le travail était bien réel, mais que l'action se situait directement dans le périsprit de Clara et non dans son corps charnel. Je lui précisai qu'en fait, l'énergie réparatrice d'une durée limitée de soixante-douze heures travaillait toujours au niveau de l'enveloppe de l'Esprit, le corps retrouvant ensuite la santé seulement après avoir pu bénéficier de l'équilibre rétabli dans le système de circulation du fluide vital.

Sébastien gardait un souvenir bien marqué de cette expérience. Il avait pu constater par lui-même la réalité du travail spirituel que les Esprits guérisseurs pouvaient effectuer sur nos corps d'incarnés par un processus qui échappe encore aux connaissances conventionnelles. De plus, c'était sa première expérience, et elle lui ouvrit les portes à la spiritualité, clé de voûte de la réussite de son pèlerinage terrestre.

***

Mes expériences médiumniques de cette époque m'ont également fait découvrir que les Esprits guérisseurs devaient parfois faire encore appel aux médiums incarnés pour travailler sur une personne malade directement dans les zones astrales. Ils agissent alors comme si la présence du médium pouvait s'avérer nécessaire dans certaines conditions que je ne pus malheureusement identifier. Dans ce type d'intervention, tout se déroulait exactement comme si le travail avait lieu dans notre monde d'incarnation.

ELLE DEVANCE SON RENDEZ-VOUS

Élise s'était déjà présentée pour recevoir l'aide des Esprits guérisseurs. Une grande faiblesse inexplicable l'empêchait de répondre pleinement aux exigences de son quotidien. La situation se voulait assez particulière, car, à cette époque, elle arrivait au terme d'un douloureux détachement à la drogue qui avait affecté progressivement toute sa vie terrestre. Élise faisait un formidable cheminement spirituel. Elle se reprenait en mains avec courage et persévérance. Elle avait compris que nous étions sur Terre pour grandir à travers les difficultés qui avaient toutes leur raison d'être.

Je fus heureux de reconnaître sa voix lorsqu'elle me téléphona pour fixer une rencontre avec moi. Elle persistait dans son cheminement et s'enrichissait de jour en jour. Comme j'étais très occupé, nous convînmes qu'elle me téléphonerait le dimanche suivant. Je verrais alors ce que je pouvais faire selon l'écoulement de la semaine en cours.

Élise me rappela le jour convenu. Dès le début de notre conversation, elle me sembla éblouissante et pleine d'énergie. Elle m'annonça que nous n'avions plus besoin de nous rencontrer et précisa que le traitement avait eu lieu dans l'astral de Lumière pendant nos heures de sommeil.

Élise m'expliqua en détail tout ce dont elle se souvenait. Elle s'était retrouvée dans l'au-delà comme si elle avait été dans mon petit bureau, bien que les murs lui semblassent beaucoup plus éloignés. J'utilisais exactement le même procédé avec de l'huile pseudo-matérielle qui semblait aussi nécessaire dans le monde des Esprits. J'avais fait la même prière avant de commencer, et la même sensation de bien-être avait envahi tout son être lorsque j'eus terminé. Les Esprits guérisseurs travaillaient avec moi, dirigeant ma main vers les zones périspritales les plus concernées.

Élise me décrivait ses souvenirs avec beaucoup d'enthousiasme. Elle avait vécu sa première expérience astrale consciente de façon tellement particulière qu'elle ne pouvait retenir l'élan de son bonheur. D'autant plus qu'elle avait retrouvé l'entrain dont elle avait tant besoin pour mener son combat spirituel.

Je remerciai Dieu d'avoir permis qu'une femme telle que Élise puisse vivre une pareille expérience. Elle avait surmonté de dures épreuves depuis sa tendre enfance et avait trouvé le chemin de Lumière qu'elle suivait avec une grande fidélité. C'était là un beau retour qui renforçait sa foi.

Ce témoignage me rappela une expérience semblable qu'une autre jeune femme avait vécue plusieurs années auparavant et que je vous ai rapportée dans un livre antérieur. Les détails expliqués par Élise concordaient avec tout ce qui m'avait été rapporté par la personne concernée. Comme pour Élise, elle avait retrouvé la pleine santé par l'intermédiaire du même procédé. Ses problèmes trouvaient également leur source directement dans le périsprit.

2. Liens motivés par la nécessité de notre cheminement

Certaines étapes de la montée peuvent imposer une proximité qui relie très intimement certains Esprits de l'au-delà au monde d'incarnation qu'ils doivent côtoyer. Cette relation obligatoire ne découle aucunement de la moindre intention de l'Entité en présence qui ne fait que poursuivre sa route dans des conditions qui lui sont nécessaires. Il peut arriver que ces Esprits de l'au-delà connaissent bien les incarnés qu'ils côtoient sous ce motif, mais le but de leur présence ne sera relié qu'à leur propre cheminement.

Ces Esprits ne sont cependant pas dépourvus d'émotions. En partageant le quotidien de leurs hôtes, certains d'entre eux développent des liens spirituels et même d'amour qui peuvent se prolonger non seulement dans les heures lucides du sommeil et dans l'après-mort, mais aussi dans les incarnations à venir qu'ils peuvent partager.

Les rares manifestations de ces Esprits pourraient sans doute impressionner un néophyte, mais elles démontreraient toujours le caractère tout à fait inoffensif de leurs auteurs.

1. Les Esprits familiers

Les Esprits qui forment la plus grande horde de cette catégorie sont ceux que nous qualifions d'Esprits familiers par les points communs qu'ils partagent avec nous. En effet, la particularité qui désigne ces Esprits est celle de leur sympathie vibratoire avec les incarnés qu'ils côtoient. Ce sont des Entités qui nous accompagnent dans la vie de tous les jours. Ils sont toujours d'un niveau d'évolution comparable au nôtre, nous observent dans notre façon d'aborder les défis de notre incarnation et tirent des leçons de nos réussites et de nos erreurs pour mieux se préparer lorsque viendra leur propre tour de revenir dans la chair. La plupart d'entre eux sont déjà connus de notre Esprit, mais il arrive que de purs étrangers fassent partie de leur monde. Ces derniers sont alors attirés à vivre près de nous pour profiter de l'ambiance de notre existence. Même inconnus, ces Esprits présentent toujours de grandes similitudes avec les incarnés qu'ils côtoient.

Les Esprits familiers qui nous entourent ne sont pas permanents. Ils restent près de nous tant qu'ils reconnaissent cette sympathie vibratoire avec nous. Ainsi, si nous évoluons rapidement dans notre vie, certains d'entre eux peuvent quitter les lieux pour chercher un autre incarné plus conforme à leur réalité intérieure. La plupart de ces Esprits se rattachent à des personnes qu'ils peuvent suivre partout où ils vont, mais d'autres, beaucoup moins nombreux, s'attardent à des lieux comme certaines demeures dont les habitants successifs présentent toujours les mêmes traits spirituels.

Voyons un exemple de manifestation qui nous exprime bien comment certains d'entre eux peuvent nous montrer leur présence.

VOLATILISÉ

Lorsque Jacques me consulta pour comprendre ce qu'il avait vécu, il avait encore des frissons en me racontant son histoire.

Jacques n'avait jamais été très ouvert à tout ce qui sortait de l'ordinaire. Il se sécurisait à la pensée que tout pouvait s'expliquer par un raisonnement bien concret. Il voyait même d'un œil suspect toutes les personnes qui s'aventuraient à prétendre qu'il pouvait en être autrement.

L'événement qu'il me rapporta se passa un vendredi soir dans un stationnement de supermarché. Il était vingt-trois heures. Comme Jacques n'avait pas encore eu le temps de faire ses emplettes, il décida, malgré l'heure tardive, de se rendre à une épicerie qui ouvrait ses portes toute la nuit.

En sortant du magasin, il aperçut un homme qui se tenait près de sa voiture. Il semblait l'attendre. Comme le grand stationnement était presque vide, Jacques craignit qu'il s'agît d'un voleur. Il se dirigea vers son auto comme si la situation lui semblait bien normale. Rendu au véhicule, l'inconnu lui adressa la parole. Il le salua, puis lui dit : « Il était temps que tu fasses tes emplettes ! » Jacques lui sourit et lui demanda s'ils se connaissaient. L'homme, qui semblait dans la vingtaine, lui répondit par la négative, puis donna son nom. Il dit à Jacques qu'il s'appelait Dave. Jacques regarda machinalement la petite veste à carreaux que portait son interlocuteur. Il se dit qu'elle ne devait sûrement pas suffire à le réchauffer en cette soirée de novembre plutôt frisquette.

Craignant toujours d'avoir affaire à un voleur, Jacques déverrouilla son auto avec prudence. Il ouvrit une portière arrière pour y ranger ses victuailles. En prenant son premier sac d'épicerie, Jacques se mit à parler de la température qui annonçait l'arrivée imminente de l'hiver. Il se pencha pour déposer ses provisions sur le siège arrière, mais, par prudence, il se tourna vers l'inconnu pour voir ce qu'il faisait. À sa grande surprise, l'homme avait disparu. Il s'était volatilisé. Seule sa veste à carreaux était là par terre sur l'asphalte mouillé. À la vitesse de l'éclair, Jacques regarda autour de lui. Il était impossible que l'individu ait pu s'enfuir en une fraction de seconde dans un aussi grand stationnement complètement vide.

Jacques ressentit une grande peur. Il ne voyait pas comment expliquer un pareil phénomène. Les fantômes existaient-ils vraiment? Était-ce ce qu'il avait vu? Il quitta promptement les lieux sans se soucier de la pièce de vêtement sans doute pseudo-matérielle qui gisait sur le sol.

Jacques ne put se débarrasser de sa peur avant de pouvoir s'endormir. Il passa la journée suivante à craindre de voir lui apparaître de nouveau l'inconnu qui s'était évanoui de façon très mystérieuse. C'est un de ses amis à qui il raconta sa mésaventure qui lui conseilla de me contacter pour me demander mon avis.

J'avais déjà rencontré d'autres personnes qui m'avaient rapporté d'aussi curieux phénomènes en plus d'avoir été moi-même témoin de rencontres semblables. Je vous en ai d'ailleurs fait part dans mes écrits antérieurs. Dans tous ces cas, il y avait la présence d'une Entité semblant très matérielle qui disparaissait subitement.

Je pus expliquer à Jacques le processus par lequel un Esprit décédé ou même incarné pouvait se matérialiser pendant un certain temps, disparaissant dès que le fluide animalisé avec lequel il densifiait son périsprit était épuisé. Mon approche rationnelle apporta un certain réconfort à son esprit terre à terre.

C'était toute une découverte pour Jacques qui n'avait jamais cru à tous ces phénomènes. Sans le vouloir, il faisait désormais partie de ceux qui ne pouvaient plus nier malgré leurs doutes coutumiers que des Êtres invisibles bien réels nous côtoyaient comme cet Esprit familier venu le saluer.

* * *

En vous présentant les Esprits familiers, j'aurais pu écrire qu'ils étaient généralement décédés, car mes expériences médiumniques m'ont permis de découvrir que certains d'entre eux pouvaient faire partie du monde des vivants. Ce sont alors des incarnés en sommeil qui en côtoient d'autres vivant leurs heures de veille. Tous les cas que j'ai rencontrés concernaient des Esprits qui vivaient sur des continents différents. Ils profitaient donc du décalage horaire qui leur permettait de passer leurs périodes de sommeil en compagnie de lointains incarnés qui, eux, se trouvaient dans les heures du jour. Le nombre de ces Esprits familiers incarnés me parut très minime, mais la connaissance de leur existence permet d'expliquer certains phénomènes. En voici un exemple très intéressant.

SEULE SUR LA PHOTO
Dans ses temps perdus, Lise échangeait par Internet avec quelques personnes dont elle faisait progressivement la connaissance. Comme bien d'autres, elle aimait agrandir ainsi son cercle social sans avoir à assumer les incontournables inconvénients des relations conventionnelles. Ce loisir de la nouvelle mode lui permit de vivre une très intéressante expérience médiumnique qui lui démontra bien clairement qu'elle pouvait être beaucoup plus entourée qu'elle le croyait. Fait curieux : la date où j'écrivais ces lignes correspondait à celle du sixième anniversaire de cet événement.

Lise échangeait avec un correspondant depuis une période suffisamment longue pour que certains liens se soient tissés entre les deux internautes. Ils décidèrent donc que chacun enverrait à l'autre sa propre photo pour se connaître encore mieux. Lise lui en fit parvenir une où elle était assise seule sur un fauteuil berçant.

Lorsque le correspondant de Lise la reçut, il voulut qu'elle lui précise qui des deux femmes apparaissant sur la photographie la représentait. Très surprise, Lise lui demanda pourquoi il parlait de deux femmes puisqu'elle était seule. Son correspondant lui affirma qu'il y avait bel et bien deux femmes sur la photo qu'elle lui avait fait parvenir. Il ajouta que l'une d'entre elles était assise et que l'autre se tenait debout derrière le fauteuil.

Très intriguée, Lise demanda à son ami de lui réexpédier la photo qu'elle lui avait envoyée. Quelle ne fut pas sa surprise en constatant qu'il y avait effectivement une deuxième femme qui se tenait debout derrière elle! La personne lui était totalement inconnue. Il s'agissait d'une jeune femme plutôt jolie dont le visage un peu triste était encadré par de beaux cheveux châtain clair qui recouvraient son front et tombaient soigneusement sur ses épaules. La dame portait un chemisier ou une robe noire dont la coupe n'était pas très définie. La tête était bien nette, mais la partie visible du torse semblait vaporeuse.

Lise ne comprenait pas du tout comment cette femme inconnue pouvait apparaître sur cette photo. C'était comme si elle s'y était imprégnée d'elle-même.

Craignant une présence malveillante, elle me contacta pour connaître les raisons de cette apparition impromptue.

Lorsque Lise me demanda de vérifier si elle pouvait être menacée par un Esprit qui voulait la hanter, je reçus la surprenante information qu'il s'agissait d'un Esprit familier incarné ayant profité de sa période de sommeil et du contexte qui se présentait à elle pour manifester sa présence auprès de Lise.

Les deux femmes faisaient partie de la même famille d'évolution de l'au-delà. Elles poursuivaient les mêmes objectifs d'incarnation. L'inconnue ne pouvait faire partie du quotidien de Lise, mais elle venait souvent la visiter pour observer ses progrès et en tirer des leçons. Elle avait finalement trouvé cette façon de lui faire connaître sa présence auprès d'elle. Je conseillai à Lise de faire quand même les prières pour se protéger contre une éventuelle hantise.

Je pensai qu'il pourrait y avoir une suite à cette visite-surprise, mais je n'en reçus aucune autre nouvelle. J'ai toujours en mains les deux photos dont il est question ici. Elles sont fort intéressantes, car d'une part le phénomène s'est produit en toute bonne foi des personnes impliquées et, d'autre part, j'avais reçu de mes Amis d'en haut la confirmation de sa pleine valeur.

***

Il est important de bien distinguer les Esprits familiers de certains défunts errants qui peuvent s'introduire dans notre vie pour des motifs bien différents. Il s'agit alors d'Esprits souvent retardataires qui refusent d'accepter leur décès et qui cherchent à renouer avec des incarnés dont ils visitent les demeures. Ces Esprits sont souvent manipulateurs et hypocrites. Leur intention de départ n'est peut-être pas nécessairement malveillante, mais leur ignorance manifeste nous invite à devenir très prudents dès qu'ils font signe de leur présence.

Voyons un exemple qui exprime bien la tournure que peuvent prendre leurs manifestations. Elles expriment certes l'existence de liens entre le monde des vivants et celui des morts, mais de ceux que nous n'avons pas intérêt à cultiver.

UN DESSIN DE FLEURS

Au début de la soixantaine, Luc avait toujours mené une vie bien centrée sur le souci de son quotidien. Il avait souvent été interpellé par la mort, car, depuis son tout jeune âge, il avait vu bien de ses proches partir pour le grand voyage. Il ne s'était cependant jamais vraiment questionné sur le sujet, voyant dans la mort une étape qui allait de soi et sur laquelle il valait mieux ne pas trop s'attarder. Il fut sérieusement porté à le faire lorsqu'il fut l'objet d'une manifestation qui le laissa très songeur sur la question de la survie d'après-mort.

Son frère cadet venait tout juste de décéder dans un accident de la route. Le triste événement n'éveilla en Luc aucune véritable réflexion sur le sens de la mort, mais le porta à penser à sa propre espérance de vie terrestre. Il lui semblait que ses journées empruntaient un rythme de plus en plus accéléré, d'autant plus que sa récente retraite lui donnait la possibilité de s'adonner aux occupations qui lui plaisaient davantage.

En prenant sa douche, Luc perçut un dessin de fleur sur la vitre de protection. La vapeur de l'eau chaude semblait ne pas pouvoir y adhérer. Il fut très surpris, car il utilisait la même installation depuis plusieurs années, et ce phénomène ne s'était encore jamais manifesté. Il essuya avec sa main l'image, mais celle-ci demeura bien intacte, comme si une pellicule invisible la recouvrait. Il sortit de la douche et prit une serviette pour faire disparaître le curieux dessin, mais rien n'y fit. L'image revenait instantanément.

Luc termina sa toilette et quitta la maison pour se rendre à un rendez-vous. À son retour, il vérifia la vitre de la salle de bains et fut soulagé de voir que tout avait disparu.

Quelques jours plus tard, après une courte accalmie, le même phénomène se reproduisit. Luc avait pensé qu'une impression de la vitre elle-même avait pu rester d'un ancien rideau de douche, mais, comme il n'y en avait jamais eu depuis l'installation de la vitre en question, il n'avait pu retenir cette hypothèse. De plus, pourquoi ce phénomène apparaissait-il après tant d'années?

La réapparition du dessin saisit ses pensées. Aux limites de ses capacités rationnelles, Luc demanda à haute voix qui était là et qu'est-ce qu'on lui voulait. À sa grande stupeur, des lettres commencèrent à s'écrire sur la vitre embuée. Luc sortit à toute vitesse et alla chercher son appareil photographique. À son retour dans la salle de bains, il fut heureux de voir que tout était demeuré en place. Il prit quelques photos.

Piqué dans sa curiosité, Luc s'informa de mes coordonnées et me fit parvenir les clichés qu'il avait pris, ainsi que ceux de certains défunts.

Les lettres dessinées étaient malheureusement indéchiffrables, mais nous voyions bien qu'il s'agissait de l'écriture d'un mot ou d'un nom. Quant aux fleurs, nous distinguions nettement des marguerites avec leurs pétales typiques.

Je vérifiai s'il s'agissait d'un proche défunt de Luc, mais, en prenant de leurs nouvelles, j'appris qu'aucun d'eux n'était concerné même si des fleurs identiques apparaissaient sur le signet funéraire de l'un d'eux. Il s'agissait en fait d'un Esprit errant cherchant à entrer en contact avec le monde des incarnés. Heureusement, il n'entretenait pas de mauvaises intentions envers Luc. Il avait simplement cherché à profiter du récent décès d'un de ses proches. Il avait attiré l'attention sur sa présence pour s'introduire en toute impunité. C'est pour cette raison que le nom inscrit était indéchiffrable. Malheureusement pour lui, nous avions pu le démasquer. Je donnai les conseils d'usage à Luc qui devait se protéger contre toute hantise éventuelle. Je lui conseillai également de faire des prières pour aider l'Esprit errant à reprendre le chemin de la Lumière.

2. Les bébés à naître

Nous aurions pu former une catégorie bien à part pour aborder les Esprits à naître qui nous côtoient, car leur type de relation avec les vivants est très particulier, mais j'ai préféré les aborder dans cette partie de notre réflexion, car les liens qui les unissent aux vivants sont, au départ, motivés par la nécessité relationnelle que leur impose leur cheminement progressif. Cette relation qu'entretiennent les Esprits des bébés à naître avec ceux qui constitueront leur environnement humain par les liens du sang leur permet d'établir plusieurs assises pendant toute la durée de la grossesse. Cette possibilité provient de la grande lucidité que conserve le bébé à naître pendant la majeure partie du temps de sa gestation corporelle.

Comme nous l'avons vu ensemble, pendant tout le temps de la grossesse, l'Esprit à naître se retrouve dans la position exacte qu'il occupera plus tard à chacune de ses périodes de sommeil, à la différence que son corps charnel demeure bien à l'abri pendant ces neuf premiers mois de son vieillissement d'incarné qui se poursuivra jusqu'à la mort. Pendant toute cette période, l'Esprit se tient donc principalement en dehors de son corps en développement. Or, cette particularité lui permet de retrouver toutes ses facultés d'Esprit qui s'estompent chaque fois qu'il entre dans son enveloppe en gestation, sous le voile qui fait oublier. Il peut donc se déplacer à sa guise en retrouvant la pleine conscience de tout ce qui se passe autour de lui dans le monde matériel et la dimension spirituelle qui l'entourent.

Cette pleine conscience permet à l'Esprit d'assister à tous les instants du quotidien de la famille qui l'accueillera. Toujours attaché à son corps, il peut suivre ses parents, ses frères et sœurs dans tous leurs déplacements. Sa pleine lucidité d'Esprit lui permet même de lire dans leurs pensées et voir bien clairement comment chacun voit sa venue.

J'ai personnellement rencontré certaines personnes qui se souvenaient d'événements précis de leur période intra-utérine. Elles rapportaient de surprenantes informations attestées par leur entourage. Il me fut même donné de contacter des Esprits à naître pendant mes heures de sommeil et, chaque fois, comme nous l'avons vu au chapitre VI, je constatais une grande lucidité semblable aux autres Esprits qui les entouraient.

Voyons un témoignage de contact de sommeil qui fut vécu par ma fille Nathalie et qui confirme encore une fois cette lucidité que l'Esprit d'un bébé à naître possède bien avant sa naissance.

L'ESPRIT DU BÉBÉ

Lors d'un souper d'anniversaire, ma fille Nathalie apprit que son amie Annie était enceinte de trois mois. Annie débordait de joie à l'idée de devenir mère. Elle voyait cette grossesse comme un scellant qui allait renforcer pour toujours l'amour qui l'unissait à son compagnon de vie. Tout le groupe accueillait généreusement son bonheur en lui exprimant sa joie de la voir si heureuse.

La nuit suivante, Nathalie vécut une expérience qu'elle qualifia d'extraordinaire. Il était un peu plus de trois heures du matin. Nathalie venait à peine de s'éveiller. Elle cherchait à se rendormir lorsqu'elle se retrouva soudainement en plein astral de Lumière, comme si une force invisible l'y avait projetée. Le milieu où elle se trouvait lui paraissait vide, en ce sens qu'elle ne voyait qu'une belle lueur qui baignait l'espace ambiant. Un calme particulier lui inspirait un agréable sentiment de réconfort.

En se retournant pour mieux connaître ce lieu inconnu, Nathalie aperçut un tout petit bébé entouré d'une belle lumière. L'enfant la regardait avec une surprenante maturité, comme celle d'un adulte. Il semblait heureux de la rencontrer. Dans une tonalité masculine, il se présenta. Il lui dit qu'il se nommait Charles-Éric, précisa qu'il était le fils que portait son amie Annie et qu'il naîtrait sans problème. À ces mots, Nathalie ne put lui poser aucune des nombreuses questions qui lui venaient à l'esprit, car la même force qui l'avait amenée en ce lieu inconnu la retournait dans son corps somnolent. Le retour se fit presque instantanément. Elle reprit immédiatement son contrôle corporel en conservant précieusement les souvenirs de cette formidable expérience.

Vu le caractère particulier de ce qu'elle avait vécu,

Nathalie ne s'en confia qu'à son mari, mon épouse et moi-même. Elle n'en toucha aucun mot à Annie qu'elle ne voulait pas apeurer.

Six mois plus tard, quelques jours avant l'accouchement, Nathalie rendit visite à son amie. Elle avait bien hâte de voir le bébé avec qui elle gardait ce précieux secret. Annie lui annonça alors qu'elle donnerait naissance à un garçon et qu'ils avaient décidé de l'appeler Charles-Éric. Tout se passait comme l'Esprit du bébé le lui avait annoncé dans l'astral de Lumière.

La certitude d'avoir vécu un contact réel avec cet enfant se confirma davantage la semaine suivante lorsqu'elle vit le nouveau-né le lendemain de l'accouchement. Il n'y avait plus à en douter, c'était bien le bébé qui s'était montré à elle.

J'attire votre attention ici sur un détail particulier que nous avons vu précédemment. Plusieurs mois avant sa naissance, l'enfant connaissait déjà le nom qu'il porterait avant même que ses parents l'aient décidé. Ceux qui ont déjà lu mes ouvrages se souviendront que le prénom que nous avons pendant notre incarnation est porteur d'une vibration qui, combinée à celle de notre nom de création, donne une signature adaptée à notre plan de vie et à toutes nos antériorités. Celle-ci demeure active pour toute la durée de notre incarnation. Le choix d'un prénom n'est donc jamais l'objet du hasard. Il est inspiré directement à ceux qui le donnent et souvent par l'Esprit à naître lui-même.

* * *

Nous venons d'aborder le sujet des Esprits à naître

qui nous côtoient depuis leur conception, mais nous aurions pu reculer beaucoup plus loin en arrière. Nous aurions vu ainsi que certains d'entre eux avaient suivi leurs futurs parents pendant quelques années avant leur union au corps de chair. Ils les observaient attentivement pour mieux centrer leurs objectifs d'incarnation qu'ils se préparaient à vivre dans la meilleure convenance du bonheur ou de la souffrance.

Comme nous le savons, l'Esprit de chacun d'entre nous fut créé bien avant notre naissance. Les liens positifs ou négatifs qui nous unissent à notre famille humaine purent donc apparaître bien avant notre conception charnelle. Dans la pleine lucidité de notre Esprit faisant encore partie des défunts, nous avons pu suivre de près chacun de ceux que nous aurions à côtoyer pendant que s'établissaient les lignes bien précises de notre plan de vie.

Pour chacun des Esprits à naître, c'est d'abord la nécessaire proximité qui les motive à établir la relation avec les vivants, mais, pour certains, des liens plus profonds peuvent avoir pris racine dans les antériorités où l'amour et parfois son contraire ont pu déjà bien établir leur permanence.

Il me fut donné de constater personnellement cette réalité de la relation antérieure à la conception charnelle avec mes propres petits-enfants. Un soir, en faisant mes prières de remerciement pour le jour qui se terminait, je vis d'abord apparaître devant moi le visage souriant de chacun d'eux déjà né. Ils apparurent un à la suite de l'autre. Ils semblaient venus simplement me saluer en profitant de la liberté que leur donnaient leurs heures de sommeil. Une belle lumière fluorescente les entourait.

Après avoir vu le plus jeune, d'autres se présentèrent. Sur le moment, je ne m'attardai qu'au fait qu'ils m'étaient étrangers. Plus tard, je compris qu'il s'agissait de ceux qui n'étaient pas encore conçus, mais qui se voyaient déjà comme faisant partie de ma descendance bien-aimée. C'est à leur naissance que je pus les reconnaître. Bien avant la connexion à leur corps d'ici-bas, ils côtoyaient notre famille terrestre qu'ils voyaient déjà comme la leur par les liens d'amour qui prenaient place dans leur cœur.

* * *

Il m'apparaît important de centrer ici notre réflexion sur une grave répercussion que provoque l'avortement libre qui se répand de plus en plus sur notre pauvre Terre d'ignorants.

Comme nous le savons, au stade fœtal, l'Esprit vit dans un état similaire à celui que nous prenons chaque fois que notre corps charnel sommeille. Quelqu'un qui met fin à la vie d'un bébé en gestation commet donc le même geste que celui qui assassinerait un adulte en période de sommeil. Pire encore, car l'Esprit à naître qui se fait renier son droit à venir progresser ne peut aucunement se défendre, même pas par un simple cri. Il s'agit donc d'un acte de plus grande lâcheté dont les conséquences réelles sont aussi lourdes que pour les autres meurtres sous toutes leurs formes.

Évidemment, ces autres formes de mise à mort volontaire sont punies par la loi des hommes, car nous nous voyons tous comme des victimes potentielles. Chacun cherche ainsi à protéger son intégrité et à s'assurer de pouvoir vivre en société de façon sécurisante. Les choses sont donc différentes pour les bébés à naître parce que nous ne nous sentons pas personnellement menacés. Or, le fait de tuer les bébés à naître est porteur d'une menace aussi grande pour ses auteurs et la société tout entière.

Depuis le début de mes expériences médiumniques, j'ai pris connaissance d'une situation fort particulière qui se vit dans le monde de l'au-delà. Des Esprits qui se sont longuement préparés à vivre parmi nous se voient refoulés dans le monde des morts parce que l'égoïsme et la méchanceté de ceux qu'ils voudraient rejoindre les empêchent de voir le jour. De longues files d'attente obligent plusieurs Esprits au potentiel très supérieur à retarder leur incarnation, ce qui engendre des effets très négatifs au niveau des plans des nations concernées qui sèment stupidement le malheur qu'eux-mêmes et leurs complices devront récolter. De plus, la boucle du retour risque d'être très longue à effacer, car, lorsque les coupables retrouveront leur lucidité d'après-mort, ils verront la gravité de leur geste et auront beaucoup de difficulté à se pardonner avec le peu de compassion qu'ils auront eue envers les plus faibles de leurs frères incarnés. Ils subiront donc à leur tour d'importants empêchements à revenir dans la chair, seule issue libératrice des souffrances *post mortem* qui en découleront et dont ils ne pourront s'échapper. C'est donc par sa grande ignorance spirituelle que l'humain terrestre tue ainsi ses semblables, car il aurait beaucoup plus de sagesse et de retenue dans ses pulsions malicieuses s'il savait à quel point il peut être personnellement concerné.

3. Les défunts du monde animal

Parmi les Esprits qui nous côtoient par simple nécessité de relation, nous retrouvons les animaux domestiques que nous avons aimés. Nous abordons le sujet, car les nombreux échanges que j'ai pu entretenir avec mes lecteurs depuis la publication de mon premier ouvrage m'ont démontré qu'un grand nombre de personnes était soucieux de connaître le sort *post mortem* de leurs animaux de compagnie.

De nombreuses expériences médiumniques démontrent clairement que les animaux connaissent également une survie d'après-mort. La plupart retournent près de défunts déjà connus, mais certains continuent d'accompagner pendant de longues périodes les vivants qu'ils ont côtoyés. Ils persistent à vivre en leur compagnie qui leur procure la sécurité dont ils ont besoin. Je vous ai déjà fait part des expériences personnelles qui nous l'ont démontré et de nombreuses autres manifestations vécues par d'autres et qui nous confirmaient l'existence de cette réalité. Nous devons donc en faire mention dans notre réflexion en nous rappelant que nous devons bien comprendre l'importance de ces compagnons qui font partie de notre contexte d'incarnation.

UNE SCÈNE EXTRAORDINAIRE

Gloria m'avait consulté pour en savoir davantage sur son plan d'incarnation. La découverte de sa spiritualité l'avait conduite vers de nombreuses lectures qui lui avaient fait comprendre que sa vie n'était pas laissée aux caprices du hasard, mais bien soumise à un plan défini relié à des objectifs d'évolution découlant de ses antériorités d'incarnations successives. C'est à la suite de la lecture de mes ouvrages qu'elle avait abouti chez moi.

La consultation lui permit d'obtenir de précieuses informations pour son cheminement terrestre. Certains proches de l'au-delà vinrent même lui prodiguer directement leurs conseils. Gloria se montra très heureuse de notre rencontre.

En partant de chez moi, elle croyait la consultation de l'au-delà terminée, mais d'autres trépassés tenaient à lui montrer leur présence.

Gloria roulait depuis quelques minutes. Elle se remémorait doucement les éléments de notre rencontre qu'elle avait soigneusement notés. La route était belle. Un grand bien-être l'habitait. Elle avait l'impression que les défunts qui étaient venus à elle ne l'avaient pas encore quittée. Un feu rouge l'obligea à s'arrêter. À cet instant, une scène extraordinaire prit forme devant elle. Gloria perçut avec une grande netteté ses trois chiens qu'elle avait eus plusieurs années auparavant. Elle avait dû les faire euthanasier pour venir à bout d'un sérieux problème respiratoire dont elle s'était mise à souffrir et qui s'aggravait sans cesse. L'allergologiste qui la traitait s'était montré catégorique. Il lui avait dit que c'était sa vie ou celle de ses chiens. Elle avait d'abord résisté, mais son état de santé l'avait finalement forcée à se résigner devant l'implacable évidence. Elle devait se départir de ses trois petits amours qui lui avaient donné tant d'affection.

Gloria s'était longtemps sentie coupable de cette séparation, mais cette apparition effaçait tous les remords qui l'avaient tant fait souffrir. Les trois chiens avaient l'apparence exacte des souvenirs qu'elle en avait gardés. Ils semblaient heureux de la retrouver, puis ils commencèrent à s'amuser ensemble comme ils le faisaient de leur vivant. La scène semblait très réelle. Les petites bêtes étaient très lumineuses. Une lumière dorée entourait chacun d'eux. Gloria fut surprise de remarquer des ailes fixées à leur corps, comme s'ils avaient voulu lui montrer qu'ils partageaient la vibration des Anges ou qu'ils les accompagnaient.

La vision prit fin subitement à l'instant précis où le feu de circulation tourna au vert. L'expérience avait donné l'impression à Gloria d'avoir duré longtemps, mais, en se basant sur le temps réel du feu rouge, elle comprit qu'il ne s'était écoulé qu'une petite minute.

Très impressionnée par ce qu'elle venait de voir, Gloria se gara quelques instants sur le bord du chemin, le temps de reprendre son calme. Elle n'avait jamais vécu la moindre expérience médiumnique, et son esprit avait peine à accueillir ces retrouvailles inattendues qu'elle n'aurait jamais crues possibles. Elle avait déjà lu que l'Esprit des animaux survivait également à la mort corporelle, mais elle ne pensait pas qu'elle pourrait en vivre une preuve aussi évidente. Sans doute que notre rencontre l'avait disposée à voir cette belle apparition et que les défunts venus répondre à ses questions spirituelles avaient eu l'autorisation d'utiliser sa médiumnité dont elle ignorait l'existence.

Gloria me téléphona dès son arrivée chez elle pour me faire part de l'expérience extraordinaire dont elle vivait encore les émotions. Elle la perçut comme un témoignage de l'amour que l'au-delà lui portait. Personnellement, je la vis également comme une réponse à son questionnement. Gloria cheminait dans la Lumière, appliquant les grands principes de l'amour inconditionnel envers les autres et envers elle-même. En utilisant l'Esprit de ses trois petits chiens qui l'attendaient encore dans l'au-delà, des Guides lui exprimaient la confirmation qu'elle était réellement accompagnée et qu'elle suivait la bonne direction sur la route qui mène jusqu'à Dieu.

CHAPITRE X

DES LIENS TRÈS ÉTROITS ENTRE LES ESPRITS DES VIVANTS

1. UNE INTIME RELATION

En reprenant la pleine conscience des liens qui unissaient les vivants et les morts, papa redécouvrit ceux qui liaient tous les Esprits des vivants entre eux. Il se souvint alors de l'intimité de relation qu'il avait lui-même entretenue pendant sa dernière incarnation et toutes celles de ses vies antérieures avec ses proches et bien d'autres que ses yeux d'incarné voyaient alors comme de purs étrangers.

En redécouvrant cette étroite proximité entre les Esprits des incarnés, il perçut avec plus d'acuité la pleine réalité de la communion de l'humanité tout entière qui dépassait largement les limites restrictives de la *communion des saints* qu'il avait apprise dans sa dernière vie terrestre. Dans sa grande lucidité retrouvée, il voyait tous les humains du cosmos éternel comme des éléments constitutifs d'une grande cellule vivante où chacun s'améliorait de son mieux dans sa propre mesure pour en bonifier l'ensemble.

***

Nous pourrions facilement aborder le sujet de ce chapitre en décortiquant la nature des liens impliqués comme nous l'avons fait avec ceux qui unissent les vivants et les morts. Nous retrouverions alors les mêmes éléments d'analyse que nous avons vus. Comme nous connaissons déjà la similitude entre les Esprits des vivants et ceux des morts, l'exercice deviendrait une inutile répétition. Nous nous limiterons donc à la démonstration de l'existence de ces liens spirituels que nous entretenons entre incarnés en abordant simplement quelques exemples de manifestation qui en expriment leur pleine réalité au-delà des limites de connaissance que nous impose le voile qui fait oublier.

Il est logique que les Esprits incarnés soient intimement liés entre eux, au même titre que nos frères de l'au-delà, car, sous le masque de nos enveloppes charnelles qui nous imposent le voile de l'oubli, nous ne sommes, en fait, que des défunts revenus temporairement à la vie charnelle.

Ces liens spirituels étroits qui nous unissent entre incarnés s'expriment clairement dans diverses expériences où nous voyons des vivants faire signe à d'autres vivants en procédant comme les Esprits défunts que nous avons vus dans les lignes antérieures. En échappant momentanément au voile de l'incarnation par le sommeil ou la sortie astrale spontanée, ils retrouvent les facultés propres à leur nature première et agissent le plus souvent auprès des leurs, comme s'ils n'étaient que des Esprits soumis aux seules lois de l'Esprit.

Ces manifestations sont parfois malveillantes, mais la très grande majorité d'entre elles exprime un réel souci d'aider, stimulé par des intentions d'amour et de bonté. Voyons ensemble quelques exemples qui nous en démontrent la pleine réalité.

Le premier nous présente un caractère très particulier du type de relation que nos Esprits peuvent entretenir entre eux dans leur pleine lucidité.

UN CONTACT INATTENDU

Mélanie fit la connaissance de Valérie d'une façon bien spéciale. C'est cette dernière qui alla vers elle pour lui faire part de l'expérience médiumnique qu'elle avait vécue. Valérie était déjà familiarisée avec les phénomènes paranormaux. Elle possédait une médiumnité l'amenant à vivre des manifestations qui lui avaient confirmé depuis longtemps ses incontestables activités de sommeil.

Ce soir-là, Valérie se retrouva dans la salle de Lumière en présence d'un homme inconnu. L'individu lui manifestait de la bienveillance et lui inspirait une grande confiance. Elle se sentit donc bien à l'aise pour échanger avec cet Esprit qu'elle n'avait jamais vu. Avec un air sérieux, il lui dit qu'elle travaillerait bientôt avec sa fille. Il ajouta qu'elle devait toujours se montrer franche et honnête envers elle. Il termina en lui enjoignant de faire part à sa fille du contact qu'ils avaient eu. Sur ces mots, Valérie perdit la conscience de la rencontre astrale.

De retour dans son corps, Valérie ne pouvait pas comprendre le sens de ce qu'elle avait vécu. Pourquoi cet inconnu lui avait-il demandé de faire preuve de franchise et d'honnêteté alors qu'elle avait toujours accordé une grande importance à ces deux grandes forces spirituelles? Qui était donc ce mystérieux personnage et qui pouvait bien être sa fille avec qui elle travaillerait? Autant de questions auxquelles Valérie ne pouvait trouver de réponse.

Quatre mois plus tard, alors qu'elle avait pratiquement oublié ce mystérieux contact, Valérie se retrouva de nouveau dans le même contexte de l'astral de Lumière. Elle reconnut l'endroit pseudo-matériel dès son arrivée. Comme elle s'y attendait alors, l'inconnu se présenta à elle. Dans un grand calme, il lui rappela qu'elle devait faire part à sa fille du contact médiumnique qu'elle avait eu et sembla vouloir lui reprocher de ne pas l'avoir fait. Valérie n'eut même pas le temps de lui répondre et se retrouva subitement dans son corps.

Le lendemain, intriguée par cette curieuse rencontre qui se répétait, Valérie consulta une de ses tantes qui vivait régulièrement des expériences médiumniques. Elle lui expliqua ce qu'elle avait vécu et exprima son malaise devant le manque d'informations qui l'empêchait de donner suite à son échange astral. Pour mieux la sensibiliser aux implications des échanges médiumniques, sa tante lui conseilla de lire mes ouvrages. Elle sortit deux de mes livres de sa grosse bibliothèque pour les prêter à Valérie, qui demeura bouche bée en parcourant le texte sur la couverture arrière des deux volumes. Elle y reconnut ma photo qui y paraissait. Elle s'écria : « Mais c'est lui ! » J'étais cet inconnu qui lui posait tant de mystère.

Valérie réfléchit sur le nom de celles qui exerçaient à son milieu de travail. Il y avait effectivement une Girard qu'elle avait croisée à quelques reprises.

Prenant son courage à deux mains, elle se décida à la rencontrer. Elle se demandait bien comment aborder le sujet. Elle craignait la réaction qu'elle pourrait susciter. Le visage rouge et d'un air gêné, elle se présenta et demanda à Mélanie si elle me connaissait. Un peu intriguée, Mélanie lui répondit que j'étais son père. Soulagée, Valérie lui rapporta son expérience en lui précisant que j'avais insisté sur l'importance de communiquer avec elle. C'est là que commença leur belle amitié.

Mélanie me téléphona le soir même pour me faire part de son échange avec Valérie. Malheureusement, je n'avais gardé aucun souvenir de l'expérience astrale. Je ne pouvais donc lui donner les explications qu'elle attendait, mais l'avenir nous démontra que cette rencontre était importante autant pour l'une que pour l'autre. Je sus plus tard que Valérie faisait partie d'un groupe de gens dont je m'occupais pendant mes heures de sommeil. Sans doute que, dans la lucidité de mon Esprit, j'avais jugé que leur amitié pouvait apporter de bons éléments pour la réussite de leurs objectifs d'incarnation.

J'ai retenu cette expérience, car elle apportait une information importante pour notre réflexion. Elle nous démontrait de façon évidente les liens que nous continuons d'entretenir entre nous pendant nos heures de sommeil dans des échanges qui dépassent largement les limites de notre boîte crânienne.

***

Les deux autres exemples que je partage avec vous nous font constater que nous pouvons retrouver d'importantes facultés d'Esprit pendant nos heures de sommeil et que nous pouvons les utiliser de façon très efficace pour aider les autres.

UN APPEL D'ESPRIT À ESPRIT

Comme toutes les interventions conventionnelles étaient demeurées impuissantes, Lucie avait fait appel à mon aide pour son fils de douze ans dont le comportement changeant lui laissait penser qu'il pouvait être stimulé par une force invisible. Bien documentée sur le sujet, Lucie en connaissait les possibilités et voulait tout faire pour aider son fils à s'en libérer si cela était bien le cas.

Des lectures de photos me mirent en contact avec l'Ange gardien du garçon. Je reçus ainsi la confirmation qu'il s'agissait bien d'une influence occulte négative. Il était grand temps d'agir, car la situation pouvait empirer et donner lieu à des excès fort regrettables.

Lucie utilisa la prière pour contrer les hantises que je donne dans mon deuxième livre et le petit recueil de prières. Elle en suivit scrupuleusement les consignes pendant trente jours consécutifs.

Bien avant la fin du délai, le jeune préadolescent redevint le fils doux et serviable qui faisait le bonheur et la fierté de Lucie, mais l'Esprit qui manipulait hypocritement les ficelles tenta un dernier assaut avant de concéder la victoire.

Lucie terminait sa deuxième semaine de prières. Elle venait à peine de se coucher. Avant même d'avoir eu le temps de prendre son recueil, elle entendit un bruissement au fond de sa chambre. Elle regarda, mais la lumière de sa table de chevet l'empêchait de voir dans la partie sombre de la pièce. Son cœur accéléra. Elle demanda qui était là. Un Esprit très sombre prit forme devant elle et s'approcha rapidement de son lit. Ses traits étaient bien visibles. Lucie reconnut l'Esprit de type asiatique que son fils avait décrit lorsqu'il était petit. Il parlait d'un Chinois qui venait dans sa chambre pour lui faire peur. Lucie avait alors cherché à convaincre l'enfant que c'était le fruit de son imagination, mais elle voyait bien toute la véracité de ce qu'il avait rapporté.

Lucie comprit donc rapidement qu'il s'agissait de l'Esprit qui s'en prenait à son fils. La méchanceté qui se dégageait du regard haineux de l'Entité la fit paniquer. Tout en criant mon nom et en me suppliant de lui venir en aide, elle chercha désespérément son carnet de téléphone pour m'appeler. Il était très tard, mais aucune règle de convenance ne venait à sa pensée. Elle fouillait sans rien trouver. L'Esprit sembla d'abord vouloir rester pour s'amuser de toute cette scène, mais Lucie entendit soudainement ma voix. Elle ne garda aucun souvenir de ce que je lui dis, mais elle se souvient nettement que l'Esprit malveillant était parti subitement et qu'elle s'était complètement sentie sécurisée. Lucie ressentit un grand calme qui l'enveloppait. Un sommeil irrésistible l'envahit. Elle posa sa tête sur son oreiller et s'endormit jusqu'au matin.

Le lendemain, lorsqu'elle me parla de ses expériences, je compris qu'elle n'avait pu retrouver son carnet parce qu'elle ne devait surtout pas me téléphoner. Si elle l'avait fait, je serais revenu dans mon corps charnel et je n'aurais pu me rendre aussi rapidement chez elle, en Esprit, à plus de six cents kilomètres de chez moi, accompagné de mes Amis de Lumière accourus avec moi pour l'aider.

Cette intervention mit fin aux manifestations de cet Esprit malicieux qui semblait avoir rôdé autour de cette famille pendant plusieurs années.

UNE CONFÉRENCE DANS L'ASTRAL

Christine s'était largement documentée sur la dimension spirituelle de l'humain et de ses manifestations. Elle avait lu beaucoup d'auteurs qui avaient publié sur le sujet.

Lors d'un salon du livre, elle fut surprise d'apprendre que j'habitais le Québec. Elle lut alors tous mes ouvrages avec un regard différent. C'était comme si mes livres la concernaient davantage. Elle constatait bien concrètement que ces phénomènes de l'Esprit faisaient l'objet de recherches similaires ici comme ailleurs, et cela la rapprochait des lignes qu'elle parcourait.

Christine s'intéressait à toutes ces publications pour mieux comprendre les phénomènes qu'elle vivait elle-même. Une médiumnité se manifestait en elle, mais sans qu'elle pût la contrôler. Elle ne parvenait pas à cerner le but de tout ce qui lui arrivait et cela créait un véritable malaise dans sa vie.

Lorsque j'avais rencontré Christine au salon du livre, elle m'avait demandé mes coordonnées. La peur sincère qu'elle avait exprimée sur ce qu'elle vivait m'avait convaincu de la pertinence de les lui donner, sachant par expérience qu'elle pouvait avoir besoin d'aide.

Christine me téléphona trois ans plus tard, mais pour des motifs beaucoup plus agréables. Elle voulait partager avec moi une éloquente expérience de sortie astrale spontanée dont elle avait conservé tous les souvenirs.

Elle avait déjà vécu ce genre de phénomène où elle se retrouvait, en pleine conscience, dans les dimensions pseudo-matérielles de l'au-delà en compagnie des vivants et des morts, mais ce qu'elle avait retenu de sa dernière expérience présentait un caractère très particulier qui lui révélait quelque chose de nouveau : la possibilité que nous avions d'aider les autres incarnés pendant nos heures de sommeil et les forces insoupçonnées à notre portée.

En pleine sortie extracorporelle, Christine se retrouva dans une conférence que je donnais dans l'astral de

Lumière. Elle était assise à une grande table qui faisait face à l'assistance. Plus de deux cents personnes écoutaient attentivement mes propos. Il y en avait de tous les âges. Christine reconnut qu'ils étaient des incarnés en sommeil par la présence des cordes d'argent qu'elle percevait sur chacun. Des défunts accompagnaient certains d'entre eux, comme s'ils les avaient conduits en ce lieu pour les aider dans leur progression spirituelle.

Dans ces premiers instants de sa prise de conscience, Christine me vit debout, tout près d'elle. À peine était-elle arrivée que je la présentai comme une personne incarnée vivant des signes de l'au-delà et cherchant à les mettre au service de son évolution spirituelle et de celle des autres. J'expliquai brièvement en quoi son témoignage pouvait les aider, puis je lui cédai la parole.

Christine commençait à livrer son témoignage lorsqu'un Esprit très noir apparut. Elle sut immédiatement que cet Être maléfique était très puissant. Il venait l'empêcher de transmettre ces informations qui pouvaient grandement aider les assistants à mieux vivre leur plan de vie. L'Esprit noir avait sans doute des vues bien arrêtées sur ces âmes qu'il croyait à sa portée.

Dès son apparition, Christine me vit bondir de mon siège à la vitesse de l'éclair. Je fis face à l'Entité malicieuse et lui ordonnai de partir. Devant l'inertie de l'intrus, je semblai me concentrer. Christine vit alors un jet de lumière très brillant sortir de mon front. Elle comprit plus tard qu'il surgissait d'un chakra, celui du troisième œil. Je dirigeai le rayon de lumière sur l'Esprit menaçant qui recula violemment. L'Esprit partit aussitôt et Christine put continuer son témoignage.

Christine se souvient qu'elle n'eut jamais peur durant la présence de l'Esprit mal intentionné, comme si elle savait intuitivement qu'elle ne courait aucun risque.

Je pris connaissance de ce témoignage avec beaucoup d'intérêt, car il était fidèle à des éléments semblables que j'avais moi-même rapportés de l'astral de Lumière.

D'abord, je savais que je donnais effectivement des conférences et même certaines formations dans l'au-delà pendant mes heures de sommeil en plus de celles auxquelles j'assistais. Je savais également que d'autres incarnés partageaient leurs réussites pour aider des gens vivant les mêmes épreuves ou ayant les mêmes défis.

Ainsi, dans ce que nous venons de voir, Christine s'était adressée à des incarnés qui possédaient la même médiumnité qu'elle et qui en ressentaient les mêmes malaises qu'elle avait surmontés. Elle venait leur indiquer ce qu'elle avait fait pour y parvenir.

La présence des défunts qui accompagnaient certains assistants concordait également avec ce que j'avais observé chez plusieurs personnes venues me consulter. Des Esprits protecteurs comme ceux que nous avons vus précédemment, souvent des proches qu'ils avaient bien connus, s'impliquaient comme Guide de leurs protégés pendant leurs heures de sommeil. Ils les conduisaient alors dans les activités de croissance qu'ils jugeaient utiles pour la réussite de leurs objectifs de plan de vie ou pour bien surmonter les difficultés prévues sur leur route.

Enfin, j'avais moi-même été conscient de l'utilisation du rayon frontal que décrivait Christine. Chaque fois, j'étais accompagné d'Esprits lumineux en pleine action contre des Esprits sombres qui devaient quitter des lieux de hantise où leur présence ne pouvait plus être tolérée.

Christine apprécia grandement que je puisse ainsi lui confirmer toute la valeur de ce qu'elle avait vécu. Elle comprenait qu'elle pouvait devenir utile non seulement pour les incarnés que les Anges gardiens plaçaient sur sa route, mais aussi pour d'autres qu'elle pouvait rejoindre en grand nombre pendant ses heures de sommeil.

***

Les deux exemples suivants nous font bien comprendre qu'en état de sommeil, notre Esprit retrouve la pleine conscience du dévouement de certains incarnés dont nous pouvons bénéficier. Ils nous font également constater la pleine reconnaissance que nous éprouvons et toute l'expression que nous pouvons en faire.

UNE BELLE EXPRESSION DE RECONNAISSANCE

Dans plusieurs Commissions scolaires du Québec, le nom des jeunes enseignants doit apparaître sur une liste de rappel tant qu'ils n'ont pas obtenu leur permanence. Une tâche d'enseignant leur est alors attribuée selon les besoins à combler.

Cette année-là, Mylène fut assignée à un groupe de prématernelle composé de plusieurs jeunes de quatre ans présentant des troubles de comportement. Elle releva les nombreux défis de façon formidable pendant toute l'année, au point que ses confrères soulignèrent la qualité de son travail. Mylène était effectivement satisfaite, mais, devant souvent agir autant auprès des parents que des enfants, elle avait trouvé l'année bien difficile. Elle fut bien heureuse de voir arriver les vacances estivales pour refaire ses forces.

Deux mois plus tard, une semaine avant de recommencer une nouvelle année scolaire, Mylène vécut une très belle expérience consciente dans l'astral de Lumière.

Elle venait tout juste de s'endormir lorsqu'elle se retrouva dans une grande pièce baignée d'une belle lumière dont elle ne pouvait distinguer la provenance. Soudain, elle vit apparaître devant elle les dix-huit élèves dont elle s'était occupée l'année précédente. Chaque visage et chaque regard lui exprimaient une joie immense à pouvoir la rencontrer ainsi dans la pleine lucidité que leur donnait le sommeil corporel.

Les enfants semblèrent suivre une consigne inaudible et se placèrent rapidement l'un derrière l'autre pour former une file devant elle. Le premier s'approcha de Mylène, puis, les yeux pétillants de lumière, lui adressa la parole. Dans un langage d'adulte, il dit à Mylène tout ce qu'elle avait fait grandir en lui. Il la remercia chaudement et se retira. Chacun des autres enfants répéta le même scénario. Mylène apprit ainsi tout le bien qu'elle leur avait apporté et comprit l'importance insoupçonnée qu'elle avait eue dans leur vie. La sincérité que permettent les rencontres dans l'astral de Lumière donna une grande portée aux remerciements qui lui étaient adressés. Ils s'inscrivirent en elle en lettres d'or.

À son réveil, Mylène dut sécher des larmes de joie qui apparurent avec les premiers rappels de ce qu'elle avait vécu. Elle en remercia Dieu de l'avoir permis.

Cette expérience amena Mylène à changer sa perception sur les relations qu'elle pouvait avoir avec les autres. Elle comprenait mieux le rôle que nous sommes appelés à jouer dans notre quotidien, autant dans nos relations sociales ou professionnelles que dans notre vie familiale.

Elle avait vu le bien réel que nous pouvons faire auprès de ceux qui sont placés sur notre route, mais, par le fait même, elle avait aussi compris qu'il devait en être ainsi pour le mal que nous pouvions apporter par nos attitudes négatives, nos propos malveillants, notre indifférence ou nos actions égoïstes. Elle pria Dieu de nous épargner toutes ces erreurs en nous inspirant, par notre Ange gardien, de quelle façon nous y prendre pour ne pas accumuler de tristes retours.

UNE DAME RECONNAISSANTE

Au fil des ans, Agathe avait acquis la belle réputation d'une femme pieuse très proche de Dieu. Sa vie difficile n'avait jamais amoindri sa foi en la sagesse divine. L'ardeur de ses prières avait souvent donné de surprenants résultats qui semblaient curieusement limités à la misère d'autrui.

Pierrette, une amie d'enfance avec qui elle avait toujours conservé de précieux liens, vint la voir pour lui parler de l'épouse de son frère. La jeune femme souffrait d'une pernicieuse maladie et elle espérait que les prières d'Agathe puissent l'aider à retrouver la santé.

La malade était désormais clouée à un fauteuil roulant et rien ne laissait présager qu'elle en sortirait un jour. Pour Pierrette, Agathe était le seul espoir qui lui restait.

Agathe connaissait à peine la belle-sœur de Pierrette. Elle ne l'avait rencontrée qu'une seule fois. Elle accepta quand même de prier pour elle en insistant pour qu'elle n'en sache rien. Pierrette lui promit d'en garder le secret en la remerciant de sa belle générosité.

Quelques mois plus tard, alors que Agathe continuait tous les jours d'adresser ses prières soutenues à Dieu et aux Esprits guérisseurs, elle rencontra l'Esprit de la belle-sœur de Pierrette dans l'astral de Lumière pendant son sommeil.

Agathe venait à peine de s'endormir. Elle sortit rapidement de son corps et se retrouva dans un bel endroit éclairé. Elle était pleinement consciente de tout ce qui se passait. Elle vit s'approcher quelqu'un en fauteuil roulant et reconnut finalement la belle-sœur de Pierrette pour qui elle priait. La jeune femme semblait beaucoup plus en forme que ne l'avait indiqué Pierrette. Son regard resplendissait d'énergie. Elle sourit à Agathe, puis la remercia de sa générosité. Elle lui dit toute sa reconnaissance pour les prières qu'elle adressait à Dieu pour sa guérison. Elle lui affirma que ses prières lui avaient fait un grand bien. La jeune dame lui exprimait son admiration pour son dévouement inconditionnel lorsque Agathe se sentit aspirée vers son corps en sommeil par une force qui mit fin à cet échange extraordinaire.

Agathe conserva tout le précieux souvenir de cette belle expérience. Elle avait reçu la confirmation que notre Esprit d'incarné retrouvait sa pleine lucidité pendant les heures de sommeil et que celle-ci nous dévoilait tous les liens que les autres entretenaient avec nous en secret comme au grand jour. Elle voyait l'importance de la bienveillance dans nos pensées et dans nos actions envers les autres, leur portée étant ressentie par chacun d'entre nous dans le bien, mais aussi dans le mal qui pouvait en découler.

***

Voyons maintenant deux témoignages où les Esprits impliqués dans une expérience commune de sommeil prennent tous conscience de leur échange et en rapportent des souvenirs précis à leur réveil. Ils nous démontrent l'intimité que peuvent prendre ces contacts bien réels vécus dans la pleine lucidité de l'Esprit. Le premier se passa sur un ton strictement amical. Le second aurait pu prendre un caractère négatif s'il avait eu lieu pendant les heures de veille, mais il se termina agréablement grâce à la lucidité que nous retrouvons en dehors du corps charnel.

L'ANNONCE DE SA GROSSESSE

Françoise et Bertha s'étaient liées d'amitié dès le début de leur carrière. Elles s'étaient rencontrées lors de la présentation du nouveau personnel dont elles faisaient partie. Leur compatibilité professionnelle et leur facilité à travailler en complémentarité les avaient amenées à se rapprocher de façon naturelle et à développer une belle relation.

Après une agréable période de collaboration mutuelle, une réaffectation des employés les éloigna l'une de l'autre. Avec le temps et le cumul des responsabilités professionnelles et familiales, elles éloignèrent progressivement leurs rapports même si elles ne s'oubliaient pas vraiment.

Les deux amies ne s'étaient pas donné de nouvelles depuis presque un an, lorsque Françoise rencontra Bertha dans un rêve. Les retrouvailles lui semblaient bien réelles. Avec son habituelle exubérance, Bertha lui exprimait toute la joie de la revoir. Elles renouaient ensemble comme elles l'auraient fait dans le réel de leur quotidien.

Le regard pétillant, Bertha annonça à Françoise qu'elle

était enceinte de son troisième enfant. Elle lui indiqua que seul son mari était au courant de la bonne nouvelle et qu'elle tenait à ce qu'elle soit la suivante à partager son bonheur. Françoise la remercia de ce beau témoignage d'amitié. Sentant que leur rencontre ne pouvait durer longtemps, elles se promirent de se donner des nouvelles, et Françoise replongea dans l'anonymat des heures de sommeil.

Le matin, elle se réveilla avec le souvenir précis de son beau rêve. Piquée dans sa curiosité, elle se promit de téléphoner à Bertha avant la fin de la journée.

Le soir même, les enfants couchés, elle s'empressa d'appeler son amie. Après un généreux échange de nouvelles, Françoise raconta le rêve qu'elle avait fait. Très surprise, Bertha cria à son mari de s'approcher et demanda à Françoise de lui répéter le récit de son rêve. Le conjoint demeura sans voix. Bertha reprit le téléphone et expliqua à Françoise qu'elle avait fait le même rêve où elle s'était vue lui annoncer son tout récent début de grossesse. Les deux femmes furent emballées de se rendre compte qu'elles avaient vécu une aussi extraordinaire expérience. Le mari de Bertha lui exprima sa grande surprise.

En échangeant davantage, les deux amies purent se confirmer l'exactitude de plusieurs détails comme les vêtements qu'elles portaient dans leur rêve et les mots précis qui s'y étaient dits. Elles se souvenaient même du départ précipité qui les avait empêchées de se parler plus longtemps.

En fait, Françoise et Bertha n'avaient pas vécu un rêve en tant que tel, mais un échange direct dans l'astral de l'au-delà. Les deux Esprits s'étaient rencontrés comme nous le pouvons et le faisons tous à chaque période de sommeil, sauf qu'il leur avait été permis d'en conserver un souvenir précis. Peut-être que ces deux jeunes femmes ou leur entourage avaient besoin de retenir une telle expérience pour se rappeler que l'Esprit pouvait réellement vivre de façon autonome en dehors du corps de chair ou savoir qu'en période de sommeil, nous retrouvions les mêmes facultés que nos défunts.

UNE DÉCLARATION D'AMOUR

Pendant son adolescence, Julie avait jeté son dévolu sur un jeune homme de son âge qui ne lui rendait aucunement les sentiments qu'elle cherchait maladroitement à lui démontrer. Bien au contraire, il s'en amusait sans se soucier des effets que pouvait engendrer son manque de délicatesse. Julie parvint finalement à comprendre qu'elle devait regarder ailleurs parmi les nombreux prétendants qui tournaient autour d'elle.

Après plusieurs déceptions, elle connut finalement son bien-aimé lors d'un voyage avec sa famille. Celui qui était prévu dans son plan de vie l'attendait au loin. C'est pour cela qu'elle ne pouvait trouver ce qu'elle cherchait dans son entourage.

Au début de leur mariage, Julie fit un drôle de rêve qui lui sembla d'une grande réalité. Elle se vit en présence de son premier coup de cœur. Il se montrait aimable envers elle. Il lui exprimait ses regrets de ne pas avoir compris tout de suite l'importance qu'elle pouvait prendre dans sa vie. Il lui offrit de vivre avec elle. Il argumentait sur le bien-fondé d'une rupture avec son époux qui, disait-il, ne la rendait pas vraiment heureuse. Il l'implora de venir vers lui en lui promettant de toujours l'aimer.

À cet instant, Steeve, l'époux de Julie, sortit du sommeil en sursaut. Le mouvement brusque de son corps éveilla également Julie. D'un air fâché, Steeve clama à Julie de faire son choix. De toute évidence, il avait eu connaissance de la rencontre qui venait d'avoir lieu. Julie, qui en gardait le plein souvenir, comprit qu'il ne s'agissait pas d'un rêve. Elle se rapprocha de Steeve pour le rassurer, mais il lui ordonna de ne pas le toucher. Il se retourna et se rendormit aussitôt.

Julie se sentait très mal à l'aise. Elle n'avait montré aucun intérêt aux avances de son amour d'adolescence et n'était pas du tout encline à y faire suite. Un peu inquiète, elle eut de la difficulté à se rendormir.

Le lendemain matin, Steeve s'éveilla le premier. Il vaqua à sa routine du matin comme si rien ne s'était passé et fit un beau bonjour à Julie dès qu'elle sortit du sommeil. Julie lui demanda s'il se souvenait de son rêve. Surpris, il lui répondit par la négative et voulut savoir pourquoi elle lui posait une pareille question. De toute évidence, Steeve ne gardait aucun souvenir de ce qui s'était déroulé. Julie lui dit que cela n'avait pas d'importance et passa rapidement à ce qu'elle devait faire. Elle ne lui en parla plus jamais.

Lorsqu'elle me fit part de cet étrange rêve, je compris rapidement qu'elle avait vécu une expérience astrale consciente pendant son sommeil et que Steeve y était bien présent en Esprit. Sans doute incapable de s'immiscer dans l'échange dont il prenait conscience, il lui avait exprimé son inquiétude en revenant brièvement dans son corps physique.

Julie m'affirma qu'elle aimait son mari et qu'elle

n'avait aucune intention de le quitter. Steeve avait donc réagi à ce qu'il pouvait lire dans le périsprit de Julie. Il y avait vu les traces de l'amour d'antan qu'il confondit avec la situation préoccupante dont il était témoin. Il avait pris peur et s'était exprimé avec les moyens à sa portée. Le calme revenu, il dut comprendre que Julie n'était aucunement responsable de ce qui s'était passé et qu'il n'avait nullement à s'inquiéter, d'où le choix de tout oublier dès son réveil.

Julie se montra intriguée par cette expérience. Elle ne savait pas que nous pouvions conserver des souvenirs aussi précis de ce que nous vivions pendant nos heures de sommeil. Nous échangeâmes sur le sujet en recourant aux livres que j'avais publiés. Au fil de la discussion, nous débordâmes sur l'après-mort, et Julie fit rapidement le lien entre ce qu'elle avait vécu et les horizons insoupçonnés qu'ouvrait la mort aux Esprits défunts en pleine survivance consciente.

***

L'exemple suivant nous démontre encore une fois que même les enfants retrouvent une pleine lucidité d'adulte dès qu'ils échappent au voile qui fait oublier. Il nous fait comprendre que, même en très bas âge, l'Esprit incarné peut participer activement au maintien et au développement des liens étroits qui nous unissent entre Esprits incarnés. Il nous rappelle que nous ne devons pas voir en l'enfant un Esprit limité, mais un être déjà développé possédant déjà ses propres acquis. D'autres témoignages que je donne dans mes autres ouvrages nous ont d'ailleurs bien démontré que le même raisonnement s'adressait aux déficients intellectuels et à tous ceux dont le fonctionnement mental est entravé.

UNE BIEN TRISTE EXPÉRIENCE

À cette époque, Julienne, une amie de longue date, s'était résignée à déménager à plus de cinq cents kilomètres de chez elle. Elle avait accepté de suivre son époux qui avait obtenu un emploi beaucoup plus intéressant que celui qu'il occupait. Elle perdait bien des avantages à son propre travail, mais elle pouvait rapidement s'en retrouver un autre similaire dans son nouveau patelin. Le déménagement les obligea à dénicher une nouvelle garderie pour leur petite fille Mélina, alors âgée de trois ans. Le problème ne se posait cependant pas pour l'aîné qui allait déjà à l'école.

L'adaptation de Mélina à sa nouvelle garderie semblait très difficile. Trois semaines après son arrivée, elle continuait à pleurer pour ne pas y aller. Au fil des jours, Mélina perdit tout son rayonnement. Ses dessins étaient tristement coloriés en noir, elle se rongeait les ongles et boudait même sa mère à qui elle semblait reprocher de lui imposer ce milieu qu'elle détestait.

De plus en plus inquiète, Julienne réussit à faire parler l'enfant qui lui révéla que sa gardienne était méchante avec elle et ses amis. Elle téléphona à ses parents de venir chercher la fillette et fit les démarches qui s'imposaient. Sa petite enquête lui révéla que la dame faisait une dépression nerveuse et qu'elle se défoulait sur les jeunes.

Julienne me téléphona pour me révéler ce qui se passait. Elle se sentait coupable de faire vivre tout cela à sa fillette. Elle me fit part du non-sens de notre société qui ne favorise que le travail au détriment de nos enfants, les adultes de demain. Elle voyait comme il était insensé de confier à des étrangers les premières années de vie des petits pourtant si importantes pour leur équilibre futur.

Mélina demeura plus de deux semaines chez ses grands-parents de qui elle était très proche. Pendant tout ce temps, elle ne parla jamais de sa mère ni de ce qu'elle avait vécu. Elle reprit progressivement ses couleurs habituelles dans ses dessins et retrouva la belle énergie qui la caractérisait depuis ses premiers jours. Elle redevint la joyeuse Mélina pétillante de joie de vivre.

Pendant ce temps, Julienne cherchait un endroit sécuritaire pour sa petite fille. Ses obligations financières la contraignaient à continuer de travailler et c'est bien à contrecœur qu'elle se résignait à cette douloureuse expérience. Elle avait pu intervenir juste à temps pour empêcher de graves séquelles dans le cœur de sa petite chérie et elle craignait qu'un malheur semblable ne se reproduise.

Julienne me téléphona de nouveau pour connaître ma vision des choses. Spontanément, je ne recevais aucune information qui confirmait le bien-fondé de ses craintes, mais je lui promis de m'y attarder avec mes Amis de Lumière et de lui en donner des nouvelles.

La nuit suivante, je rencontrai l'Esprit de Mélina dans son astral de sommeil qui était tout lumineux. Elle avait l'apparence et la voix de ses trois ans, mais son regard était mature comme celui d'une adulte. Dès qu'elle commença à parler, je remarquai que ses propos dépassaient le niveau enfantin. Elle s'exprimait clairement avec beaucoup d'assurance. La structure de ses phrases, son vocabulaire et la qualité du message laissaient voir une riche antériorité qui en ferait une adulte très compétente dans le domaine qu'elle occuperait. Elle me demanda d'informer sa mère qu'elle n'avait pas à s'inquiéter. Ses grands-parents l'avaient beaucoup aidée à reprendre son équilibre et elle m'assurait qu'elle ne souffrirait pas de cette courte période difficile. Son Esprit allait rapidement évacuer ces souvenirs sous le voile qui fait oublier et elle continuerait sa belle progression psychologique et affective. En terminant son message, elle me demanda de dire à ses grands-parents de ne pas trop s'ennuyer d'elle, qu'ils avaient encore plusieurs années devant eux et qu'ils pourraient se voir très souvent.

Le jour même où je fis part de mon échange avec Mélina, sa mère trouva une merveilleuse gardienne qui avait ses propres enfants. La petite y vécut d'agréables moments pendant toute la période que dura leur séjour si loin des leurs.

Cette expérience médiumnique me confirmait la justesse de précieuses informations sur notre degré de lucidité que nous retrouvons pendant nos heures de sommeil. Il démontrait comment nous pouvions profiter de nos acquis antérieurs dès que nous échappions aux limites imposées par nos pauvres corps charnels. Je revoyais alors toutes les possibilités qui sont à notre portée pendant le sommeil corporel, l'Esprit reprenant temporairement sa véritable nature. Il fallait donc prier Dieu d'avoir la sagesse suffisante pour savoir en profiter en fonction des objectifs de notre incarnation.

* * *

Tous les échanges médiumniques avec des Esprits incarnés dont j'ai pu garder le souvenir m'ont démontré qu'ils étaient soumis aux mêmes règles que celles qui régissent les rapports entre les défunts de l'au-delà et les relations établies entre les vivants et les morts. L'autorisation divine et le respect de chacun y font donc office de conditions primordiales. De plus, j'ai pu constater que certaines limites pouvaient s'appliquer selon les obligations et les engagements directement reliés aux plans de vie des personnes concernées. Voyons un exemple concret d'une de ces restrictions découlant d'un empêchement du quotidien.

UNE DISCUSSION INTERROMPUE

Le jour allait se lever. Les aiguilles de mon réveille-matin, comme impatientes d'activer la sonnerie qui me rappellerait sous le voile qui fait oublier, continuaient leur course cadencée. Dans ces derniers moments de sommeil, je retrouvai subitement la pleine conscience de ce que je vivais en Esprit pendant que mon corps récupérait ses forces.

À cet instant, je me rendis compte que j'étais en pleine discussion avec une dame que je ne pouvais identifier. Nous échangions sur les difficultés qu'elle rencontrait dans sa vie d'incarnée et des moyens qu'elle devait prendre pour s'en sortir. J'aurais pu croire qu'il s'agissait d'un rêve, mais la pleine conscience que j'avais de ce qui m'entourait dans ma chambre me fit rapidement comprendre que j'étais en demi-sommeil et que je conversais avec l'Esprit d'une femme également en période de repos nocturne.

La dame semblait pressée par le temps, comme si elle voulait s'assurer de pouvoir profiter des quelques minutes qui lui avaient été accordées. Je répondais avec une connaissance qui me surprenait, comme si je possédais des éléments que je ne maîtrisais pas aussi bien pendant mes heures de veille.

Avant que nous puissions terminer notre échange,

le téléphone sonna. L'Esprit de la dame me dit tristement: «Allez-y! C'est sûrement pour vous!» Elle semblait très déçue de devoir partir sans avoir obtenu toutes les réponses à ses questions.

Pleinement éveillé, j'ouvris les yeux. Mon épouse s'était empressée de répondre pour me laisser dormir. En regardant l'heure, je vis qu'il restait encore quelques minutes avant la sonnerie. Je fus donc un peu déçu pour la dame que j'aurais bien voulu aider davantage. Je me rappelai alors que la sagesse que nous confère l'au-delà pouvait être beaucoup plus grande que la nôtre ici-bas. Il y avait donc une raison à cette interruption. La dame avait reçu en fonction de ce qui avait été permis dans la limite des exigences de son plan de vie. Il ne restait qu'à espérer qu'elle puisse conserver une intuition suffisante de notre échange pour pleinement en profiter. Quoi qu'il en fût, elle pouvait toujours, comme nous tous, accéder aux immenses possibilités qu'elle pouvait retrouver à chaque période de sommeil dans la pleine mesure de ses prières et de ses efforts de chaque jour.

2. Mise en garde

Avant de rejoindre mon père et ma mère dans leur cheminement d'après-mort, j'aimerais attirer votre attention sur deux aspects importants dont doit tenir compte toute personne qui, de façon spontanée ou volontaire, entretient ou voudrait entretenir des échanges ou établir des communications avec les Esprits des vivants et des morts.

Nous venons de voir plusieurs témoignages qui démontrent l'évidence de leur existence et les possibilités de manifestation à travers les liens qui nous unissent. La prise de conscience de cette proximité entre nos mondes pourrait en effet inciter certains lecteurs à faire plus ample connaissance avec ces Êtres invisibles qui nous côtoient, mais il faut bien comprendre que des règles bien strictes doivent être respectées pour éviter les pièges astucieux des Esprits sombres sans scrupule. Nous les avons brièvement mentionnées précédemment et nous les avons abondamment documentées dans mes écrits antérieurs, mais je crois qu'il est important de nous rappeler les deux principales d'entre elles, surtout pour les néophytes qui seraient tentés d'en vivre l'expérience.

1. Première grande règle

La première grande règle nous enseigne qu'il ne faut jamais s'engager dans des expériences médiumniques mal préparées et encore moins les entretenir.

J'ai vu beaucoup trop souvent des apprentis médiums aborder l'au-delà avec une légèreté enfantine. Malheureusement, tous s'en mordirent les doigts et il ne leur fut pas possible, comme pour ceux qui sont venus à moi, de recevoir de l'aide pour se sortir de leurs mauvais pas.

Avant d'entreprendre des démarches auprès des Esprits ou de donner suite à des signes de leur part, il faut bien se documenter auprès des multiples auteurs du spirituel qui partagent généreusement leurs expériences. Par ces lectures, le médium en devenir acquerra les connaissances lui permettant de distinguer les niveaux réels d'épuration des Esprits qui pourraient se manifester à lui et le degré de crédibilité de leurs propos. Il découvrira les signes qui lui indiqueront à qui il a affaire et comment il devrait réagir.

Ces expériences médiumniques déjà analysées lui

feront découvrir qu'il doit bien centrer ses intentions sur des motifs strictement spirituels, en ne cherchant jamais à obtenir le moindre avantage temporel de ces échanges.

Il comprendra enfin que la médiumnité doit conduire à l'humilité et jamais à son contraire. Les trompeurs utilisent abondamment la grande faiblesse de l'orgueil tant présente dans nos périsprits de deuxième niveau d'incarnation. Ils y trouvent très souvent la porte d'entrée de notre cœur qu'ils envahissent alors avec toute leur méchanceté. Voyons deux exemples éloquents de contacts médiumniques mal préparés.

UNE TROUBLANTE EXPÉRIENCE

La sœur de Berthe avait été initiée par une de ses amies à la psychographie, communément appelée l'écriture automatique. Les premiers essais lui avaient confirmé qu'elle possédait ce type de médiumnité qui permet à une Entité d'utiliser les zones cérébrales du langage écrit d'un médium pour communiquer avec lui.

Le jour où elle eut à faire face à une situation où elle se sentait démunie, l'idée lui vint de faire appel à son Ange gardien en utilisant la nouvelle faculté qu'elle s'était découverte. Victime d'une habile tromperie, elle fut enchantée de son expérience, bien convaincue que son Ange gardien avait accepté de faire certains efforts à sa place.

Le lendemain, Berthe reçut la visite de sa sœur, qui lui expliqua ses dernières découvertes et lui fit même une démonstration de ses nouvelles performances. Sans aucune préparation, elle invoqua l'au-delà à venir saluer sa sœur. Évidemment, les deux femmes furent encensées des plus beaux compliments sur leurs qualités d'âme et leur niveau d'élévation.

Après le départ de sa sœur, Berthe eut l'idée de tenter elle-même l'expérience. Faussement sécurisée par ses lectures sur le spirituel dont elle n'avait pas retenu les mises en garde, elle se croyait bien disposée à communiquer elle-même avec les morts.

Elle invoqua directement son Ange gardien dont elle voulait faire la connaissance. Sa première tentative sembla réussir avec une grande facilité. Un Esprit se présenta sous l'identité espérée et lui offrit hypocritement ses services. Dans sa grande ignorance, Berthe avala naïvement tous les propos que lui tenait le prétendu Ange gardien.

L'expérience se répéta pendant quelques jours.

Un soir, se sentant épuisée, Berthe eut l'idée de prendre un bain pour se relaxer. Comme à son habitude, elle fixa des écouteurs à ses oreilles pour profiter de sa musique préférée. À peine entrée dans l'eau, elle entendit une voix masculine qui s'adressait à elle par son appareil. Il se présenta comme étant son Ange gardien avec qui elle avait échangé par l'écriture médiumnique. Habilement trompée par les beaux propos qu'elle avait reçus, Berthe se sentit en sécurité et laissa parler le personnage du monde invisible.

L'Esprit trompeur lui dit de regarder son nombril. Berthe vit alors un point lumineux. Il ajouta qu'elle pourrait le voir pendant quelques jours. En levant les yeux, Berthe aperçut trois autres points semblables sur le mur au-dessus de la baignoire.

Très absorbée par la communication, Berthe sursauta fortement lorsque son garçon frappa à la porte de la salle de bains pour lui dire que quelqu'un la demandait. Son cœur battait à se rompre. Elle avait réagi avec une intensité totalement démesurée, comme si on l'avait arrachée de son corps.

Reprenant ses sens, Berthe répondit que ce ne serait pas long et sortit du bain. En s'habillant, elle contempla pendant quelques secondes le point lumineux sur son ventre.

Pendant les jours qui suivirent, Berthe continua d'échanger avec l'Esprit qui lui parlait maintenant directement dans sa tête. Ses propos étaient très agréables, mais Berthe trouva curieux de ressentir une fatigue qui grandissait de jour en jour. Dès qu'elle fit le lien avec ses expériences, les doutes s'installèrent dans ses pensées sur l'identité de son interlocuteur et sur la bienveillance de ses intentions. Sa perte d'énergie s'accentua alors dramatiquement. Berthe tomba dans un état de profond épuisement. Elle voulut se débarrasser de l'Esprit trompeur, mais il se moquait de ses efforts. Il envahit la moindre de ses réflexions. Berthe perdit finalement tout contrôle d'elle-même.

Son état de fatigue extrême et la confusion de ses propos obligèrent ses proches à faire appel à leur médecin de famille qui la fit hospitaliser.

Pendant sept longues journées, Berthe dut prier avec acharnement pour se libérer de l'Esprit sans scrupule qui envahissait son corps et son esprit. Elle priait jour et nuit, dès qu'elle sortait du sommeil que lui imposaient les médicaments qu'on lui administrait.

Elle crut un instant qu'elle ne s'en libérerait jamais, mais persista dans sa lutte. Elle demanda à Dieu et à son vrai Ange gardien de la sauver, leur rappelant qu'elle n'avait jamais voulu faire de mal.

Le soir du septième jour, en émergeant du sommeil, Berthe réalisa que l'Esprit était parti. Les signes vitaux redevinrent normaux. Ses prières avaient été exaucées.

Revenue chez elle, Berthe détruisit tout son matériel d'apprenti médium. Par contre, elle se résolut à chercher l'explication de ce qu'elle avait douloureusement vécu. Elle ne voulait plus jamais expérimenter de contact médiumnique, mais tenait à comprendre ce qui avait pu se passer. Au-delà de la peur, son esprit rationnel devait savoir quel phénomène elle avait involontairement déclenché. C'est là qu'elle m'écrivit pour me faire part de la sournoise attaque dont elle avait été victime et de son questionnement qui en découlait.

Je dois d'abord vous dire que je fus impressionné par la soif de savoir de Berthe. Chercher à comprendre après avoir vécu un pareil phénomène demandait un certain sang-froid, une réelle confiance en l'avenir et surtout une grande compréhension de la sagesse divine qui ne pouvait la laisser tomber.

Le point central qui expliquait ses déboires résidait dans son absence de préparation. D'abord, Berthe en savait très peu sur la nature réelle des Esprits qui nous entourent. Ensuite, elle ne s'était aucunement informée des précautions qui devaient se prendre avant de tenter tout contact avec l'au-delà. Elle aurait su alors l'extrême nécessité de la prière qui, seule, pouvait la prémunir contre l'action malveillante des Esprits malicieux qui pullulent par milliards autour de nous et qui recherchent les médiums néophytes pour les exploiter. Elle aurait su également que, malgré de bonnes intentions, le motif du contact médiumnique doit être dépouillé de toute curiosité et de tout intérêt matériel et purement personnel.

En se documentant davantage avant de s'aventurer dans l'inconnu, Berthe aurait pu décoder les signes qui trahissent les Esprits trompeurs. Elle aurait su que l'Ange gardien n'est au service de personne et qu'il tient à son anonymat. Elle n'aurait d'ailleurs même pas tenté de le contacter, sachant qu'il pouvait le faire de son propre chef s'il le jugeait nécessaire en utilisant des voies beaucoup plus subtiles.

Par mesure de prudence, je recommandai à Berthe d'utiliser la *Prière pour mettre fin aux hantises,* dont nous avons déjà parlé, dès qu'elle sentirait la moindre manifestation d'une présence impromptue.

Quant à l'épuisement qu'elle avait ressenti, il découlait d'une ponction de son fluide vital que l'Esprit hypocrite avait effectuée pendant plusieurs jours. Il avait procédé au vol de l'énergie de vie par le chakra ombilical. Si Berthe avait été informée, elle aurait su que la lumière sur son ventre lui indiquait qu'il avait été ouvert et que l'Esprit pouvait ainsi y puiser le fluide animalisé indispensable aux Esprits des morts pour agir dans le monde de la matière opaque. Berthe put se rétablir pleinement parce qu'elle n'avait jamais eu de mauvaises intentions, mais sa réserve en demeurerait quand même diminuée pour toute sa vie. Elle risquait donc d'en souffrir plus tard lorsqu'elle serait rendue à un âge avancé.

Pour terminer ce témoignage, j'aimerais attirer votre attention sur le bain que Berthe prit lorsqu'elle se sentit fatiguée. Les Esprits qui se connectent à un médium pour le posséder utilisent très souvent l'eau pour amplifier leur action démoniaque sur leur victime. Ils lui inspirent directement de prendre un bain ou une douche prolongée pour puiser l'énergie tellurique présente dans l'eau. Ils combinent alors cette énergie au fluide vital volé à leur victime et augmentent ainsi leur action contre lui. Par ce procédé, ils peuvent également agir avec plus d'opacité sur le monde matériel qui nous entoure. Il faut donc sérieusement tenir compte de ce détail qui pourrait paraître bien banal aux yeux d'un néophyte, mais qui s'avère toujours d'une grande importance en présence de toute forme de manifestation.

LA PLANCHE DU MAL

Lors d'une soirée avec ses amis, Raymond fut initié à l'utilisation de la planche Ouija dont nous avons déjà parlé. Il trouva l'expérience très intéressante. Il était emballé de pouvoir ainsi communiquer avec des Êtres invisibles qui répondaient à toutes ses questions. Sans aucune connaissance sur les Entités qu'ils invoquaient, sans aucune préparation ni aucune demande de protection, ses amis et lui s'amusaient à interroger des Esprits encore plus ignorants qu'eux et surtout beaucoup moins scrupuleux.

Luce, sa conjointe, refusait de participer à ce jeu qui lui paraissait dangereux. Elle voulut que Raymond cesse cette activité, mais il refusa en riant de ses peurs. Plus encore, il se procura sa propre planche, à qui il demandait l'avis pour des choses de plus en plus importantes.

Lorsqu'il se rendit compte que l'instrument était manipulé par des Êtres menteurs dont les propos n'avaient aucune valeur, Raymond reçut la facture qu'il devait payer pour les heures d'amusement et d'illusion qu'il avait vécues.

Le soir, en voyant Raymond sortir de sa douche, Luce remarqua que de profondes lettres rouges apparaissaient sur son dos. Elle lui en fit la remarque et s'approcha pour y voir de plus près. Elle fut horrifiée de lire le mot *EVIL*, mot anglais qui désigne la méchanceté. Chaque lettre était nettement visible sur sa peau. Raymond n'avait pourtant rien ressenti. *L'auteur avait sans doute profité de l'action exercée par la pression de l'eau sur l'épiderme de Raymond pour y inscrire son message.* Raymond se plaça dos au miroir et put à son tour lire le mot inversé bien tracé. Luce fit un lien direct avec ses activités du Ouija. Elle lui dit que c'était là un très mauvais signe et qu'il devait brûler tout son matériel.

Raymond et Luce entendirent alors des murmures. C'était comme si plusieurs personnes invisibles les entouraient et tramaient quelque chose de secret. Luce prit peur et sortit rapidement de la salle de bains.

Lorsque Raymond la rejoignit, il ne semblait plus être le même. Son regard était nerveux. Il la fixait d'une façon étrange. Sans avoir le temps de lui parler, Raymond lui fit des approches sexuelles très insistantes. Il agissait sans respect, comme envahi par des pulsions qu'il n'avait jamais manifestées. Luce avait la nette impression qu'une personne étrangère habitait le corps de son conjoint habituellement doux et très attentionné.

Elle lui dit de la laisser tranquille. Sur ces mots, Raymond devint très agressif. Une haine profonde sortit de ses yeux. Luce courut dans sa chambre et se mit à prier à haute voix. Dès ce moment, Raymond revint à lui et cria à Luce de ne pas le laisser seul. Luce reconnut le timbre de la voix de son homme et sortit de la pièce. Elle enjoignit à Raymond de prier avec elle.

Ils se couchèrent très tard, laissant allumées toutes les lumières de la maison. Ils s'endormirent en priant.

Pendant les jours suivants, ils continuèrent de prier. Des bruits bizarres faisaient sursauter Raymond. Luce se sentait de plus en plus fatiguée, comme si ses forces vitales l'abandonnaient. Elle me téléphona sous les conseils de son amie à qui elle avait confié son expérience.

Les prières pour mettre fin aux hantises que je leur indiquai donnèrent rapidement les résultats espérés. Les Esprits maléfiques furent chassés par les Entités de Lumière et ne revinrent jamais se manifester. Raymond avait été très chanceux d'avoir pu profiter des prières de Luce. Par son insouciante légèreté, il avait grandement ouvert les portes à des Esprits sans scrupule qui lui auraient fait payer très chèrement leurs prétendus services.

La médiumnité par incorporation qu'il possédait sans le savoir leur aurait donné des possibilités d'action qui auraient pu entraîner de graves conséquences dans sa vie personnelle et même professionnelle. Les Êtres malicieux auraient pu agir à travers lui sans qu'il puisse intervenir. Ils auraient également pu rendre Luce gravement malade en utilisant sa médiumnité à effet physique qui leur permettait de faire bien des ravages. Heureusement qu'elle avait été plus sage que Raymond et s'était montrée plus alerte en spiritualité. Ses prières précoces eurent une portée immédiate et purent ainsi empêcher les Esprits malveillants d'aller plus loin dans leur rage haineuse.

2. Deuxième grande règle

La deuxième grande règle nous enseigne qu'il faut bien comprendre l'importance de la prière ou s'abstenir complètement.

Comme nous l'avons vu tout au long de notre

réflexion, la prière est un puissant levier qui permet aux incarnés de se brancher sur des forces dont les racines résident dans l'essence même de Dieu. Son efficacité, même si elle est soumise aux limites de notre plan de vie et à celles imposées par nos véritables intentions, peut aboutir à des résultats surprenants.

La prière est essentielle pour bénéficier pleinement de toute l'aide prévue sur notre route, mais elle le devient encore plus dans les expériences médiumniques. Ce n'est que par celle-ci que la personne médium peut attirer vers elle les Esprits lumineux en mesure de contrer les actions malveillantes des Esprits ignorants. Nous ne reprendrons pas toute l'argumentation sur le sujet, mais voyons deux exemples de situations où elle permit à des gens attaqués par des Esprits du bas astral de se sortir indemnes de leur mauvaise expérience.

DES ESPRITS EN PLEIN RECRUTEMENT

À peine âgée de trente-cinq ans, Michèle se voyait comme une femme qui avait déjà cumulé l'expérience du malheur terrestre d'une personne centenaire. La vie s'était montrée difficile dès son enfance et ne semblait jamais lui donner de répit. Seul son fils Frédérick apportait un baume aux heures difficiles qui meublaient ses jours.

À l'aube de son adolescence, le garçon modèle se transforma à un rythme accéléré. Son entrée à l'école secondaire l'avait obligé à changer son cercle d'amis et une influence négative semblait émaner de leur fréquentation, comme si leur présence effaçait graduellement les traits de la belle éducation qu'il avait reçue. L'enfant calme, dévoué et aimable était devenu colérique, égoïste et désagréable.

Au début, Michèle mit tout cela sur le compte de la légendaire crise de l'adolescence, mais des phénomènes nouveaux qui apparurent après la visite d'un nouveau copain de Frédérick la firent réfléchir sur la cause réelle de cette transformation aussi subite qu'inattendue.

Des ombres furtives se montraient parfois dans la maison. On aurait dit des Invisibles qui épiaient tout ce qui se passait. Ils se déplaçaient à toute vitesse, comme pour ne pas être vus. La médiumnité ignorée de Michèle lui permettait cependant de les percevoir et de démasquer leur présence. Elle se décida à me téléphoner après deux semaines de ce petit manège qui l'inquiétait de plus en plus.

Comme Michèle demeurait très loin de chez moi, elle n'était pas vraiment certaine que j'allais pouvoir l'aider, mais la lecture de mes écrits la convainquit qu'elle devait tenter sa chance.

Michèle me fit parvenir une photo d'elle et de Frédérick pour que je puisse recevoir les informations de nos Amis de Lumière. J'obtins ainsi la confirmation que le jeune homme subissait l'influence occulte directe de deux Esprits du bas astral qui cherchaient à dévier Frédérick de la route qui mène jusqu'à Dieu. Enragés de voir les efforts de Michèle porter leurs fruits, ils ne pouvaient supporter qu'un des leurs qui avait eu le courage de se préparer et de naître pour grandir puisse réussir à échapper aux vibrations inférieures. Leur lâcheté et leur méchanceté les poussaient à détruire la belle réussite qui se dessinait et qui devait procurer le bonheur dans l'existence de Michèle et de son enfant. Ils s'étaient donc installés dans la maison de Michèle et étaient bien décidés à ne pas quitter les lieux sans l'accomplissement de leurs plans diaboliques.

J'indiquai à Michèle d'utiliser la *Prière pour mettre fin aux hantises* et lui expliquai les consignes qu'elle devait suivre scrupuleusement. Nous convînmes qu'elle m'en donnerait des nouvelles si elle le jugeait nécessaire.

La première semaine donna lieu à de véritables cauchemars. Michèle se voyait entourée d'Esprits très sombres qui cherchaient à l'attaquer. Elle fut cependant vite rassurée en observant qu'aucun d'eux ne parvenait à la toucher. Elle était comme enveloppée d'un écran protecteur que les assaillants ne pouvaient franchir.

À la deuxième semaine, elle demanda à sa sœur, de qui elle était proche, de s'unir à ses prières. Sa sœur perçut pendant les premiers jours des ombres noires. Elle ne pouvait les voir que du coin de l'œil. Dès qu'elle se tournait pour mieux les regarder, les ombres se dissipaient, comme chassées par la honte ou la peur.

Ce n'est qu'à la cinquième semaine que le calme revint définitivement dans les nuits et les jours de chacune des deux femmes. Sécurisées par leurs connaissances du spirituel, elles avaient persisté à chasser les intrus de l'au-delà venus hypocritement pour détruire le travail d'amour et de bienveillance qui portait Frédérick sur la voie de la réussite de son incarnation.

Un mois plus tard, une Michèle soulagée me confirma qu'elle avait retrouvé son fils calme et dévoué. Je n'eus jamais d'autres nouvelles d'eux par la suite, mais, après une pareille expérience, je savais que Michèle pouvait trouver les moyens d'atteindre tous les objectifs qu'elle se fixerait pour elle-même et son fils.

DES TRAITS INNOCENTS

À soixante-cinq ans, Josée ne parvenait pas à profiter pleinement de la quiétude que devait normalement lui permettre sa pleine liberté de retraitée. C'est que son fils de quarante ans cherchait encore sa voie après de nombreux échecs autant dans ses études que sur le marché du travail. Elle s'inquiétait à l'idée qu'il n'aurait peut-être pas encore une autonomie suffisante lorsqu'elle le quitterait pour un monde meilleur. Elle lui avait donné beaucoup de soutien psychologique et financier, mais son cheminement semblait bloqué par une force invisible qui l'empêchait de se réaliser. Au début, elle le croyait simplement paresseux, voire inadapté aux exigences de la vie en société, mais l'accroissement de ses connaissances spirituelles lui fit envisager une autre hypothèse, celle d'une influence occulte négative et peut-être même d'une véritable hantise contre sa personne.

Bien informée sur le sujet par ses nombreuses lectures, elle entreprit une neuvaine de prières visant à éloigner de son fils les éventuels Esprits malveillants qui pouvaient empêcher son épanouissement. Elle était bien résolue à persévérer tant qu'elle n'obtiendrait pas de résultats tangibles.

Josée en était à sa septième journée de prières lorsqu'elle reçut une visite inattendue. Il était une heure du matin. Josée venait tout juste de s'éveiller et cherchait à se rendormir. Une présence se fit sentir tout près de la porte de la chambre. Inquiète, Josée ouvrit les yeux. Son regard se fixa sur une Entité qui se tenait debout dans l'encadrement. L'Esprit avait pris l'apparence d'une fillette de sept ou huit ans. Ses traits se distinguaient mal dans le contraste de l'éclairage qui se dégageait de la petite veilleuse du couloir juste derrière elle.

L'enfant s'approcha d'un pas. Josée vit alors que la petite était vêtue d'un uniforme scolaire comme celui qu'elle portait jadis à l'école privée qu'elle fréquentait. Elle distinguait nettement les traits doux de la fillette, qui lui souriait. Josée se sentit alors en confiance face à l'Entité, même si sa présence aurait normalement dû lui faire peur.

La fillette continua de s'avancer, et Josée la laissa faire, comme si elle pensait pouvoir lui venir en aide. Rendue tout près de son lit, l'enfant se déforma littéralement. Josée perçut alors un Être hideux très sombre. L'Esprit la regardait avec beaucoup de méchanceté. Une lueur rouge incandescente sortait de ses yeux. Paralysée par la peur, Josée trouva la force d'ordonner à l'intrus de partir. Elle pria Dieu de venir à son secours. L'Esprit disparut sur-le-champ. Dès cet instant, Josée se sentit complètement sécurisée et, à sa grande surprise, elle se rendormit jusqu'au matin.

Elle me téléphona le lendemain midi. J'étais sur mon heure de dîner, mais je pris le temps de l'écouter et de répondre à ses questions.

Une investigation nous permit d'apprendre que l'apparition était directement reliée aux prières qu'elle faisait pour son fils, qui subissait effectivement une hantise depuis son adolescence. Les prières de Josée avaient attiré des Esprits de Lumière qui empêchaient un Esprit vengeur de manœuvrer à son aise. L'Entité était donc venue auprès de Josée pour lui faire peur. Elle voulait lui faire croire que ses prières étaient dangereuses pour elle et qu'elle devait les cesser.

J'expliquai à Josée que l'intervention spectaculaire ne comportait aucun risque pour elle. Je lui précisai qu'elle devait même y voir un signe très net et très encourageant de la grande efficacité de ses prières. Elle comprit que jamais un Esprit n'aurait pris la peine de faire tous ces efforts si ses prières ne pouvaient l'empêcher d'agir contre son fils.

Josée persévéra pendant trois mois. Des signes d'une belle réussite apparurent bien avant, mais elle préféra s'assurer que l'Esprit sombre n'aurait plus l'idée de revenir.

Plus tard, Josée me demanda pourquoi l'Ange gardien de son enfant n'avait pas empêché l'Esprit agresseur d'agir. Je pus alors l'informer que son fils s'était rendu coupable d'une faute grave contre l'Esprit vengeur dans un lointain passé. Comme toutes les actions négatives que nous commettons contre notre prochain, cette faute avait engendré une ouverture de retour potentiel dans ses futurs plans de vie. Or, cette ouverture ne s'était jamais refermée parce que son fils n'avait jamais pu se le pardonner. Son Ange gardien était donc limité à simplement s'assurer que l'Esprit vengeur ne puisse dépasser les limites du plan de vie actuel de son protégé.

En fait, les prières de Josée avaient simplement enclenché un processus autorisé par Dieu lui-même qui désirait aider autant l'agresseur que la victime. Par l'intervention des Esprits de Lumière, chacun y trouvait la possibilité de se libérer à sa propre manière dans un but commun de grandir vers les hautes vibrations divines.

***

La prière est d'autant plus efficace que ceux que nous prions peuvent à leur tour faire appel à d'autres Esprits plus en mesure d'exaucer les demandes qui leur sont adressées. Ainsi, chaque fois que nous prions un personnage reconnu, un parent défunt ou un ami trépassé, nous faisons appel en réalité à un grand ensemble d'Entités qui peuvent agir au nom des Esprits invoqués qui possèdent les liens affectifs conducteurs avec les prieurs incarnés. Les possibilités sont donc très grandes et peuvent couvrir tout l'éventail possible de nos demandes. Voyons une expérience que j'ai personnellement vécue et que j'ai retenue pour bien exprimer cet aspect de notre réflexion.

UN VIEIL AMI

Christian m'avait consulté pour recevoir des nouvelles de son père Hector. Il ne s'inquiétait pas vraiment pour le défunt, mais, comme plusieurs de ses proches le priaient régulièrement depuis son décès, il craignait que son adaptation en ait été retardée ou qu'il ait pu en souffrir.

Hector avait toujours mené une vie bien centrée sur les principes spirituels dictés par sa religion catholique. Christian en gardait le souvenir d'une grande bonté qu'il répandait tout autour de lui. Six ans s'étaient déjà écoulés depuis son départ, et sa présence manquait toujours à tous ceux qu'il avait quittés.

Dès le premier contact, je me rendis compte du grand bonheur que vivait le défunt. De belles lumières l'entouraient. Il se présentait sous les mêmes traits âgés que la photographie que j'utilisais pour me rendre jusqu'à lui.

Hector apparut en présence d'une autre Entité. Il s'agissait d'un prêtre très lumineux, qui portait une soutane cintrée. Il semblait très bien s'entendre avec Hector. Lorsque je décrivis son apparence, Christian reconnut l'abbé Henri, un vieil ami de son père décédé dix ans avant lui. Ils avaient grandi ensemble et fréquenté les mêmes écoles de quartier. Leurs parents étaient de bons amis. Ils s'étaient perdus un peu de vue lorsque Henri partit pour le séminaire, mais leur lien d'amitié demeura toujours très fort et ils se virent régulièrement jusqu'à la mort de l'abbé.

Christian n'était donc aucunement surpris de les retrouver ensemble. Pendant que Christian me parlait de l'abbé Henri, je vis Hector lui donner des feuilles sur lesquelles apparaissaient des messages écrits à la main. Je vis alors qu'il s'agissait de demandes que les siens lui adressaient. Le défunt me fit comprendre que, depuis son décès, il confiait à son ami Henri les prières qu'il ne pouvait adresser plus haut ou exaucer lui-même. Il avait trouvé en l'abbé qui l'avait précédé dans la mort apparente la personne de l'au-delà qui pouvait répondre aux prières qu'il n'était pas en mesure d'exaucer. L'abbé Henri, s'adressant à son tour à d'autres encore plus élevés que lui pour des demandes plus particulières, semblait très bien s'accommoder de cette marque de confiance.

Lorsque je transmis cette information à Christian, il se dit grandement soulagé. Il avait reçu la réponse à ses questions. Il savait enfin qu'il n'avait plus à s'inquiéter de son père qui méritait tant le bonheur et la paix de l'après-mort. Il me dit comme il était heureux de voir que nous ne perdions pas nos liens d'amour et d'amitié. Il y voyait le gage d'un bonheur réel qui pouvait nous attendre dans l'au-delà.

Ce contact médiumnique nous confirme un point important sur la prière et les demandes que nous adressons à nos défunts. J'en fais d'ailleurs largement mention dans l'enseignement que je vous ai transmis dans ma troisième publication : toutes les prières et les invocations

qui suivent les règles sont entendues, et plusieurs Entités évoluées sont réellement en mesure de nous aider
de façon directe ou indirecte. Ils agissent alors pour le
mieux-être de l'incarné connu ou inconnu dans la mesure
permise par le plan de vie. Nos demandes ne sont donc
jamais inutiles.

CHAPITRE XI

UNE BELLE ÉQUIPE

Pendant que papa renouait avec la connaissance de son contexte d'existence de l'au-delà, dont nous venons de voir plusieurs composantes, maman poursuivait les étapes qu'il avait pu franchir avant elle.

Pendant tout ce temps d'une durée subjective difficile à évaluer, ils avaient pu se rencontrer, mais de façon sporadique. Maman devait se concentrer sur son bilan de vie qui lui permettrait enfin de partager son existence d'outre-tombe avec son bien-aimé. Il me fut impossible de réellement connaître le déroulement du bilan de maman, mais nous pourrions facilement recourir aux informations reçues sur celui de papa pour en connaître le dénouement, car sa vie terrestre que je connais bien nous fait rapidement comprendre que tout se déroula sans problème pour elle, ce qui me fut entièrement confirmé par la suite.

Je sais par contre que, pendant tout le processus de son bilan et de sa préparation, maman continuait de recevoir bien consciemment nos pensées et celles de tous ses proches décédés, et qu'elle conservait pour plus tard le plaisir d'y répondre, sachant qu'elle serait alors en mesure d'aider réellement tous ceux qu'elle continuait d'aimer.

Dès que papa et maman furent réunis, ma sœur Denise les rejoignit pour partager avec eux le riche bagage qu'elle avait raffiné depuis son décès beaucoup plus éloigné. Ils s'étaient déjà vus auparavant. Ils s'étaient même montrés amusés de constater qu'ils présentaient tous les trois la même luminosité périspritale. Ils en avaient alors ressenti un grand bonheur, car ils comprenaient qu'ils pourraient partager les mêmes missions et vivre dans les mêmes zones vibratoires.

Les premières visites que maman effectua auprès de nous se firent donc en compagnie de papa et de Denise. Plus tard, ma sœur se montra moins souvent avec eux, comme si elle était trop occupée ailleurs pour le faire. Il en devint ensuite ainsi avec papa. C'est là que j'ai compris que chacun avait acquis une entière autonomie qui élargissait leur efficacité et les rendait plus aptes à travailler en équipe.

Je me rendis compte d'ailleurs assez rapidement que cette équipe était beaucoup plus large que ce que j'avais cru au début des manifestations. En fait, il devint évident qu'ils pouvaient non seulement travailler les trois ensemble, mais aussi avec d'autres Esprits de même luminosité. Ils se séparaient temporairement pour certains types d'interventions, formant chacun sa propre équipe constituée d'Esprits qui partageaient les mêmes forces et les mêmes traits de personnalité. L'équipe d'appoint servait alors d'amplificateur d'énergie qui s'additionnait dans un ensemble vibratoire tel un faisceau lumineux.

La notion du travail en équipe apparut dès les premières apparitions qui suivirent le bilan de vie de papa et maman lorsqu'ils se montrèrent en compagnie du bienheureux frère André. Sa présence revêtait une grande importance, car le frère André s'était manifesté à moi dès le début de mes recherches spirituelles et m'avait accompagné pendant de très importantes périodes de mon développement médiumnique. En le voyant auprès d'eux, je compris que nous étions unis beaucoup plus que par des liens d'incarnation. En fait, nous partagions le même souci de nous rapprocher de Dieu à travers nos imperfections et notre ignorance encore bien grande par rapport à ceux déjà parvenus au fil d'arrivée.

Je n'ai pas obtenu beaucoup d'informations sur les missions que mes parents pouvaient effectuer soit seuls, avec Denise ou en équipe plus élargie. Je peux cependant affirmer qu'ils ont rapidement fait partie des Esprits bienveillants en mesure d'aider les incarnés vivant des plans de vie difficiles.

Malgré leur implication dans leur travail individuel et d'équipe, les liens qu'ils entretiennent avec moi, mes enfants et même mes petits-enfants se sont régulièrement confirmés par de bienveillantes manifestations. Nous en avons d'ailleurs vu plusieurs dans mes deux derniers livres et elles n'ont jamais cessé depuis.

Voici deux exemples de la forme qu'elles ont pu prendre. Nous n'en voyons que deux, car je ne voudrais pas alourdir notre réflexion. L'important ici est de sensibiliser le nouveau lecteur qui n'aurait pas eu la possibilité de découvrir celles dont je vous ai déjà parlé.

DE BONS SOUVENIRS
Quatre ans s'étaient écoulés depuis le décès de ma mère. Son départ laissait encore un grand vide, d'autant plus qu'il avait succédé à celui de mon père d'à peine six mois.

Je venais de me coucher et je les priais avant de m'endormir. Au moment où je leur exprimais tout l'amour que je gardais pour eux, ma mère m'apparut dans un véritable bain de Lumière. Elle se présenta avec des traits beaucoup plus jeunes; elle semblait âgée d'à peine une trentaine d'années. Maman paraissait resplendissante de santé et pleine d'énergie comme je l'avais longtemps connue avant que l'inlassable maladie apparaisse dans sa vie.

Sa coupe de cheveux rappelait la mode des années 1950. Ce détail raviva en moi de tendres souvenirs de mon enfance et du grand bonheur que notre petite famille y avait connu. Je compris qu'elle avait choisi ce moyen pour m'exprimer l'état d'âme qui l'habitait dans sa nouvelle forme d'existence.

Je ressentais dans mon être ses effluves d'amour maternel transcendés par son niveau vibratoire qui s'exprimait dans sa plénitude.

Directement reliées à son Esprit, mes pensées s'harmonisaient avec les siennes, m'entraînant dans un véritable retour dans le passé chargé de bons souvenirs incrustés pour toujours dans nos périsprits. L'expérience était extraordinaire. Elle me donnait un petit avant-goût de ce que les défunts liés par l'amour inconditionnel pouvaient vivre ensemble lors des grandes retrouvailles d'après-mort. Pendant tout le temps de ce délice spirituel, je ressentais un souffle chaud très doux sur mon front. Lorsque je portai instinctivement ma main sur l'endroit touché, la sensation demeura bien présente sans perdre son intensité. Le souffle continua doucement pendant toute la durée du contact, puis cessa progressivement jusqu'au départ de ma mère.

Dès qu'elle fut disparue, je la remerciai de ce beau cadeau, puis Dieu de l'avoir autorisé. Ma mère s'était déjà manifestée depuis son décès, mais c'était la première fois qu'elle m'exprimait aussi clairement les liens vibratoires qui nous unissaient. L'expérience m'encouragea grandement à continuer de partager mes connaissances spirituelles avec ceux qui cherchent et veulent savoir. En revoyant aussi clairement l'extraordinaire harmonie intérieure que nous pouvions vivre dans l'au-delà selon notre vie terrestre, il m'apparut encore plus certain qu'il valait vraiment la peine d'expliquer aux autres comment y parvenir par la simple application du devoir de chaque jour.

UN NUMÉRO INEXISTANT
Mes trois enfants qui habitaient loin de chez nous étaient venus passer quelques jours à la maison avec leur petite famille. C'était le long week-end de Pâques. Tout le monde était en congé et nous profitions de ce beau moment pour nous retrouver ensemble.

L'air printanier nous faisait parler de l'été qui s'en venait. Quelques projets d'activités familiales jaillissaient ici et là dans nos conversations. Une belle ambiance d'amour enveloppait chaque moment de ces retrouvailles qui semblaient passer à une vitesse accélérée. Comme mes enfants avaient toujours été très proches de mes parents, les souvenirs du bon temps vécu avec eux revinrent dans nos conversations. Déjà six ans s'étaient écoulés depuis le décès de ma mère et six mois de plus pour celui de mon père. En pensant à leur départ, nous avions l'impression que le temps était devenu plus furtif tellement leur présence était demeurée vive dans nos cœurs.

Des réflexions venaient sur la vie et la mort inéluctable qui nous séparait sans pitié de tous les êtres aimés.

En après-midi, ma fille Mélanie prit connaissance d'une circulaire que ma femme et moi avions reçue le matin de leur arrivée. Un grand magasin de meubles du Saguenay annonçait une mégaliquidation. Plusieurs gros articles étaient en solde. Mélanie y trouva ce qu'elle et son époux devaient acheter à leur retour à la maison. Comme le prix leur paraissait fort raisonnable, elle téléphona au marchand qui lui confirma tout ce que prétendait la publicité. Elle et son mari achetèrent finalement l'article en question.

Comme Mélanie habitait Québec, à plus de deux cents kilomètres, elle prit un arrangement pour que le tout soit livré à leur domicile. Elle donna donc minutieusement toutes ses coordonnées pour s'assurer qu'il n'y aurait pas de problème.

Trois jours après la date qui avait été convenue, l'article n'avait toujours pas été livré chez Mélanie. Ma femme téléphona au magasin. Après avoir vérifié ses notes, le vendeur lui confirma qu'elle devait normalement avoir reçu ce qu'elle avait acheté. Louise lui demanda de vérifier avec elle la justesse des coordonnées qu'il avait notées. Tout semblait bien en ordre. Il donna le numéro de téléphone du service de la livraison qui pourrait mieux expliquer la raison de ce retard. Ma femme retransmit les coordonnées à Mélanie pour qu'elle puisse terminer la démarche.

Le préposé responsable de l'expédition des marchandises vérifia et fournit une renversante explication du retard. Il avait tenté de joindre Mélanie, mais le système automatique du service téléphonique répondait toujours qu'il n'y avait plus d'abonnés au numéro composé. Lorsque Mélanie lui demanda quel numéro apparaissait dans ses notes, la réponse la figea sur place. Le commis lui donna celui que mes parents eurent pendant plusieurs années avant de mourir.

Machinalement, elle répondit qu'il était impossible qu'il puisse y avoir ce numéro sur le bordereau de livraison. Sans comprendre ce qui se passait, l'homme lui dit qu'elle avait sans doute raison puisqu'il ne pouvait jamais la joindre.

En raccrochant, Mélanie comprit rapidement qu'il y avait eu une intervention d'un de mes parents défunts. Comment pouvait-il en être autrement? Ce numéro n'existait plus depuis plusieurs années et le vendeur avait lui-même vérifié avec mon épouse l'exactitude des coordonnées qui lui avaient été données.

Mélanie s'empressa de nous faire part du phénomène. Il nous apparut à tous qu'il devait s'agir de ma mère. Elle était déjà intervenue de façon encore plus spectaculaire dans une manifestation dont je vous ai déjà fait part dans mes écrits antérieurs.

Plus tard, elle confirma cette hypothèse dans un contact médiumnique. Elle avait voulu nous faire un petit rappel que la mort du corps ne mettait aucunement fin aux liens d'amour que nous tissons. Elle avait assisté aux échanges du congé de Pâques et n'avait pas aimé entendre dire que la mort séparait les êtres aimés. Depuis son retour dans l'au-delà, elle voyait qu'il n'en était rien et nous rappelait que nous aussi devions toujours le savoir malgré le voile qui fait oublier.

* * *

Je vous disais que papa et maman entretenaient des liens avec leurs arrière-petits-enfants. Deux faits tout récents au moment où j'écrivais ces lignes nous l'ont encore démontré. Ils sont intéressants, car ils concernent les deux plus jeunes d'entre eux dont le bas âge leur confère encore un regard spirituel beaucoup plus vierge que le nôtre. Les deux faits me furent rapportés par ma fille Nathalie.

Le premier se passa un samedi matin. Toute la petite famille s'était levée tôt pour une belle journée d'activités familiales tant attendues. L'attitude enjouée des enfants devant l'heure hâtive du réveil contrastait avec celle des matins de la semaine où ils devaient se rendre à l'école ou à la garderie. C'était comme si chacun voulait profiter de chaque minute du repos bien mérité.

Comme à son habitude, William, alors âgé de cinq ans, s'habillait sans trop se presser. Il semblait cependant un peu pensif, comme si quelque chose le préoccupait. Ma fille Nathalie, qui s'en rendit compte, s'approcha et lui demanda si tout allait bien. D'un air un peu triste, il répondit qu'il s'ennuyait de son grand-papa Henri. Elle lui signala qu'il ne pouvait pas s'ennuyer de lui puisqu'il ne l'avait jamais connu. En regardant sa mère directement dans les yeux, il lui dit qu'il connaissait bien son grand-papa Henri. Il précisa immédiatement qu'il le connaissait dans le ciel.

Nathalie n'insista pas et lui enjoignit d'accélérer le rythme de son habillement. Lorsqu'elle m'en parla le lendemain, nous comprîmes rapidement que le petit entretenait des liens avec son arrière-grand-père pendant ses heures de sommeil.

Un fait similaire se produisit un peu plus tard avec son petit frère Nathan qui n'avait que deux ans et demi.

Nathalie mettait de l'ordre dans ses albums de photographies. Elle en profitait pour s'attarder sur certaines d'entre elles qui la plongeaient dans ses plus beaux souvenirs.

Bien à l'affût de tout ce qui pouvait satisfaire sa curiosité, le petit Nathan s'approcha de la table de la cuisine et grimpa sur une chaise pour s'enquérir de ce que sa mère faisait avec tous ces gros livres.

Il s'amusait à regarder une à une les photos qui défilaient devant lui. À un certain moment, il arrêta son regard sur l'une d'elles et la pointa de son index. Il dit alors à sa mère : «Elle, c'est Bielle!» Très surprise, Nathalie lui demanda comment il l'avait appelée. Il répéta alors sa petite phrase qui retentissait d'une façon très spéciale dans l'oreille de Nathalie. Nathan venait d'identifier ma mère en l'appelant par le diminutif que seul papa utilisait pour la désigner.

Le prénom de ma mère était *Gabrielle*. Tout le monde autour d'elle, ses frères et ses amis l'appelaient par le diminutif *Gaby*. Même mes enfants l'ont toujours appelée *grand-maman Gaby* et le font encore aujourd'hui lorsqu'ils parlent d'elle. Depuis le décès de mon père, personne d'autre n'avait donc prononcé le diminutif *Bielle* et encore moins moi-même qui l'appelais respectueusement *maman*.

Surprise, Nathalie ne put qu'en déduire que son enfant connaissait bien ses arrière-grands-parents et qu'il les côtoyait pendant ses heures de sommeil. Sinon, comment aurait-il pu connaître ce diminutif et même la reconnaître?

Mes parents maintenaient donc des liens non seulement avec leurs petits-enfants, mais partageaient aussi leur amour avec leur progéniture. Ils l'avaient déjà démontré avec les plus vieux et continuaient avec ceux qui se rajoutaient.

***

En plus des liens entretenus avec Denise, j'ai pu prendre connaissance de certains rapports que papa et maman pouvaient avoir avec d'autres proches décédés, mais ceux-ci ne semblaient pas occuper une grande partie de leur temps. J'eus toujours l'impression que leurs rencontres étaient de courte durée et qu'elles impliquaient souvent une volonté d'aider.

C'est ainsi que j'ai pu savoir que papa accompagnait un ancien voisin décédé après lui. Il lui faisait découvrir des mondes vibratoires que le nouveau défunt ne connaissait pas encore et qui étaient à sa portée.

Maman, de son côté, fut parmi les Esprits qui accueillirent ses frères Michel et Azarias, décédés quelques années après elle. Ma fille Mélanie la vit même directement dans l'astral accompagner Azarias dans ses premières étapes d'adaptation qui semblaient le surprendre et le rendre heureux.

***

Comme nous pouvons le constater par les informations que j'ai pu recueillir sur la vie *post mortem* de papa et maman, leur existence dans l'au-delà leur laisse très peu de moments d'indolence ou de repos tel que nous le concevons ici-bas. Leur implication suit même une courbe ascendante qui grandit au même rythme que celle de leur bonheur. De plus, leur expérience d'intervention, autant individuelle que d'équipe, leur confère une autorité morale qui devient de plus en plus tangible dans leur personne.

Je sais que, de leur vivant, ils auraient exprimé un grand malaise si leurs forces et leurs qualités avaient été dévoilées au grand jour, car l'humilité était parmi leurs plus belles et leurs plus grandes. Je me suis quand même permis de vous les livrer sous leur réelle identité, car je sais qu'ils peuvent lire clairement en moi que le seul but que je poursuis est de transmettre des éléments valables qui réfèrent à des gens au contexte de vie ordinaire ayant vécu près de nous. De plus, ces éléments peuvent nous encourager à poursuivre nos efforts dans notre lutte de tous les jours par la connaissance de l'aboutissement extraordinaire qui nous attend au bout du chemin terrestre.

La récompense d'après-mort est grande et bien réelle. De plus, elle est à la portée de chacun d'entre nous. Il suffit de faire les mêmes pas que papa, maman, Denise et une multitude d'autres incarnés qui ont simplement fait leur possible tous les jours de leur vie pour répondre aux exigences de leur quotidien ou, en d'autres mots, qui ont respecté la volonté de Dieu.

CHAPITRE XII

L'AVENIR DE L'HUMANITÉ TERRESTRE

Nous avons vu dans mon premier livre *Messages de l'au-delà* et dans le second *Quand l'au-delà se manifeste* quelques prédictions concernant l'avenir de notre planète. Elles nous décrivaient de grands bouleversements à venir générés par les forces imposantes et parfois concertées de l'air, de la terre, de l'eau et du feu. Ces informations toujours fort valables provenaient de sources médiumniques. Certaines référaient à mes propres expériences et d'autres m'avaient été confiées par des médiums dont la sincérité ne laissait place à aucun doute.

Or, en suivant le cheminement *post mortem* de papa et de maman par une minutieuse compilation des informations livrées par plusieurs manifestations et bien des expériences médiumniques dont je vous ai fait part, j'ai découvert l'existence dans l'au-delà d'une zone vibratoire restreinte où il devenait possible de reconstituer les événements. Tout s'y passait comme si l'Esprit en présence pouvait rembobiner et faire avancer le fil de l'espace-temps qui constitue la structure contextuelle de leur réalisation. Il pouvait donc y voir et revoir le passé, le futur et le présent furtif qui passe instantanément de l'un à l'autre.

Le procédé impliqué était le même que celui que nous avons vu sur le bilan de vie. L'Esprit qui consultait se situait au centre de l'événement qu'il voulait analyser.

Tout se constituait autour de lui comme s'il était à l'intérieur d'un film à trois dimensions sans aucune possibilité d'interaction.

En échangeant avec certaines Entités qui pouvaient accéder à ce procédé, j'ai pu obtenir d'intéressantes informations concernant l'humanité terrestre. Ces connaissances sont venues à moi non pas pour lever le voile qui fait oublier, mais pour les partager avec vous comme de précieux éléments de réflexion pouvant nous éviter de regrettables retards dans notre avancement ainsi que les souffrances qui en découleraient.

Comme le procédé ne permettait pas de fixer des dates précises et valables, je me limiterai à vous livrer simplement les informations. Vous pourrez donc, à partir d'elles, tenter d'évaluer par vous-mêmes l'échéance des événements annoncés. Je ne dévoilerai que l'essentiel, car je ne veux surtout pas tomber dans un sensationnalisme béat et enfantin. Ce n'est d'ailleurs qu'après une mûre réflexion que j'ai décidé de vous livrer ce douzième chapitre, après avoir acquis la ferme conviction que son contenu pouvait stimuler le désir de bien s'y préparer en grandissant davantage vers les vibrations divines.

1. L'ARRIVÉE DE LA PÉRIODE DE MILLE ANS DE PAIX

Selon ce que j'ai pu recevoir, l'avènement d'une longue période de paix et d'harmonie qui durerait un peu plus de mille ans pourrait se réaliser pendant ce présent siècle. Les informations que plusieurs médiums ont reçues en ce sens seraient donc bien fondées. La Terre connaîtrait un profond renouveau qui permettrait à une humanité transformée de vivre dans des conditions climatiques et géologiques améliorées et d'une grande stabilité.

Un nouveau contexte social de la planète directement inspiré par les principes sacrés de l'amour inconditionnel engendrerait une profonde harmonie entre les peuples désormais conscients de l'importance fondamentale de la paix pour s'unir avec Dieu.

Le corps humain lui-même serait touché. Un niveau d'incarnation plus avancé n'impliquerait plus la souffrance physique que nous connaissons actuellement. Les faiblesses corporelles dont nous faisons l'objet perdraient donc leur utilité et disparaîtraient pour toutes les générations concernées.

Les précieuses découvertes sur la santé qui se font à un rythme de plus en plus accéléré prépareraient le terrain à l'arrivée de cette ère de bonheur. Malheureusement, bien peu d'incarnés de ce début du vingt et unième siècle pourraient réellement profiter de ces nouvelles sciences qui feront disparaître toutes les maladies, porteuses inlassables de la souffrance et de la mort depuis le début de la présente humanité.

Ces nouveaux incarnés connaîtraient le bonheur autant pendant leurs périodes d'incarnation que durant celles d'*erraticité*.

Tous ceux d'entre nous qui pourraient faire souffrir leur entourage par leur orgueil, leur égoïsme, leur méchanceté, leur haine et leur malhonnêteté, bref par leur manque d'amour, seraient donc automatiquement exclus de ce futur paradis terrestre.

2. UNE TRANSITION TRÈS DIFFICILE

L'idée de voir arriver une telle période de bonheur sur

la Terre nous inspire évidemment beaucoup d'espoirs bien justifiés, mais, selon ce que j'ai reçu, avant d'y arriver, notre planète devra franchir une période transitoire chargée de pièges et d'embûches qui permettront une sélection que chaque humain fera pour lui-même par l'expression de ses forces et de ses faiblesses spirituelles. Je crois d'ailleurs, au moment où j'écris ces lignes, que nous pouvons déjà constater que la mise en place des conditions de réalisation de cette transition serait bel et bien déjà commencée. Le processus enclenché demeurerait difficile à percevoir parce que nous comprenons mal le sens des nombreux tumultes naturels et sociaux qui bouleversent la planète tout entière. Les échéances avanceraient pourtant à grands pas et deviendront sans doute de plus en plus évidentes. Jetons un bref coup d'œil autour de nous et cherchons à comprendre!

1. Une présence significative

En observant ce qui se passe actuellement sur notre Terre, nous pouvons facilement avoir la nette impression que les forces du mal semblent prendre de plus en plus d'ampleur. Or, ce phénomène serait bien réel. Il découlerait de la présence massive d'Esprits commençant à peine notre niveau d'épreuves et d'épuration. Cette multitude d'Esprits novices aux traits retardataires seraient venus s'incarner pour accélérer leur montée dans un contexte très difficile qu'on leur aurait annoncé et qui pourrait les stimuler à se rapprocher de Dieu.

Cette présence disproportionnée de ces Esprits novices se serait imposée à chaque période où de grandes catastrophes ont frappé l'humanité. Chaque fois, leur grand nombre aurait entraîné une dégradation des valeurs morales, ce qui aurait alors donné la fausse impression que Dieu s'était vengé des hommes perdus dans le péché. En fait, il ne se serait toujours agi que de phases naturelles catastrophiques prévues et utilisées par ceux qui connaissaient la ligne logique et mathématique de l'écoulement des événements successifs.

Un très grand nombre de ces Esprits actuellement parmi nous proviendrait de très lointaines planètes d'incarnation semblables à notre Terre. Certains, sincères et relativement bien préparés, seraient venus profiter réellement de la fin de notre monde actuel pour élever leur conscience face aux faiblesses qui les dévorent, mais d'autres, plus aveuglés, se seraient précipités en s'abandonnant à l'avance aux pulsions destructrices qui les forceront à réparer et à tout recommencer.

Par mes recherches, j'ai pu identifier quelques indicateurs qui confirmeraient cette situation. Ces indicateurs nous réfèrent en fait à des faiblesses déjà bien connues de notre humanité, mais qui prendraient une ampleur de plus en plus directement proportionnelle au nombre anormalement élevé de leurs porteurs. Il serait difficile de les placer par ordre d'importance, car ces faiblesses sont relatives aux différents contextes culturels des peuples de la Terre qui donnent des visages différents à l'ignorance spirituelle généralisée, même si cette ignorance engendre partout la même souffrance.

Voyons cinq de ces indicateurs.

La violence omniprésente

La violence qui se généralise exprime un profond manque d'amour qui dépasse déjà les limites typiques du niveau d'incarnation terrestre.

La violence d'un peuple fait normalement partie des faiblesses collectives qui se maîtrisent en quelques incarnations, car, dès que les incarnés qui le composent comprennent qu'ils n'ont rien à y gagner, ils prennent d'autres moyens *plus civilisés* pour s'imposer auprès des autres. Il en est évidemment ainsi sur le plan individuel. L'incarné de deuxième niveau qui vient sur Terre avec l'objectif de maîtriser ses pulsions de violence comprend, dès ses premiers manquements, l'erreur de s'y abandonner, car elles engendrent des conséquences directement dans ses incarnations ultérieures. Pendant son cheminement, il conserve parfois une certaine tendance liée à sa personnalité, mais celle-ci prend progressivement des visages socialement et spirituellement acceptables qui peuvent se transformer en des forces pour lui-même et sa collectivité.

Or, la violence qui émane des Esprits débutants du deuxième niveau ne possède pas encore cette dynamique interne de sublimation. Elle est à son état brut. Elle se veut aveugle. Elle présente une hypersensibilité à tout ce qui peut la stimuler. Comme ces Êtres plus jeunes sont très orgueilleux, la mèche est courte et facile à allumer.

Sur le plan individuel, ces incarnés encore très ignorants commettent des actes de violence épouvantables tels ceux qui pullulent dans les médias quotidiens. La rébellion face à toute forme d'autorité, la violence gratuite, l'exploitation d'autrui, les meurtres crapuleux, les parricides, les fratricides, les infanticides et les suicides sont quelques exemples de leurs tendances malicieuses.

Sur le plan collectif, ils cèdent rapidement à l'appel perfide des plus intelligents d'entre eux qui les incitent hypocritement à se joindre à des causes égoïstes ne visant, sous le couvert d'intérêts collectifs, qu'à détruire les autres. C'est ainsi que naît et s'implante le culte de la guerre. Au moment où j'écrivais ces lignes, il se traduisait par plus d'une trentaine de conflits armés toujours actifs sur notre Terre. Et le mouvement ne semble pas du tout vouloir ralentir!

Les plus habiles peuvent facilement s'élever à des postes influents. Les plus fantasques d'entre eux n'hésitent pas à inciter les leurs à tuer et à détruire en référant à la volonté même de Dieu. Leur grande expertise en fourberies et en mensonges leur permet d'atteindre le cœur des moins éclairés qui se soumettront sans réfléchir à cette morbide volonté d'asservir leur soif de pouvoir et de sang.

Le culte de la mort

Cette faiblesse qui cherche habilement à s'enraciner de plus en plus dans la pensée des humains est un autre indicateur qui confirme la présence active de nombreux Esprits novices actuellement incarnés sur notre Terre. Plusieurs de leurs semblables avaient réussi dans l'Allemagne nazie à l'implanter dans le cœur de ceux qu'ils voulaient retenir auprès d'eux dans le bas astral d'après-mort. Le motif justifiant les mises à mort sélectives s'appuyait sur la haine et l'orgueil. Leur échec final leur fit rapidement comprendre qu'ils devaient choisir un autre créneau plus efficace.

Ils ont donc centré leurs efforts sur l'égoïsme qui caractérise la plupart d'entre nous. C'est par cette nouvelle porte d'entrée qu'ils ont habilement franchi et réussi la première étape de leur stratégie en faisant accepter l'avortement comme un noble droit de vie et de mort sur les indésirables à naître. La voie était facile, car elle est pavée d'intérêts purement égocentriques. De plus, cette fois-ci, les cadavres étaient peu encombrants. C'est ainsi que des personnes supposées éclairées exigeaient le respect des corps porteurs de la vie en rejetant violemment celui des petits voulant grandir à leur tour.

La deuxième étape de leur stratégie est déjà mise en route. Ils stimulent maintenant le culte de la mort en s'attaquant aux désespérés, aux malades et aux affaiblis. Sous le couvert hypocrite de la fausse compassion, ils insufflent à l'humanité la notion de la mort dans la dignité, alors qu'il ne s'agit que d'un rejet pur et simple de la sagesse divine qui a jugé pertinents les contextes difficiles qui peuvent parfois s'avérer nécessaires à notre parcours spirituel.

Là encore, la route est facile, car elle est à nouveau pavée d'intérêts purement égocentriques. Est-il plus facile de précipiter dans la mort toute personne qui exige beaucoup de soins et d'oubli de soi ou de faire son possible pour elle pendant toute la durée prévue à cette fin? Évidemment, un incarné peu évolué se limitera à cette seule question et éliminera toutes celles qui ont trait aux impératifs de son cheminement spirituel. Il enrobera habilement sa réponse et l'exploitera soigneusement auprès d'incarnés spirituellement passifs, insouciants et silencieux. Il parlera dans des mots accrocheurs tels l'euthanasie sélective passive, l'assistance respectueuse du suicide, un départ digne de la personne, et bien d'autres qui sont encore sur leurs planches à dessin.

L'efficacité de ces messages de désacralisation de la vie humaine est pernicieuse, car, en plus des actions abominables qu'ils engendrent, ils retentissent directement dans le conscient et l'inconscient de nous tous qui vivons dans ce tumulte spirituel. Ainsi, plusieurs comprennent presque malgré eux que la vie humaine n'a de valeur que si on en retire du plaisir et, qu'en cas contraire, il y a bien peu de pertes à y mettre fin. Ils deviennent ainsi de très bons candidats au suicide et aux meurtres sous toutes ses formes.

La généralisation de la drogue

Ce phénomène nouveau constitue un autre indicateur de la présence massive d'incarnés commençant à peine le niveau terrestre. Jamais dans l'histoire de la présente humanité il ne se sera consommé autant de drogues légales et illégales. De façon générale, le phénomène de la drogue se rencontre chez les Esprits qui cherchent à fuir les exigences de leur quotidien. Comme ils ne comprennent pas qu'ils sont sur Terre pour se confronter à la dure réalité de la dimension matérielle, ils tentent de s'y soustraire par des artifices qui anesthésient leur véhicule de contact.

Or, cette fuite qui exprime une grande légèreté de l'Esprit plonge ce dernier dans un long et douloureux processus de reprise des objectifs négligés à la fin duquel, lorsqu'il sera plus sage, il saura enfin que nous ne pouvons pas échapper à l'obligation de grandir et que nous avons énormément d'avantages à nous y investir dans un contexte sagement pensé à notre mesure.

De plus, comme nous l'avons déjà vu, la consommation de drogues, comme celle de l'alcool, abaisse notre niveau vibratoire périsprital et ouvre ainsi la porte aux influences occultes négatives qui peuvent nous pousser à commettre des gestes très regrettables.

Il me fut plusieurs fois donné de recevoir un appel à l'aide de personnes qui cherchaient désespérément à se libérer de la drogue. Elles ne consommaient pourtant que de soi-disant drogues douces qui les avaient plongées dans une dépendance annihilant leur volonté. Elles n'étaient plus maîtresses d'elles-mêmes. C'était comme si elles appartenaient à une force extérieure qui leur imposait sa volonté. Les seules qui purent se libérer s'en étaient remises à l'aide directe de Dieu et des Esprits bienveillants de l'au-delà qu'elles invoquaient régulièrement par la prière. Elles durent cependant y joindre de douloureux efforts qu'elles devront sans doute maintenir encore longtemps dans leur vie terrestre.

Une sexualité humaine débridée

Ce phénomène social qui s'incruste insidieusement dans les nouvelles coutumes du monde actuel constitue un autre indicateur de la présence massive d'Esprits novices peu évolués.

Nous conviendrons tous que l'importance de la sexualité revêt un caractère fondamental pour la race humaine, car, sans elle, aucun de nous ne serait ici pour pouvoir en parler. À ce titre, elle est aussi primordiale pour tout le règne animal et végétal.

Or, avec sa conscience et son intelligence plus élaborée, l'humain a pu apporter une dimension supérieure à cette nécessité. Au fil de son évolution, il y a amalgamé des notions d'amour, de tendresse, d'engagement, de respect et de responsabilités qui ont transcendé la simple fonction de reproduction. Cette sacralisation s'est même traduite dans les mœurs et les lois de plusieurs de nos sociétés.

Avec l'arrivée massive des Entités encore très proches de leur appartenance à l'ancien monde primitif, nous observons un phénomène d'exploitation de la sexualité comme si elle n'était plus qu'un simple outil de plaisir et d'amusement. L'accouplement se dépouille de son caractère sentimental pour se limiter aux simples gestes de la copulation mécanique. La sexualité tend ainsi à ne devenir qu'un simple et banal mode de jouissance que nous pouvons ajouter à d'autres modes tels le boire et le manger.

L'intrusion de cette désacralisation de la sexualité dans nos mœurs collectives peut malheureusement conduire à de graves conséquences. Tous les effondrements des grandes civilisations qui ont disparu de la surface de la Terre étaient accompagnés de ce même phénomène. La désacralisation de la sexualité donna lieu à une exploitation éhontée de l'être humain qui ne présentait de l'intérêt que par son corps physique et pour le temps bref que durait sa fraîcheur. En abaissant sa valeur à sa dimension charnelle, l'humain perdait sa noblesse et ouvrait la porte à toutes ses pulsions.

Nous n'en sommes pas encore rendus à ce point, mais l'histoire nous démontre que le pas pourrait être vite franchi. Prions Dieu de permettre que les plus avancés d'entre nous soient assez déterminés pour nous éveiller et nous empêcher de refaire les mêmes erreurs.

L'utilisation négative des nouvelles technologies

Les connaissances technologiques de l'humanité ont fait un bond extraordinaire en seulement quelques décennies. À l'origine, elles ne devaient engendrer qu'une importante amélioration de la qualité de vie de chacun et elles y sont effectivement parvenues sous plusieurs aspects. Prenons simplement les diverses activités financières qui peuvent désormais s'avérer de plus en plus accessibles à la population. Sur le plan du quotidien, des outils très performants ont simplifié plusieurs opérations autrefois exigeantes au point d'en devenir presque banales. Sur le plan médical, de nombreux traitements ont vu le jour à partir de recherches devenues de plus en plus rapides et efficaces. Grâce aux nouvelles découvertes technologiques, l'humain songe maintenant à explorer le monde céleste qu'il peut de mieux en mieux connaître et comprendre. Bref, nous pourrions élaborer une longue liste qui démontrerait clairement que toute cette technologie est porteuse d'une grande richesse pour l'humanité.

Or, un grand nombre d'incarnés moins avancés y ont découvert également de grandes possibilités pour assouvir leurs penchants. Ainsi, les avides de l'avoir ont mis ces outils au service de leur cupidité, n'hésitant pas à engendrer de grands déséquilibres, même mondiaux, porteurs de souffrance. Les affamés de chair y ont trouvé une façon inespérée d'atteindre un plus grand nombre de victimes avec une concupiscence déconcertante. Les assoiffés de sang y ont déniché des façons sophistiquées de tuer plus vite et plus efficacement des humains qualifiés d'ennemis pour satisfaire une véritable folie de la guerre. Bref, toutes les faiblesses spirituelles y ont vu un nouveau tremplin capable de pousser le mal de plus en plus loin.

Pourtant, toutes ces belles connaissances au potentiel extraordinaire ne devraient-elles pas apporter qu'un grand mieux-être pour chaque humain de notre planète? N'en serait-il pas ainsi si le bien était meneur sur la Terre?

Nous subissons actuellement plusieurs effets pervers de certains scientifiques spirituellement bornés qui ne s'attardent pas aux limites éthiques et morales devant encadrer la recherche dans tout son ensemble et dans toutes ses ramifications. Une petite poignée d'individus spirituellement ignorants foncent tête première dans toutes sortes d'avenues sans se soucier des conséquences à court et à long terme. Malheureusement, ce sont tous les humains qui risquent d'en payer le prix. Il y a heureusement les plans de vie de chacun qui limitent les dégâts, mais pourquoi agir à leur encontre? Des êtres évolués ne chercheraient-ils pas à bonifier l'incarnation des hommes par un souci pratique du bien commun?

Les armées du monde terrestre, cette lèpre spirituelle de l'humanité, s'amusent à faire éclater des milliers de bombes atomiques dans le sol, l'air et la mer, comme si ces agressions contre la planète ne pouvaient avoir aucun effet sur le règne végétal et animal. Des apprentis sorciers voulant jouer au Créateur modifient les codes génétiques qui ont pris des millénaires pour se stabiliser, comme si cela ne pouvait provoquer aucun déséquilibre systémique. Selon les informations que j'ai pu recevoir, les Esprits chargés d'assurer l'équilibre climatique de la planète doivent actuellement conjuguer avec une intervention humaine qui risque fort de provoquer des situations désastreuses. Certains inconscients tenteraient de mettre au point un mécanisme de contrôle climatique en agissant directement dans les couches supérieures de l'atmosphère terrestre, là où des Esprits spécialisés régularisent les forces naturelles qui engendrent les phénomènes climatiques de la Terre.

Comme nous le disions tout à l'heure, les nouvelles technologies et toute la science moderne peuvent effectivement apporter de grandes choses pour l'humanité, mais, pour qu'elles puissent y parvenir, il faudra d'abord que ceux qui en ont le contrôle se comptent parmi les incarnés les plus spirituellement avancés. En sommes-nous là actuellement?

**

Nous aurions pu nous étendre plus longuement sur ces indicateurs pouvant nous confirmer la présence massive de ces incarnés et par le fait même le début d'un contexte de transition déjà commencé, mais le but de notre réflexion n'était pas d'en faire une analyse approfondie. L'important ici était de connaître cette réalité en sachant qu'elle constituait un important signe précurseur d'événements majeurs qui nous concernent et qui semblent vouloir se réaliser dans un avenir rapproché.

Nous aurions pu également voir d'autres indicateurs, mais je laisse à chacun le soin d'en prolonger la liste en observant simplement ce qui se passe autour de lui et surtout dans sa propre vie.

2. L'aura de la Terre

À la lumière de ce que nous venons de voir et au rythme où vont les choses, la propre santé énergétique de la Terre nous laisse présager l'imminence de grands bouleversements géologiques qui se prêteraient très bien à une transition vers un niveau différent d'incarnation humaine.

En effet, selon les informations reçues de nos Frères de Lumières, notre planète montre actuellement des signes d'un profond déséquilibre dans ses énergies. Pour bien comprendre ce phénomène, il faut savoir que la Terre est une véritable cellule vivante. Elle possède un puissant fluide vital se répartissant dans toute sa structure par des centres de distribution qui fonctionnent exactement comme nos propres chakras dont nous avons déjà parlé. Plusieurs zones de la Terre sont ainsi directement reliées entre elles et peuvent s'influencer mutuellement.

Comme tous les êtres vivants de notre globe, les Esprits incarnés dont nous faisons actuellement partie utilisent ce fluide vital de la Terre, l'énergie tellurique, comme une des sources énergétiques extérieures assurant leur équilibre. Il faut savoir que la Terre fait un peu la même chose avec nous en se nourrissant des formes-pensées que nous émettons dans notre quotidien. Tout se passe comme s'il s'agissait d'un échange d'énergie continu.

Or, un problème majeur se pose actuellement à ce niveau crucial pour la survie de chacun. L'amplitude de l'ignorance spirituelle que nous venons de voir brièvement provoque l'émergence de masses très imposantes d'égrégores négatifs engendrés par la pensée des humains. Ce sont des formes-pensées très sombres et très opaques qui recouvrent de plus en plus la surface habitée de la Terre. Notre planète, qui s'en nourrit, absorbe donc de grandes quantités d'énergie négative qui pénètre dans toute sa constitution moléculaire. À long terme, ce phénomène provoque un déséquilibre fluidique du globe en produisant deux effets interreliés dans un mouvement de cause à effet alternatif continu. Ainsi, la Terre devenue malade dans ses énergies ne peut donner à ses habitants un sain fluide tellurique, dont il a besoin. Affaibli par le fait même dans ses propres forces vitales, l'humain devient moins en mesure de se prendre en mains et s'abandonne plus facilement à ses faiblesses, ce qui augmente l'émission d'égrégores négatifs qui, à son tour, aggrave la situation de la Terre, engendrant ainsi un cercle vicieux continu.

Actuellement, la Terre présente de grandes taches sombres bien localisées. Certains pays possèdent donc encore une bonne quantité d'énergie tellurique alors que d'autres connaissent déjà une importante dégradation.

Pour retrouver sa santé vitale, la Terre dispose d'un mécanisme de défense qui ressemble à un de ceux de notre enveloppe corporelle. Lorsque nous prenons froid, de grands frissons nous parcourent le corps pour combattre l'effet que pourrait avoir une brusque chute de la température sanguine. Or, la Terre peut réagir de la même façon. Cellule vivante, des mouvements de son plasma interne peuvent s'activer et déplacer brusquement les plaques tectoniques de sa surface. Ce déplacement engendre obligatoirement de puissants tremblements et de catastrophiques éruptions volcaniques qui permettent à la Terre de se débarrasser des énergies noires qui affectent son fluide vital. Elle reprend ainsi son équilibre et peut de nouveau nourrir ses habitants avec une qualité fluidique renouvelée comme celle dont ont besoin les incarnés de niveaux supérieurs qui n'ont plus à souffrir.

L'infériorité morale que nous exprimons dans nos gestes et nos pensées constitue donc un important élément qui pourrait précipiter la venue de temps très difficiles. Je viens d'écrire au conditionnel, car tout repose sur notre façon d'être qui peut devenir la solution préventive à tous ces problèmes.

Prions pour avoir la sagesse de le comprendre, car, si tout cela devenait nécessaire, de grandes catastrophes en découleraient. Une grave destruction de l'œuvre humaine pourrait même faire disparaître une importante partie du patrimoine mondial actuel. La Terre pleurerait des centaines de millions de morts qui, de leur vivant, auraient pu éloigner toutes ces souffrances en prenant simplement en mains leur évolution spirituelle.

Depuis la dernière décennie du vingtième siècle, les médias nous bombardent de prévisions alarmistes portant sur la détérioration de l'environnement, la destruction de la couche d'ozone, la fonte des glaces polaires et les changements climatiques qui seraient tous liés à la pollution humaine. Il y aurait donc lieu de consulter d'autres sources d'informations, car le danger réel qui menace l'humanité actuelle se situerait à un niveau très différent.

3. Un contexte précurseur

Selon les éléments qui me furent rapportés, un contexte particulier pourrait nous avertir de l'imminence de la grande transition.

Sur le plan social, une décadence morale s'instaurerait dans toutes les sociétés en empruntant des visages différents. Pour certains, cela prendrait la forme de l'abandon à tous les plaisirs; pour d'autres, il y aurait une normalisation d'actes immoraux actuellement interdits. L'hypocrisie et le mensonge habile susciteraient l'admiration chez plusieurs ignorants. Le monde politique attirerait de plus en plus de gens ne pensant qu'à leurs propres intérêts et à ceux de leurs véritables maîtres. L'honnêteté et la bonté seraient vues comme des signes de faiblesse. L'engouement militaire prendrait une grande ampleur. La violence des humains serait de plus en plus excitée. L'orgueil et l'égoïsme atteindraient de hauts sommets chez les dirigeants de la Terre. Bref, une décadence généralisée s'observerait sur toute la surface habitée de notre planète. Les Esprits noirs du bas astral s'en donneraient alors à cœur joie, trouvant chez un grand nombre d'incarnés le terrain propice à l'éclosion de leurs inspirations les plus perfides. Sur le plan religieux, il y aurait de graves divisions dans toutes les grandes religions du globe. Plusieurs fausses prophéties médiatisées plongeraient le monde dans un profond doute spirituel. Les gens échaudés perdraient ainsi la possibilité de profiter d'importants messages médiumniques qui n'arriveraient qu'un peu plus tard. Plusieurs sectes verraient le jour et attireraient l'attention, mais toutes chuteraient à la vitesse de leur montée. Plusieurs exploiteurs seraient alors publiquement démasqués.

Ce contexte de décadence favorisé par la présence abondante d'incarnés spirituellement très jeunes donnerait lieu à une guerre mondiale déclenchée sous de faux prétextes religieux. C'est pendant ce cruel conflit armé que les plus grands tremblements de terre se réaliseraient. De lourds dommages accentueraient les horreurs déjà subies par les populations directement touchées.

* * *

J'ai préféré ne vous donner qu'une description très résumée du contexte précurseur qui nous est annoncé, car il m'est apparu important que chacun puisse en faire lui-même sa propre analyse. Bien sûr, vous constaterez tout comme moi que plusieurs ingrédients sont déjà bien en place; pourtant, le meilleur regard à porter n'est pas sur les autres, mais sur soi-même. Nous pourrons alors identifier et appliquer les changements qui pourraient s'imposer dans notre propre vie, contribuant ainsi à notre mesure à l'urgent coup de barre que tous les humains devraient effectuer.

4. Une catastrophe mondiale

C'est à peine cette guerre dévastatrice terminée que commencerait une autre phase encore plus difficile de la transition vers un niveau d'incarnation d'Esprits plus évolués. Cette autre phase se manifesterait par l'avènement d'une catastrophe majeure qui toucherait plus durement certains pays, mais qui affecterait gravement la planète tout entière.

Il faut prier fortement que la guerre meurtrière que nous venons de voir ne se réalise pas. L'humanité doit s'éveiller à temps pour empêcher cette stupide tuerie massive, car chacun aura besoin de toutes ses forces et de toutes ses ressources pour affronter un chaos encore plus grand qui pourrait se pointer à nos portes.

Selon les informations que j'ai pu recevoir, un imposant corps céleste frapperait la Terre en semant la mort et la destruction.

Selon les images et les bribes d'informations médiumniques que j'ai pu recevoir, nos instruments d'observation astrologique percevraient bien avant l'impact la météorite dans sa course meurtrière, mais les analystes du phénomène ne comprendraient pas tout de suite le danger réel qu'elle présenterait.

Sa taille serait imposante. Elle pourrait, dans sa forme première, détruire toute forme de vie sur la Terre, mais la masse se pulvériserait dans son approche, ne gardant qu'un noyau beaucoup plus petit qui frapperait directement la surface du globe.

Sous toute réserve, selon ma propre évaluation, la

masse céleste tomberait dans la Méditerranée. L'impact engendrerait un souffle heureusement atténué par l'eau de mer, mais semblable à celui d'une explosion atomique. Il balaierait une grande partie des pays du littoral.

La force de l'impact ferait bouger la Terre de son axe de rotation, agitant les océans du monde entier. Des millions de morts se compteraient dans les premiers pays touchés par l'onde de choc.

Une poussière intense se répandrait très rapidement dans toute l'atmosphère, assombrissant les rayons du soleil. Heureusement que la Terre serait alors en été, diminuant ainsi l'effet de la chute des températures. Cette poussière ferait perdre temporairement la couleur bleue de notre planète dont le firmament prendrait une teinte rosée qui deviendrait très rouge aux aurores et aux crépuscules.

La densité de la poussière répandue dans l'atmosphère brouillerait toutes formes de communication qui utilisent l'espace atmosphérique. Ainsi, la radio, la télévision, les satellites et tous leurs instruments deviendraient inutilisables pendant un peu plus d'une année.

Pendant ce temps, la poussière retomberait progressivement sur Terre. Dès le début, elle aurait formé une couche épaisse qui contaminerait de grandes étendues du sol et l'eau potable de surface. La famine et la misère régneraient en maître sur une grande partie du globe. Des gens s'entretueraient pour leur survie et celle des leurs.

Les populations mondiales grandement diminuées dans leur nombre et leurs ressources prendraient plus de dix ans pour se relever de cette catastrophe cauchemardesque. L'humanité conserverait quand même toutes ses connaissances et, grandie dans sa sagesse, y ferait plus tard une sélection pour ne conserver que celles génératrices du bien et utiles pour le bien-être de tous.

5. Les trois jours de noirceur

Je ne peux malheureusement vous confirmer que la catastrophe mondiale que nous venons de voir serait bien la dernière de la difficile transition vers un monde terrestre meilleur, mais nous pouvons affirmer qu'elle présente toutes les caractéristiques d'une fin d'étape majeure.

Un grand interdit nous empêche actuellement de savoir quand se concrétisera l'avènement final des trois jours de noirceur qui marquera le début de la période de mille ans de paix, mais il y a tout lieu de considérer que la période qui succéderait à ces dix ans de souffrance serait très propice à son arrivée. Comme mes lecteurs le savent, ces soixante-douze heures seraient également très difficiles, mais elles aboutiraient sur le grand renouveau dont nous parlions précédemment.

Quoi qu'il en soit, deux signes bien précis devraient nous permettre de reconnaître l'imminence des dix siècles de paix.

Le premier signe serait de longue durée. Il s'agirait d'une stérilité générale répandue sur toute la planète qui empêcherait l'arrivée ici-bas de tout nouvel incarné. Cet interdit d'incarnation durerait le temps que les tout jeunes atteignent l'âge de procréer. Ce sont ces derniers qui donneraient naissance aux Esprits d'un niveau spirituel plus avancé.

Le deuxième signe serait de courte durée. Il se produirait tout juste avant le début des trois jours de noirceur. Pendant soixante-douze heures précédant l'événement final, une croix rouge, vide en son centre, deviendrait visible dans le ciel par tous les peuples de la Terre. Ce serait l'ultime avertissement de se préparer à vivre un événement tout à fait extraordinaire.

Dès le début des trois jours de noirceur qui suivraient ce phénomène, le voile qui nous sépare du bas astral terrestre serait levé. Tous les Esprits sombres qui nous entourent deviendraient visibles. Des hordes d'Esprits lumineux viendraient les chercher pour les diriger vers d'autres planètes d'incarnation, de souffrances et d'épreuves. Les Esprits incarnés retardataires qui seraient encore sur Terre mourraient sur-le-champ et partiraient avec eux.

C'est là que se ferait le bilan des nations où chaque collectivité d'Esprits vivants et trépassés répondrait de ses actes et des valeurs qui les auraient soutenus.

À la fin du troisième jour, la lumière reviendrait et dévoilerait une Terre complètement régénérée. Toute forme de pollution serait disparue. L'homme nouveau commencerait ainsi son règne dans un environnement neuf qu'il serait en mesure de conserver dans toute sa splendeur.

* * *

Comme nous pouvons le constater, l'avenir de la Terre est très prometteur pour plusieurs siècles à venir, mais le passage qui devra être franchi nous apparaît étroit et difficile. Il ne faut cependant aucunement s'inquiéter, car personne d'entre nous ne vivra tout cela au gré du hasard. Ceux et celles qui seront concernés y seront préparés et soutenus par plusieurs Entités bienveillantes dont nous avons parlé dans les chapitres antérieurs. Chacun franchira les étapes de sa progression avec toutes les forces et les ressources dont il aura besoin. L'important, actuellement, n'est pas d'avoir peur, mais de s'armer de confiance et d'espérance avec la ferme certitude que nous recevrons le plein retour de nos efforts à nous rapprocher de Dieu. Pour y parvenir, il ne faut surtout pas demeurer attachés à nos erreurs passées. Rappelons-nous que toutes découlaient de notre ignorance. Maintenant que nous savons, il faut regarder vers l'avant, là où nous pourrons savoir encore plus.

Conclusion

Comme il en fut pour mes cinq autres manuscrits, il me fait curieux d'écrire la conclusion de cet ouvrage, car, à mes yeux, les douze chapitres que nous venons de voir ensemble aboutissent non pas à un point d'arrivée, mais à une ligne de départ pour chacun qui désire poser un nouveau jalon de son évolution. Il nous appartient donc maintenant d'utiliser toutes ces données pour stimuler notre élan spirituel et nourrir notre désir de bien nous préparer à entrer dans l'inévitable vie d'outre-tombe.

En écrivant ce livre, j'ai voulu partager bien humblement les précieuses informations que j'ai pu recevoir pour que, ensemble, nous puissions profiter de cette richesse spirituelle que Dieu Lui-même a bien voulu mettre à notre portée. Puissions-nous tous la mettre à profit pour accélérer notre montée!

Comme je l'ai mentionné dans un autre livre, la vérité à laquelle nous pouvons accéder ici-bas n'est que partielle et relative, mais elle nous éclaire suffisamment pour que nous puissions reconnaître la route spirituelle qu'il faut suivre. Certes, les pas sont souvent ardus, mais, comme notre réflexion nous l'a démontré, chacun d'eux vaut vraiment la peine d'être posé.

En suivant le parcours d'après-mort de papa et de maman, nous avons vu l'aboutissement de deux personnes qui ont vaillamment maintenu ces pas dans une incarnation le plus souvent difficile et parfois même cruelle. Malgré les souffrances et les épreuves que venaient soulager les petits bonheurs coutumiers de la vie terrestre, ils ont toujours conservé leur foi en la sagesse divine. Ils n'avaient pourtant pas toutes ces informations que mes recherches spirituelles m'ont permis d'obtenir. Profitons donc de cet avantage privilégié que nous avons de savoir bien concrètement qu'une réelle récompense à la mesure de tous nos efforts nous attend au-delà du dernier souffle.

Comme nous l'avons vu, aux yeux de Dieu, il n'y a pas de grand ni de petit. Il ne faut donc jamais référer à notre niveau social pour évaluer notre réelle grandeur, car celle-ci ne se trouve que dans la plénitude de l'accomplissement de l'Être qui donne son plein rendement dans les gestes de son quotidien. Toute personne qui fait son possible dans la limite de ses forces et de ses faiblesses est donc grande aux yeux de Dieu qui reconnaît en elle l'enfant qui, demain, partagera les vibrations de Sa magnificence.

J'espère enfin que ce livre vous a permis de regarder dans votre cœur et de reconnaître la noblesse que nous portons tous en nous. Sachons-le! Nous sommes dignes de toutes les espérances que nous pouvons concevoir pour un avenir toujours meilleur.

Je vous quitte sur ces mots avec le profond espoir d'avoir pu insuffler la certitude que la mort sombre et lugubre d'ici-bas ne projette en fait que l'ombre d'une Lumière. Belle et douce, elle accueille tous ceux qui marchent vaillamment sur la route menant jusqu'à Dieu.